河北省社会科学基金重大项目（项目编号：HB19

河北省乡村人才振兴路径与对策研究

张 亮 李逸波 周 瑾 张会敏 等◎著

RESEARCH ON THE PATH AND
COUNTERMEASURES OF
RURAL TALENT REVITALIZATION IN HEBEI PROVINCE

经济管理出版社
ECONOMY & MANAGEMENT PUBLISHING HOUSE

图书在版编目（CIP）数据

河北省乡村人才振兴路径与对策研究/张亮等著.—北京：经济管理出版社，2023.9
ISBN 978-7-5096-9284-4

Ⅰ.①河…　Ⅱ.①张…　Ⅲ.①农村—社会主义建设—人才培养—研究—河北　Ⅳ.①F320.3

中国国家版本馆 CIP 数据核字（2023）第 180597 号

组稿编辑：曹　靖
责任编辑：郭　飞
责任印制：黄章平
责任校对：蔡晓臻

出版发行：经济管理出版社
　　　　　（北京市海淀区北蜂窝 8 号中雅大厦 A 座 11 层　100038）
网　　　址：www. E-mp. com. cn
电　　　话：（010）51915602
印　　　刷：北京晨旭印刷厂
经　　　销：新华书店
开　　　本：720mm×1000mm/16
印　　　张：13.5
字　　　数：242 千字
版　　　次：2024 年 2 月第 1 版　　2024 年 2 月第 1 次印刷
书　　　号：ISBN 978-7-5096-9284-4
定　　　价：88.00 元

著作成员

张　亮　李逸波　周　瑾　张会敏　阴雪颖

王　妍　樊梦瑶　王翔宇　马林娜　吕雅辉

张岩峰　杜　广　刘鑫钰　赵富军　杨延昌

李　洁

前　言

　　乡村振兴，人才为先。实现人才振兴有着相应的战略背景和现实需要，人才振兴作为五大振兴之一，是习近平人才观在乡村领域的创新探索，对乡村振兴战略的实施起着至关重要的支撑作用。长期以来，城乡二元结构体制造成农村青壮年劳动力和各类优质人才持续性外流，乡村空心化、农户空巢化、人口老龄化等问题日渐凸显，人才的需求则更加突出。现阶段，河北省正处于大有可为的战略机遇期，乡村发展前景广阔，但人才短板问题依然突出，针对河北省乡村人才振兴总量不足、素质偏低、结构失衡等梗阻问题，当前河北省乡村人才实际情况与乡村振兴的总体要求依然存在较大的差距，为此，加快推进乡村人才振兴，将人才振兴贯穿于乡村振兴的全过程，培养造就一支乡村人才队伍是新发展阶段中基层实践的迫切需要。本书从理论研究和现实考察两个角度探析乡村人才与乡村振兴的内在逻辑关系，围绕河北省乡村人才数量概况、结构特点、素质情况等基本现状，探讨当前乡村人才振兴面临的主要问题以及制约因素；从分析讨论国外乡村人才培育优秀经验和省域内典型案例入手，构建"培养+引进+管理"三位一体人才振兴实现路径的总体框架，对探究具体实践中推动乡村人才振兴的背后逻辑和路径机制，具有重要的理论意义和现实价值。

　　本书基于河北省社会科学基金重大项目"河北乡村人才振兴的路径与对策研究"（项目编号：HB19ZD05）研究成果而撰写，历时4年，通过对河北省邢台、石家庄、秦皇岛、沧州、邯郸、唐山、承德等地的实地调研，以及对高素质农民、返乡下乡人才、乡村治理人才三种乡村人才摸底调查的2000余份问卷和数据展开系统分析。通过探析乡村人才与乡村振兴的逻辑关系和发展趋势，全面分析河北省乡村人才的现状、问题与制约因素，对美国、日本、欧盟三个地区的人才培育经验进行总结归纳，构建以人才培养为基础的培育路径机制、以人才引进为关键的流动机制，以及以人才管理为核心的激励机制，形成"培养+引进+管理"三位一体乡村人才振兴实现路径的总体框架，采用案例分析方法对平泉市等10个乡村人才振兴案例进行分析，提炼得到河北省乡村人才振兴的实践路径，主要提出以下观点：

第一，乡村人才内涵广泛并不断补充发展，指与乡村有直接行为联系，发挥一定的社会作用，具有相对较高的素质（如知识、技能、道德水平），对乡村振兴具有一定价值的人。包括两个方面，一个是从乡村人才振兴的外部条件来阐述，即从大的环境来分析乡村人才振兴的内涵；另一个是从乡村人才振兴的内在要求来阐述，即从乡村人才队伍建设的路径分析其内涵。河北省乡村人才总体表现为：从人才数量来看，乡村人力资源总量大、乡村人才外流现象明显；从人才结构来看，第一产业从业人员所占比重最高，乡村人才老龄化趋势明显；从人才素质来看，乡村劳动力受教育程度整体偏低，乡村人才技能素质不足。

第二，当前河北省乡村人才队伍中高素质农民、返乡下乡人才、乡村治理人才三类人才为实现乡村振兴提供了人才支撑和智力支持，但受制于市场、制度、社会、自身等多种因素的影响，人才"招不来、留不住、上不去"依然是河北省乡村人才振兴的"痛点"。人才"招不来"主要表现在人才引进规模受限、人才引进结构有待优化、人才引进机制不完善；人才"留不住"主要表现在乡村人才持续性外流、激励保障机制不完备、乡村治理水平有待提高；人才"上不去"主要表现在乡村人才结构不合理、教育培训体系不健全、职业纵向发展空间小。

第三，乡村人才振兴目标的实现需要兼顾人才振兴目标和乡村振兴目标、短期目标和长期目标、经济目标和社会目标、主体目标和个体目标。不同人才机制的有机结合为乡村人才振兴提供了有力保障。通过构建以人才培养为基础的培育路径机制、以人才引进为关键的流动机制、以人才管理为核心的激励机制，形成"培养+引进+管理"三位一体乡村人才振兴实现路径的总体框架是破解河北省乡村人才总量不足、结构失衡、外流严重的关键。

第四，对缺乏人力资本的农村来说，立足区域发展实际状况，探索创新乡村人才振兴的实践路径是更好更快实现乡村全面振兴的有力举措。结合河北省主导产业及特色产业划分、主体类别（政府、高校及经营主体的不同类别），通过对典型案例的提炼与总结，河北省人才振兴的实践路径可分为政府主导推动型、经营主体促进型、返乡创业带动型和乡村治理服务型四种。

第五，基于乡村振兴战略实施的人才需求，通过分类施策，针对不同来源、不同类型的人才，实施差别化政策措施。坚持"引、借、育、用、留"等多措并举、系统推进，完善城乡一体化的人才管理体制和机制，不断优化乡村创新创业环境，增强对各类人才的吸引力，致力于形成具有较强竞争力、适应乡村振兴的人才集群。

本书区别于以往多聚焦于单一问题，立足河北省人才发展总体概况，依据具体的载体支撑与实证性分析论证，以高素质农民、返乡下乡人才、乡村治理人才为主要研究对象，从数量、结构和质量三方面对河北省人才振兴的基本现状进行探讨，指出现阶段所存在的主要问题以及制约因素，通过对平泉市人才培训模式等典型案例的深入剖析，提出人才振兴所需遵循的基本原则，并构建实现路径的总体框架，体现了理论与实践相结合。本书由课题负责人张亮整体策划和统稿，李逸波、周瑾、张会敏作为子课题负责人撰写相关章节的内容，阴雪颖、王妍、樊梦瑶、王翔宇、马林娜、吕雅辉、张岩峰、杜广、刘鑫钰、赵富军、杨延昌、李洁等参与了部分章节的撰写工作，共同完成本著作。

2024 年 1 月

目　录

第1章 引言

1.1 乡村人才振兴战略提出的时代背景

1.1.1 乡村振兴战略是新时代"三农"工作的总抓手

党的十九大报告提出实施乡村振兴战略，实施乡村振兴战略的总目标是农业农村现代化，总方针是坚持农业农村优先发展，20 字的总要求是"产业兴旺、生态宜居、乡风文明、治理有效、生活富裕"。"三农"问题是关系到国计民生的根本问题，解决"三农"问题是全党的头等大事。中国特色社会主义已经步入新时期，实现"三农"全面发展、全面振兴，推进农村现代化，补齐"三农"短板，推动亿万农民与全国人民共同走向全面小康、全面现代化至关重要。2018年，中共中央、国务院印发了《乡村振兴战略规划（2018—2022 年）》，并连续发布中央一号文件，对全面推进乡村振兴作出总体部署，实施乡村振兴战略将历史性地解决城乡发展不均衡的结构性问题，为全面建设社会主义现代化国家、向第二个百年奋斗目标进军奠定基础[1]。中国第一部直接以"乡村振兴"命名的法律——《乡村振兴促进法》于 2021 年 6 月 1 日正式施行，其中第二条指出，全面实施乡村振兴战略，开展促进乡村产业振兴、人才振兴、文化振兴、生态振兴、组织振兴，推进城乡融合发展等活动[2]。在取得脱贫攻坚战胜利后，中国"三农"工作重心开始转向全面推进乡村振兴，推动农业高质高效发展和农民持续增收。2022 年中央一号文件指出，扎实有序做好乡村发展、乡村建设、乡村治理重点工作，推动乡村振兴取得新进展、农业农村现代化迈出新步伐。

1.1.2 乡村人才振兴是全面推进乡村振兴的关键举措

乡村发展的关键在于人。当今世界的竞争归结到底是人才和教育的竞争。人才是国家科技创新的主力军，培养创新型人才是国家和民族的长远发展规划。人才作为最活跃的要素，是决定乡村振兴战略发展成败乃至国家前进方向和竞争地位的根本资源。自党的十八大以来，逐步形成了习近平人才观重要思想，乡村人才振兴的提出是习近平人才观在农业农村领域的创新探索，符合未来乡村振兴支撑劳动力发展逻辑和演进规律，也是其"三农"治理工作全新思想理念的落地实践。人才振兴作为五大振兴之一，与乡村振兴之间形成有效协同、联动互促的新格局，对乡村振兴战略实现发挥着举足轻重的支撑作用，人才振兴和乡村振兴必须稳步协同推进才能实现预期效果。同时，人才振兴和产业振兴之间存在良好的互动关系和共生关系，两者互为前提、高度契合，存在明显的乘数效应，体现了人才和产业的重要耦合作用。人才振兴的关键在于人才的培养，如何高效培养满足乡村振兴战略下现代农业发展需求的爱农业、高学历、强技能、善经营的人才队伍，是推动人才振兴乃至乡村振兴的关键课题。人才振兴是实施乡村振兴战略的重要推动力，是落实"20 字总要求"的有力保障。

1.1.3 党中央针对农村人才工作制定了一系列政策

党中央高度重视农村人才工作，提出人才是实现民族振兴、赢得国际竞争主动的战略资源，人才理念由服务发展、支撑发展升级到引领发展的更新迭代，作出全方位加强人才工作的重大部署，制定有利于人才成长的系列政策举措，人才工作呈现崭新局面，人才队伍得到了快速发展。但当前我国农村人才发展情况与乡村振兴的需求存在着很大差距，在新时期"人才强国"战略的指引下，急需一支专业的农村人才队伍支撑和引领乡村全面振兴。

近年来，中央有关部门为推进乡村人才振兴实施了各种人才政策。2011 年 3 月，中组部与农业部等 5 部门根据《国家中长期人才发展规划纲要（2010—2020年）》统一部署，联合印发了《农村实用人才和农业科技人才队伍建设中长期规划（2010—2020 年）》，细化了国家人才规划纲要有关农业农村人才队伍建设的目标任务，为农业农村人才工作指明了方向[3]。2011 年 10 月，农业部与科技部等 4 部门联合印发《现代农业人才支撑计划实施方案》，明确以培养农业农村发展急需紧缺人才为重点，以人才资源能力建设为核心，加快建立一支规模宏大、结构合理、素质优良的农业农村人才队伍[4]。2012 年，农业部出台《关于加快青年农业科技人才队伍建设的意见》，提出加快青年农业科技人才队伍建设的具体措施。2019 年，人力资源和社会保障部、财政部等 3 部门联合印发《关于进一步推动返乡入乡创业工作的意见》，吸引农民工、高校毕业生和退役军人等人员返乡入乡创业[5]。2020 年，农业农村部、国家发改委等 9 部门联合印发《关于深入实施农村创新创业带头人培育行动的意见》，明确加快培育一批扎根乡村、服务农业、带动农民的农村创新创业带头人，以创新带动创业，促进农民就业和增收[6]。

农业和农村主管部门出台一系列政策和计划，并且多次召开农业人才工作会议，制定系统的人才队伍建设规划和实施人才发展培育工程，制定人才发展年度工作项目，组织开展了农业和农村人才工作。这些政策和措施相继出台，为我国农业农村人才振兴提供了坚实的基础。

1.1.4　目前乡村人才尚不能满足乡村振兴战略的需求

1.1.4.1　人才是第一资源的理念尚未形成共识

我国自改革开放以来，已经培养了大量高素质人才。根据第七次全国人口普查数据，自 2020 年 11 月 1 日起，2.18 亿人拥有大学学位，占 15.5%[7]。毕业后，这些知名人才大多留在一线城市，很少在县、镇和村工作。一个原因是农村地区缺少就业渠道，没有广阔的发展前景和发展空间，另一个原因是目前社会普遍存在的就业歧视，因为传统观念和学校思想政治教育不足，大多数人都认为在农村工作就是"没能力"的表现。目前，促进农村地区全面振兴和实施农村现代化的理念与做法并没有做到与科技人才培养道路接轨。一些欠发达地区的村庄，受到落后的传统观念的影响，以及工业发展水平低、消息闭塞难以接受新知识等情况的影响，传统思维根深蒂固，很难认识到人才、知识、技术与信息的重要性，这就导致这些地区越发落后，种植业缺少科学技术、工业发展十分缓慢、市场供需不平衡等问题严重抑制了农村人才的发展。

1.1.4.2　乡村人才数量较少、结构失衡

乡村发展落后的一个重要因素就是农村人才的"稀缺"。农村人才的总量远远不能满足农业发展的需要。目前农村人才的队伍普遍存在总量低、学历低、正规特殊教育水平低、职业技能水平低等情况。据中国农业大学智慧电商研究院《2020 中国农村电商人才现状与发展报告》，到 2025 年仅农产品电商人才缺口就高达 350 万人，需求缺口巨大[8]。乡村人才队伍的结构也存在失衡现象。在文化程度方面，作为乡村人才主体的农业生产经营人员，第三次全国农业普查显示具有高中或中专以上学历的为 8.3%、具有大专及以上学历的仅为 1.2%；规模农业经营户农业生产经营人员具有高中或中专以上的为 10.4%、具有大专及以上学历的仅为 1.5%[9]。在专业结构方面，种植业、畜牧等领域的人才数量明显较多，但加工、信息、服务等领域的技术人才数量却相对稀少。当前，我国农村地区技术人才严重短缺，在今后的几年里，主要目标将会是将技术人才培养成生产经营与管理一体的复合型人才。

1.1.4.3　乡村人才外流十分严重

随着我国城市化、信息化、工业化进程的加快，城市对人才的"虹吸"作用使乡村的高素质人才大量流失。毕业后的大学生基本都选择留在城市打拼，选择去农村创业、工作的大学生少之又少。农村剩余劳动力大量涌入城市，青壮年和优秀的人才也不断向城市转移，不但造成了农村人口的急剧萎缩，人才外流也越发严重。调查显示，在数千万农村居民中，在农村就业的人数不足 5%。农村人口的大量外迁已经成为制约我国乡村经济发展、实现乡村振兴的关键瓶颈。当前，我国大部分农村地区不仅面临着资本、知识、技术等方面的萧条，同时也面临着人才与人力资本的大萧条。

1.2　实施乡村人才振兴的现实意义

实现乡村振兴战略的五大振兴，每一项都离不开人才的支撑。实施乡村人才振兴，一方面，要着力打造一支懂农业、爱农村、爱农民的乡村人才队伍作为基本支撑；另一方面，就是组织引领各类人才向农村聚集，解决城乡差距的主要力

量。乡村振兴急需一批有知识、有技能的乡村人才为乡村建设贡献自己的力量。

1.2.1　推进乡村人才振兴是深入实施乡村振兴的战略需要

党的十九大提出的农村振兴战略，是新时期"三农"工作的总起点。我国是一个农业大国，必须要走农业现代化的道路，依靠人才实现乡村全面振兴。农业农村部唐仁健部长指出，全面推进乡村振兴战略，其深度、广度和困难程度并不低于脱贫攻坚，因此，当前我国对"三农"人才的需求越发迫切，健全的干部队伍和优秀的人才队伍是实现农村全面发展的根本保证。

1.2.1.1　乡村人才振兴为产业兴旺发达提供专业技术人才和经营管理人才

产业兴旺是实施乡村振兴战略的首要任务，也是乡村发展的经济基础和保障。通过产业引人、人育产业实现产业与人才的双重振兴。产业兴旺是解决农村谁来种地、怎么种地的途径。乡村人才振兴重在培养一批专业的技术和经营管理人才。产业与人才是"风险共担、利益共享"的结合体，通过产业与人才的充分结合，为乡村振兴的发展提供现实依据。

1.2.1.2　乡村人才振兴在乡风文明建设方面发挥关键作用

乡村文化作为农村的精神支柱，对乡村健康发展发挥了重要的作用。文化不仅可以满足人们精神需求，而且在一定程度上可以拉动经济的增长，因此，在乡村振兴的战略背景下，培养一批农村文化人才，有利于传承发扬农村优秀的传统文化。另外，具有现代科学思维和现代科技文化的各类人才进入农村开展帮农、惠农、富农等相关工作，在一定程度上改善了农村思想保守落后的固有文化疾病。

1.2.1.3　乡村人才振兴为乡村宜居环境作出重要贡献

乡村人才振兴中培育的绿色农业带头人是创建乡村宜居环境的重要角色。作为农村生态产品提供者和农村生态建设者，充分利用自身专业特长，持续推动"污水处理"等生态环境保护工作，真正践行"绿水青山就是金山银山"的理念。

1.2.1.4　乡村人才振兴为基层党组织建设提供优质人力资源

农村基层党组织是我们党指导农村居民开展各项工作的组织基础。人民党组织建设的成效直接关系到人民生活的方方面面，农村基层党组织的强大建设是乡村人民幸福的后盾。乡村人才是乡村发展的基础，为人民党组织建设作出了贡献。村民的自我管理、自我服务的意识促进了乡村文明健康和谐发展。

1.2.2 推进乡村人才振兴是实施新时代人才强国战略需要

人力资源是国家经济、社会发展的重要资源，是衡量一个国家整体实力与国际竞争力的重要指标。习近平总书记在中央人才工作会议上曾强调，我国目前比历史上任何时期都更加接近实现中华民族伟大复兴的宏伟目标，也比历史上任何时期都更加渴求人才。农村人才是国家人才队伍的重要组成部分。要实施新时代的"人才强国"战略，必须加速建设农村人才队伍，促进人才振兴。新时期深入推进人才强国战略，既为 2035 年基本实现社会主义现代化提供了人才支持，也为 2050 年全面建设社会主义现代化强国奠定了良好的人才基础，指明了人才工作的发展方向和目标。

中国有 14 亿人口、9 亿劳动力、1.7 亿受过高等教育和拥有技能的人才资源、1 亿多个市场主体，决定了我国的经济具有巨大的发展韧性和发展潜力。我国主要劳动年龄人口受过高等教育的比例为 16.9%，新增劳动力平均受教育年限达 13 年左右，相当于大学一年级水平。目前，中国就业人口的受教育水平已经发生了明显变化，高素质劳动力的不断增加有利于激发中国经济增长的内在潜力。人口众多、人才丰富，是中国经济战胜各种风险挑战的重要基础。如今，中国正处于一个政策最稳定、经济最繁荣、创新最活跃的时期。我们必须抓住这一历史机遇，牢牢把握加快建设重要全球人才中心和创新之山的战略目标。建设重要的人才中心和创新之山，是人才实力的重要体现，必将为中国人才事业的发展提供强大的牵引力和动力。新中国 70 多年的发展历程充分表明，在重视人才的同时，也要注重人才的积累和培育。只有这样，人才的作用得到充分发挥，社会经济也会顺势蓬勃发展。"尊重知识与人才"是中国漫长发展史中总结的重要经验。

1.2.3 推进乡村人才振兴是乡村人才自身发展的迫切需求

自党的十八大以来，国家对人才队伍的发展给予了高度关注，在人才培养、使用、激励与创新机制上都做出了全面的部署，人才的发展将迎来更加广阔的前景。现代农业发展快速并且发展空间巨大，现如今，农村工作者的精神面貌、文化素养、生产生活状况都有了极大的改善，现代农村为农业人才提供了广阔舞台来施展才华。

农村人才作为新时期增收开发的促进者，适应市场需求，大力发展绿色农业、农村文化产业和旅游农业，不仅有效促进了中小企业的全面发展，也推动了农民的增收致富。农民参与农业生产的积极性也得到了极大的提高，获得了更多的就业机会。同时，农村人才利用网络、新媒体等渠道缩短产品流通时间，提高了农业生产经营效率，实现了农民收入最大化。乡村振兴战略的实施，使广大的农村有了更广阔的施展才华、贡献智慧与力量的舞台，为农村人才实现个人价值和人生目标创造了无限可能。在新时代"人才强国"战略的指导下，农村人才与全国各地的优秀人才一样，在乡村振兴的前进步伐中，不断提高、展示、成就自己。

1.2.4　推进乡村人才振兴是确保乡村可持续发展的内在要求

自改革开放以来，随着农村中青年劳动力的流失，大多数农村地区已经变得空心化。农村地区的不断扩大和农民的短缺不仅严重威胁着中国的粮食安全，而且严重威胁着农村企业的长期发展。2021 年第七次全国人口普查结果表明，中国的城市化率仍在快速增长，未来将呈现大移民、大流量的基本格局。在此基础上，我们必须找到推动农村可持续发展的驱动因素。人才本身具有"造血"功能，可以为农村的可持续发展提供持续的活力，促进农村企业的可持续发展。

1.3　河北省乡村人才振兴的现实需要

1.3.1　河北省农业现代化需要乡村人才支撑

人才振兴是实现乡村振兴战略的重要因素，乡村人才振兴离不开完善的人才支撑体系，乡村人才支撑体系是由相互联系的、互为支撑的因素构成的，具备提升乡村人才素质功能的有机整体，乡村人才作为乡村发展的领军人物，为农业现代化的发展做出了巨大的贡献。

1.3.1.1 二三产业人才成为农业现代化的支柱产业人才

2021 年，《中共中央 国务院关于全面推进乡村振兴加快农业农村现代化的意见》明确提出，2021 年农业农村现代化规定启动实施，到 2035 年农业农村现代化取得重要进展，有条件的地区率先基本实现农业现代化[10]。"十四五"时期，对于"三农"的发展既有机遇又有挑战。为了实现乡村的全面振兴，完成农业大省向农业强省的转变，河北省必须建立和完善培训开发机制，不断扩大地方人才队伍，为乡村振兴提供人才支持和智力支持。截至 2018 年，河北省第一产业、第二产业、第三产业就业人员占比分别为 26.1%、27.6%、46.3%，第三产业成为吸纳就业的主体，而就业结构特征与产业结构变化基本一致，第三产业人才助推乡村振兴的稳步推进、农民稳步增收以及乡村现代化发展的步伐[11]。根据河北人才网的调查，第二产业、第三产业人才需求旺盛，人才需求涉及三次产业共计 27 个行业，第一产业、第二产业、第三产业需求人数占比分别为4.0%、47.5%、48.3%，其中传统制造业需求人数占比为 41.9%，新型产业需求人数占比为 8.6%[12]。

1.3.1.2 家庭农场与连锁经营管理人才加速了农业现代化的进程

家庭农场作为现代新型农业经营主体之一，是实现农业现代化的主力军，2018 年底，河北省家庭农场数量达 3.7 万家，在工商部门登记的合作社有 11.75 万家，农业生产性服务机构有 7.1 万家，比 2017 年分别增长 1.3%、24% 和4.4%[13]。随着现代信息技术的发展，原来的家庭农场的经营、运作方式也随之发生变化，呈现出规模化、专业化、智能化的特点，随着家庭农场的不断发展，连锁规模化经营是未来发展方向，为此对于连锁经营人才、管理人才的需求较高，这类人才不仅要具备企业经营管理知识，还应具备一定的农业经营管理知识，能够带动农业企业及家庭农场的运行。

1.3.1.3 农业技术和食品安全管理人才的创新促进了农业现代化的活力

《全国现代农业发展规划（2011—2015 年)》（以下简称《规划》）指出，到2015 年，全国粮食综合生产能力达到 5.4 亿吨以上，农村居民人均纯收入年均增长 7% 以上，农作物耕种收综合机械化水平达到 60% 以上[14]。到目前为止，目标的实现有赖于农业现代化的发展、农业技术的推广和使用、动植物疫病的防控、农业的标准化生产。这类人才具有较高的技能和实用技术。对于食品安全管理人才的需求不断加强，加速了农业现代化的进程。2018 年，河北省进一步加大农业科技支持力度，全省农业科技进步率达 58.5%[15]；全省农业创新平台建设发展迅速，国家级农业科技园区 15 家，各类研究示范基地 200 多个；提升农业科技创新活力，加快培育农业创新主体，促进农村一二三产业融合发展；2018 年底，全省农业科技小巨人企业达 690 家，乡村各领域各项改革遍地开花。

1.3.1.4 农业专业合作社和农业企业人才推动了农村现代化的发展

农业现代化的实现要把科学的经营理念作为管理手段。在现代农业的建设中，农村劳动力的结构必然会产生巨大的变动，而农村专业合作社和农业企业的出现可以很好地解决这个问题。《规划》中指出，培育一批自主创新能力强、加工水平高、处于行业领先地位的大型农业产业化龙头企业，扶持农民专业合作社自办农产品加工企业，支持农产品加工企业领办或创办农民专业合作社的要求，这就需要大量的农村专业合作社管理和企业管理人才。

1.3.2 河北省乡村发展需要乡村人才来引领

乡村振兴的核心是人才振兴，而加强乡村人才的引领作用，则是解决农村发展不平衡、不充分的重要措施，也是提高农业竞争力、实现农村现代化的关键。国以才立，政以才治，业以才兴。让农业强起来、农村美起来、农民富起来，都要靠人才，只有人才振兴了，乡村振兴的事情才会有人来做，乡村振兴的美好局面才会指日可待。

1.3.2.1 乡村公共服务人才拉动乡村经济发展

目前，河北省乡村的医疗、教育、文化旅游、乡村规划发展有了明显的变化，在医疗方面，累计签约服务 212.16 万次，河北省的 1962 个乡镇卫生院与 48796 个村卫生室实行了一体化"十统一"管理[16]，这类人才消除了河北省农村看病难的问题。近年来，农村教育人才的数量也在不断增加，农村教师作为农村公共服务的人才，在农村发展、农村教育、农村思想建设、传承优秀农村文化、参与农村社会治理等方面奉献了自己的一份力量，同时为乡村的文化振兴奠定坚实的基础。乡村文化的传承会伴随着乡村经济的发展，很多乡村抓住此机会大力宣扬乡村文化，有效地带动了农村经济的发展。因此，在未来几年的发展中，乡村公共服务人才的需求会更加强烈。

1.3.2.2 农民工返乡创业人才促进农民就业增收

受到新冠肺炎疫情的影响，农民工方向创业人才带动了农村经济的快速发展,同时农民工是我国农村现代化发展过程中逐渐壮大的一类社会群体,他们为乡村发展做出了巨大的贡献。现阶段,新生代农民工已逐渐成为促进农民增收的主体力量,相比老一代农民来说,新生代农民更具有创新的能力,能够紧跟时代对于新型人才的需求。农民工的返乡创业带动了地方的就业机会,提高了农民的收入。

1.3.2.3 创新型农业科技人才促进农业产业转型升级

随着科学技术的不断发展,创新型科技人才促进了乡村产业向二三产业聚集,由原来的初级农业向农产品加工业以及服务业迈进。截至 2018 年,河北省专业技术人才总量已达 256 万人,相比于刚刚改革开放时的 53.56 万人增长了近 4 倍,其中高技能人才 229.8 万人,其占比略高于全国平均水平[17]。创新型的科技人才提高了粮食产出的同时增强了农业发展效益,未来创新型科技人才会对乡村产业高质量发展做出巨大的贡献。与此同时,乡村发展离不开农业科技人才,这类人才会让乡村发展发生质的变化。

1.3.3 河北省乡村建设需要乡村人才来实现

缩小城乡差距、统筹协调发展,是加速实现"经济强省、和谐河北"的基础。河北省 2017 年人均可支配收入为 12881 元,只占城市居民的 42%,亟须健全城乡要素合理流动机制,社会事业发展落后,农民缺乏适应生产力发展和市场竞争的能力,广大农村地区缺乏乡村人才。这一时期脱贫攻坚任务艰巨,2017 年底全省仍有 105.9 万贫困人口和 10 个深度贫困县、206 个深度贫困村。2018 年中央一号文件提出,要鼓励社会各界投身乡村建设,主要是要建立有效激励机制,吸引社会各类人才以各种方式参与乡村振兴的伟大事业。人才的汇集和人才队伍的建设是乡村振兴目标得以实现的基本保障,在我国农村人力资源总量偏少、人才队伍能力偏低、专业领域人才短缺的现状下,除了需要积极推进本土人才队伍的建设,引导不同领域的专业人才参与到乡村建设中来具有更加重大的意义。

1.3.3.1 河北省农村实用人才促进农民增收

河北省是农业大省,农村人力资源数量巨大,但人才队伍整体素质较低,实用人才数量严重不足,人才问题已经成为优化农业结构、升级农业产业、促进农民增收的重要抑制性因素。发展壮大农村实用人才队伍可以有力拉动经济的增长,2022 年夏粮播种面积 2271.6 千公顷,亩产 436.2 公斤,总产量 1486.5 万吨，实现面积、单产、总产"三增加"[18]。

1.3.3.2　河北省旅游专业人才拉动经济增长

如今，旅游产业在农村发挥着越来越重要的作用，通过旅游与文化、旅游与农业的深度融合，延伸了产业链条，增加了农民的收入。旅游产业的发展离不开当地的人才培养，特别是旅游专业人才培养。乡村旅游业在其发展的过程中，除了资源、资金的配给，更重要的是人才的配置。人才是乡村旅游发展的领头军，应以农村旅游专业人才建设为主体，发挥农旅与文旅的深度融合，推进乡村民宿发展，实现乡村美、农民富、农业强。

1.3.3.3　河北省电商人才带动产业转型

《数字乡村发展战略纲要》提出深化电子商务进农村综合示范，说明农村电商已成为推动乡村产业兴旺的主力军和乡村振兴的新引擎，而发展乡村电商，人才是基础。2020 年，直播将成为推动农业特色产品销售的重要渠道。"十三五"期间，河北省网络零售额从 972.4 亿元增加到 2735.8 亿元，年均增长 21.85%。电子商务与传统优势产业融合加快，建成钢铁、建材、家居、乳制品、服装、家纺等 22 个大型电子商务平台。并且在全国率先实现农村电子商务全覆盖，县、乡、村三级物流配送体系覆盖率达 100%，累计 66 个县获批电子商务进农村综合示范县[19]。

1.3.4　河北省乡村治理需要乡村人才来完成

社会治理的基础在乡村，重点也在乡村。实施乡村振兴战略是健全现代社会治理格局的固本之策。强化和创新农村社会治理，构建和完善现代农村社会管理体系，建立一个将自治、法治与德治相结合的农村社会治理体制，是实现农村社会和谐稳定、推进全省治理体系现代化、实现全省治理能力现代化的重要途径。河北省乡村治理能力还亟待增强。一些农村基层党组织软弱涣散，组织力、号召力、凝聚力不强，部分基层组织缺经费、缺阵地、村干部老化严重，引领乡村发展和治理乡村、服务村民的能力不足。村集体经济总体薄弱，"空壳村"占有较大比重。农村人口老龄化和村庄"空心化"现象十分突出，尚未形成能留住年轻人的机制，农村普遍缺乏人气、活力、生机。乡村治理需要乡村人才来实现，要加强基层党组织的全面领导，以农村基层党组织建设为主线，突出政治功能，提升组织力。

1.3.4.1 基层党组织是"治理有效"的领路人

在中国当前农村社会结构发生深刻变革的背景下，农村出现了自然资源过度开采、集体经济衰退等诸多问题。党的十九大提出完善自治、法治、德治相结合的农村治理体制，为解决农村管理困境提供了新的改革思路和方向。鉴于我国当前农村治理存在的问题和薄弱环节，我们应该妥善解决自治、法治和德治之间的关系，促进自治、法治与德治的协调与合作，从而实现对农村社会的有效管理。基层村党组织干部负责村庄日常管理和公共服务工作，组织着、凝聚着乡间力量，衔接着基层政权和村庄治理单元之间的关系，他们有坚定的政治立场和优秀的管理能力，法治意识强、道德水平高，在当地有一定的威信，是打通"最后一公里"的引路人，是能带动一方百姓、搞活一方经济、富裕一方农村的领路人。

1.3.4.2 行政介入型人才是乡村振兴的关键力量

此处的行政介入型人才主要指驻村干部和大学生村官，在实施乡村振兴战略中，驻村干部和大学生村官以行政介入的方式嵌入到乡村社会中，是实施乡村振兴战略的关键力量。大学生村官以村党支部书记助理、村主任助理等形式参与到村庄治理中，凭借理论知识、组织协调能力、活跃思维、理想抱负等素质为新农村建设出策出力[20]。河北省村庄"空心化"问题严重，或因能人不突出等因素，无法选举产生村党支部书记，甚至村"两委"组织都不够完备，便可采取由乡镇工作人员兼任"第一书记"的方式进行村庄治理，由兼职的"第一书记"负责党务，由村庄负责人负责村庄日常工作。行政介入型村干部可以更加公平客观地开展公共服务工作，但是在工作中需要"接地气""有温度"，了解村情村貌、民情民意，用真情实感打破与村庄这个乡土单元因为"身份差异"产生的距离感，真正满足村民的利益需求。

1.3.4.3 新乡贤成为提升乡村文明的新力量

河北省部分地区农村依然存在红白喜事盲目攀比、大操大办等陈规陋习；部分贫困群众脱贫致富的内生动力不足，存在"等、靠、要"思想。新乡贤是传统农村社会里彰显世界文化和教育于一体的先进分子，通常对农村社会变革起着主导作用，也是乡村文化推广的主力军，对于推动传统农业社会的发展和进步扮演着重要的角色，正在逐步成为提升乡村文明的新力量[21]。

1.3.5 河北省战略机遇与乡村人才短板并存

2018～2022年，是实施乡村振兴战略的第一个五年，是乡村发展大转型、大提升的关键阶段。我国经济长期向好的基本面没有改变，经济由高速增长阶段转向高质量发展阶段，改革与创新的驱动作用显著增强；城乡居民收入和生活水平不断提高，消费需求日趋多元化、个性化、高端化，供给侧结构性改革牵引力越发强大。从河北省内来看，京津冀协同发展、雄安新区建设和冬奥会筹办等多重机遇叠加，经济大省、人口大省、农业大省、生态大省的地位和重要性更加凸显，河北省已进入大有可为的战略性机遇期和历史性窗口期，发展前景广阔。但是目前，河北省乡村发展仍存在一系列问题。如农业发展结构矛盾鲜明、生态环境问题凸显、乡村治理能力亟待增强、城乡发展差距依旧巨大、乡村文明有待提升等。

1.3.5.1 农业发展结构性矛盾突出，二三产业人才需求增加

河北省农业产业结构与资源禀赋不尽匹配，粮经饲结构不合理，粮食播种面积占总播种面积的60%以上，经济作物、饲草料生产占比偏低。全省农产品加工业总产值与农业总产值之比仅为1.8∶1.0，低于全国2.2∶1.0的水平；农业产业化龙头企业相对较少，产业集中度低，全省国家级龙头企业仅有46家。我国农业生产存在阶段性供大于求、供不应求的矛盾，特色农业、品牌农业、高效农业的发展速度较慢，农业供给的质量与效益有待进一步提升。农业规模化组织化程度相对较低，新型经营主体培育亟待加强。农村一二三产业融合发展广度、深度不够，新业态、新动能有待进一步壮大。急需进一步推进现代青年农场主、林场主培养计划和新型农业经营主体带头人轮训计划，优化农民从业者结构。积极引导农村青年、返乡农民工、农技推广人员、大中专毕业生和退役军人参加职业农民队伍，培养造就一支高素质的新型职业农民队伍。

1.3.5.2 生态环境问题凸显，绿色产业带头人需求增加

河北省农业资源环境约束不断加剧，水资源严重匮乏、利用率不高，人均、亩均水资源仅为全国平均水平的1/7、1/9，已经形成7个1000平方公里的漏斗区，是全国地下水超采问题最严重的省份[22]。农业投入品使用量大、利用率低，农业废弃物循环利用水平不高。乡村的垃圾、污水、粪便等还依然存在，农村人居环境有待大幅改善。科技发展是把"双刃剑"，应鼓励农业人才积极学习，掌

握知识储备，用知识衡量技术的存在，激励农村人才去当地实地考察，针对当地产业的发展特色提出建议，同时还可以向农民宣传其他现代化农业种植技术，减少白色废弃物的扩散、排放和流失。

1.3.5.3 乡村治理能力亟待增强，基层管理人才需求增加

目前河北省一些农村基层党组织软弱涣散，组织力、号召力、凝聚力不强，部分基层组织缺经费、缺阵地、村干部老化严重，引领乡村发展和治理乡村、服务村民的能力不足。村集体经济总体薄弱，"空壳村"占有较大比重。如今，农村面临着人口老龄化问题，农村的基础设施薄弱，相比城市来说，留人、引人、用人问题困难，村庄缺乏年轻人。亟须加强基层党组织的全面领导，坚持农村基层党组织领导核心地位，推动农村基层党组织和党员在脱贫攻坚和乡村振兴中提高威信、提升影响；建设好带头人队伍，实施村党组织带头人整体优化提升行动，加大从农村致富带头人、外出务工有成人员、本乡本土大学毕业生、复员退伍军人中培养选拔力度，通过本土人才回引、院校定向培养、县乡统筹招聘等渠道，每个村储备一定数量的村级后备干部；加大在青年农民、外出务工人员、妇女中发展党员力度。

1.3.5.4 城乡发展差距巨大，实用专业人才需求增加

河北省城乡基本公共服务水平和收入水平差距明显，2017年农村居民人均可支配收入12881元，仅相当于城镇居民人均可支配收入的42%[23]。城乡之间要素合理流动机制亟待健全，社会事业发展仍然滞后，农民适应生产力发展和市场竞争的能力不足，农村人才匮乏。2017年底全省仍有105.9万贫困人口和10个深度贫困县、206个深度贫困村，对当时的脱贫攻坚任务的完成带来了不小的压力。围绕农业生产服务、农机推广应用、乡村手工业等重点领域和乡村财会管理等薄弱环节，必须加大"三农"领域实用专业人才培育力度。

1.3.5.5 乡村文明有待提高，新乡贤成为新力量

优秀传统农耕文化有待进一步深入挖掘，古村落保护、农村非物质文化遗产传承面临严峻形势；部分群众增收致富的内生动力不足，存在"等、靠、要"思想。必须加快培育新乡贤文化，发挥优秀基层干部、乡村教师、退伍军人、文化能人、返乡创业人士等新乡贤的示范引领作用，涵育文明乡风。

1.4　国内外研究现状

当前国内外学者对于人才培养相关研究逐步深入,取得了较为丰硕的理论与实践成果。国外学者虽没有明确提出"乡村人才振兴"及相关概念,但是针对农民围绕人力资本投资和职业教育培训角度进行了广泛研究。国内学者已针对人才分类培养、政策扶持、机制构建和路径探索等多领域进行了分析与阐述。按照上述研究问题对已有文献展开梳理,在归纳总结学者研究成果精髓的基础上发掘亟须进一步深入思考的空间,进而提出本书的独特视角、主要内容和运用方法。

1.4.1　农业人力资本相关研究

1.4.1.1　人力资本与经济增长

学者们经过不断研究发现,人力资本与经济增长之间存在紧密关系,两者相互作用影响,这一观点同样适用于农业产业发展[24][25]。从宏观层面来看,产业经济或地区经济受到人力资本影响。西奥多·舒尔茨将人力资本作为比其他物质资本更为重要的生产要素运用到生产框架中,分析人力资本与农业经济增长相关性,发现人力资本积累程度越高,农业生产总量及生产效率越高。后续论证中,他以美国农业为研究对象验证了此观点,量化结果得出人力资本的提升大约可为美国农业经济增长贡献 1/3,这一结果引发了各界对于人力资本的关注度[26]。Lucas 将技术要素内嵌于经济增长模型中,但技术的研发和应用依赖于人力资本水平,所以人力资本与经济增长依然存在显著的相辅相依关系[27]。Anca - Otilia 等经过研究证实地域人力资本是经济增长的内生驱动因素,比物质资本发挥的作用更大[28]。楼俊超和刘钊以教育水平为指标衡量人力资本水平判断回报率,发现不同学历程度的劳动力对农业产值贡献力度存在显著差异,中等程度影响最大[29]。从微观层面来看,人力资本能力影响个人收入水平。农民人力资本异质化水平在很大程度上决定了收入增长水平,它是造成收入差异的根本原因[30][31]。Schoellman 发现教育投资的回报率远高于一般性物质投资,对农民未来收入效益产生重要影响，其中，健康程度可以直接提高整体收入，并由此摆脱"贫困陷阱"[32]。实证数据表明，人力资本潜变量对提升农户收入所展现的整体贡献率可达 38.57%，而健康程度和基础教育则是其中的关键变量[33]。可见，人力资本对个体收入和宏观经济造成深刻影响已得到证实，如何提高人力资本积累成为一项重要任务。

1.4.1.2　人力资本投资重要性及关键点

人力资本投资是人力资本积累最为高效的手段和形式，多样投资类型决定了预期收益和投资回报差异，不同情境下的投资效率值得深入研究。学者们普遍认同基础教育和技能培训是人力资本投资的主要构成，两者侧重点存在明显差异。放眼宏观劳动力市场，分割和竞争促使个人教育层次的盈利率评估更为重要，也就是教育层次在就业中成为主要量化指标，农民的继续教育显得更为关键[34]。Heckman 和 Rubinstein 以人力资本投资为视角分析技能培训对劳动力发展所产生的影响，不仅表现在基本素质的提升，更体现在先进技术的掌握与全面科技文化素质的提高方面[35]。Duveskog 等研究发现，以实践型小组学习模式为核心的农民田间学校帮助农民通过试验和采用新的农业技术提高他们的粮食安全水平，促使农民增收[36]。在代际重叠经济中，动态分析农户收益差异，Masashi Tanaka 发现劳动技能培训作为一项生产性投资可以减小区域收益不平衡现象，促进实现收益均衡稳定状态[37]。Paul 和 Vera 针对墨西哥农村贫困人口的人力资本投资有效形式进行比较分析，发现对于贫困群体来说基础教育投资更有可能帮助他们提高收入和增加就业[38]。我国正处于农业二元论背景下，传统农业向现代农业过渡，在一般均衡模型中，人力资本投资的形式更强调所需技能，农村职业技术培训效果尤为显著，同时，部门投资和政府补贴加速了培训产出[39]。而在人工智能快速发展下，对人力资本的投资取决于控制点、风险偏好和态度，并应该重视强调科技能力的职业培训[40]。随着时代发展，人力资本投资侧重点及形式发生改变，探索适宜当前形势的投资形式、培训方式更为关键。

1.4.1.3　人力资本投资供给主体及形式

基于各国差异化发展阶段和资本需求，人力资本投资供给主体、形式和内容存在明显差异。Snorre 和 Egil 以挪威为例分析人力资本的最佳投资形式，发现政府和高等院校开展的学历教育可以提供更多的就业可能性，以此降低劳动收入风险和工资水平风险，同时，强调应与后续技能培训结合效果会更为明显[41]。而

Moris 和 Jon 经过研究表明，非政府机构和组织由于自身优势资源在组织农民培训时效率更高、效果更好[42]。加拿大将农业生态学运用到农业生产领域以此解决粮食生产面临的健康、安全和可持续发展问题，由于知识水平和技术能力的需求使得从事新型生态农业的人员大多来自非农背景，他们亟须外界提供实践培训机会。Julia 和 Charles 深入探究加拿大唯一有关新型生态农业培训学校——埃弗代尔社区学习中心，总结其经验发现，社区主要通过向学员传授深刻的理论知识和复杂的生态实践展开培训，毕业后鼓励他们建立生态农场实现联盟[43]。美国农业推广制度已发展成熟，在政府主导的基础上逐渐建立合作型推广机制，基本满足了农民需求，多元化培训体系也已实现良好运行，其中社会组织和培训机构发挥了重要作用[44][45]。我国农村发展形势已发生巨大变革，为了满足人才需求，在政府主导基础上应逐步建立新型人才建设体系格局，实现高效率人力资本投资。

1.4.2　乡村人才定义及分类研究

从严格意义上来说，国外没有乡村人才振兴这一概念，绝大多数对人才的研究是以人力资本投入理论作为研究视角的。虽然各个国家对于"乡村人才振兴"的说法不同，但是其相关论述可以追溯到英国空想主义提出的"新协和村"理论。Schultz 提出短期技能训练可增进农民农业耕作方面的知识[46]。William 所发现的刘易斯拐点问题为农村人力资本开发和乡村人才振兴提供了契机[47]。Eichler 等、Lee、Attanasio 等[48-50] 认为职业培训提高了农民工资水平，有助于农村人力资本提升。国外理论研究从学理角度论证了农村人力资本开发对于改造传统农业、促进农业增长和提高农民收入的重要性，这为乡村人才振兴研究提供了理论依据。

我国对于"人才"内涵的研究并没有统一的标准，学术界关于乡村人才的内涵解读是在官方构建的类型体系下进行的。《辞海》中对于人才的定义为：有才识学问的人，德才兼备的人。《现代汉语词典》中对于人才的定义为：德才兼备的人，有某种特长的人。由此可以看出，人才主要是形容某人对学识与技能的掌握，也体现出对于德才兼备的优秀人才的追求与赞美。随着时代的进步和研究的逐渐深入，学者主要从素质层面对人才下定义。黄津孚、罗洪铁认为人才具备良好的内在素质、依赖知识和技能取得创造性劳动成果，社会需要的高素质的人[51][52]。《国家中长期人才发展规划纲要（2010—2020）》中将人才定义为具有一定的专业知识或专门技能，进行创造性劳动并对社会作出贡献的人，是人力资源中能力和素质较高的劳动者。耿相魁、刘玉娟和丁威从自身技能角度与社会价值层面对乡村人才进行深层次定义，认为乡村人才具有一定的科学知识、经营理念、管理技能以及知识转化实践的能力，通过知识与实践的融合，通过自己的创造性劳动，对农村经济奉献自己的力量，即"创造性劳动"[53][54]。刘晓峰认为在乡村振兴语境下，"乡村人才"是在空间上与乡村有直接行为联系，且素质较高，对"三农"有高度认同感、对乡村振兴有较高积极价值的人[55]。以上学者的研究都为乡村人才的界定奠定了理论基础。

关于乡村人才分类的研究，大多数学者依据自身积累的乡村经验事实对其进行细化研究，总结出自己的分类方法。耿相魁认为，农村人才其内涵应是指在农村广泛的社会实践活动中，具有一定的科学文化、经营理论、管理技能、劳动实践知识，凭借自己的创造性劳动，能够或已经对农村经济和社会进步作出较大贡献的人；其外延应既包括知识型人才，又包括经验型、技能型人才[53]。郜亮亮和杜志雄从城乡区域角度将乡村人才划分为乡村教师、医生、大学生村官、乡村生产能手等；从行业的角度将乡村人才划分为农机农技人才、新型职业农民、经营大户等[56]。围绕其学历水平和内在素质，王巨光强调乡村人才应分为接受过专科、本科和硕士研究生培养的应用型乡村建设人才和接受过博士培养的高层次学术型乡村建设人才[57]。马彦涛从实用性的角度划分，乡村人才可分为农民技术人员、生产能手、经营能人、能工巧匠等五类复合型人才[58]。以规划为基准，乡村人才可进一步细化为农业科研人才、技术推广人才、农村实用人才等。赵秀玲从分类培养的角度出发，提出可按职业职能划分为乡村管理、经营、生产科技、教育卫生、社会服务、综合执法等人才[59]。刘合光、张丙宣和华逸婕从乡村振兴必须培育的内生主体出发，包括村民、新型职业农民、新乡贤、技术专家、企业家、创业者等逐步使得乡村从外生性发展转向内生性发展[60][61]。郭晓鸣等基于对乡村振兴人才队伍建设重要性的认识，认为新型职业农民、基层农业服务人才、基层工作人才、农业生产经营人才、农业科技人才等都是乡村人才振兴的重要组成部分[62]。

1.4.3 不同类型人才研究

1.4.3.1 新型职业农民的发展研究

国外有关高素质农民的研究不仅在时间上早于我国，而且相关理论也更加完善和成熟。国外学者对高素质农民的培育研究主要从劳动力转移、职业农民培育内容及体系的研究和农民教育培训意义几个方面进行。

（1）关于劳动力转移问题的研究。

农村劳动力转移是劳动资源实现优化配置的必然要求。Stark 从组织行为学的研究视角发现农民的劳动力转移是对经济利益最大化的一种追求[63]。Wooldridge 和 Wallace 从身份类别的角度将农村劳动力的转移分为专门务农、兼职务农[64]。Adam 从流动偏好的角度分析中国农民在选择职业上存在就业偏好，更偏向在本地发展获取职业[65]。Mohapatra、Knight 围绕就业意愿和倾向问题对农民的转移分化进行了研究，把未来农民的行为决策分为就地务农、非农化、市民化和异地农业化四种形式[66][67]。Van Crowder 认为，职业农民培育的内容与职业农民的农业劳动专业能力密切相关，培育内容应考虑到农民专业能力的提升，与生产实践相结合可以促进职业农民培育的成效[68]。Rogers 强调对农民培训的重点是要提升农民的实践能力，培养农民在农业生产劳动中的自我决策能力[69]。Noor 指出对农民职业培育需要在培育内容方面进行创新，加强农民的文化和科学素质、创新创业能力的培养[70]。

（2）关于农民相关概念演变的研究。

国内针对高素质农民的相关研究，学术界已经展开了系统、深入的实践与研究。概念演变、职业教育、培育问题及培育途径等问题均有涉及。我国农民概念的演变与改革开放以来的经济改革进程相呼应，在不同时代背景和不同历史阶段具有不同的内涵。我国农民的概念经历了农民、职业农民、新型农民、新型职业农民、高素质农民的转变过程。庄西真认为西方学术界一直将我国的农民称为"Peasant"（传统农民）而不是"Farmer"（职业农民），其原因在于我国的农民通常被理解为社会学意义上的身份，或是社会等级，而不是经济学意义上的理性人[71]。

我国为进一步推进农业产业化和专业化，2007 年 1 月颁发了《中共中央国务院关于积极发展现代农业扎实推进社会主义新农村建设的若干意见》，首次正式提出培养"有文化、懂技术、会经营"的新型农民，把新型农民定位为新型农业经营主体。彭超认为新型农民相关政策旨在对具有较高学历的青年农民进行实用技术、经营管理等知识培训，政策目标是为农业专业化生产和产业化经营培养造就一大批觉悟高、懂科技、善经营的人才[72]。"新型职业农民"一词首次出现在 2012 年中央一号文件中，国家明确提出大力培育新型职业农民，并将其纳入国家系统工程，以解决现代农业人力资源支撑问题。国内关于新型职业农民内涵的界定，多数学者围绕中央一号文件提出的定义展开论述和拓展，主要从职业农民的定义、特征及类型等方面来界定。徐辉认为，新型职业农民的概念涵盖了生产经营、专业技能和社会服务等多个方面，意味着农民已经成为一种"职业"，而不再是城乡二元体制下的一种"身份"[73]。郭智奇、樊英从社会学和经济学等不同的学科视角来分析传统农民和新型职业农民的区别，对于内涵产生不同理解[74][75]。

2019 年后正式提出"高素质农民"概念，更加尊重农民农业农村现代化建设的主体地位和首创精神，体现了中央切实保障农民的物质利益和民主权利。李谷成指出高素质农民的概念聚焦"高素质"，这一新概念的提出适应了新时代农业农村发展的需要，必将为乡村振兴战略的实施提供充足的人力资本动力[76]。李荣梅强调，高素质农民兼具农业情怀和爱农村、爱农民的品质，其本身具有很高的人力资本，更加容易满足现代农业标准化、专业化、规模化生产的要求，能够承担更多的社会责任，具有更加显著的经济外部性[77]。

（3）关于农民培育的研究。

第一阶段（2000~2011 年）：21 世纪"新型农民"的萌芽。陶少刚、刘纯阳等、李恺等指出农业劳动生产率与农业生产者的文化程度成正比例关系，阐明农村劳动力文化素质差异成为收入差异的重要原因，强调农民教育是我国农业发展的迫切需要[78-80]。陈俊峰和朱启臻、邹积慧、余永康认为长期以来农民教育目标和功能偏离的深层次原因在于农民教育价值观的工具主义取向[81-83]。王庆成、陈华宁、刘华指出农村基础设施、教育落后；农民对培训的需求受自身文化素质和经济条件的影响较大[84-86]。针对不同地区新型农民培育，蒋寿建认为江苏新型农民的培育应形成"金字塔"结构，提出了转化现实农民、培育潜在农民的"两条腿走路"的思路，并对江苏培育新型农民的动力机制和主推模式做了比较深入的研究[87]。曾增河对漳州市新型农民培训运用参与、示范、项目（能人）

带动、媒体传播式等几种模式进行分析，建议以"能人带动"培训模式为主，根据当地实际灵活选用其他补充模式[88]。

第二阶段（2012~2018 年）：新阶段"新型职业农民"的发展。范鹏、罗映秋、李慧静认为职业农民的培养是新农村建设的立业之本，是解决"三农"问题的主要手段[89-91]。沈红梅等、祝士苓和王素斋指出目前新型职业农民的数量与现实发展存在供需矛盾；培育方式、内容与农民的实际需求不对等，软硬件设施建设不到位是新型职业农民培训面临的主要困境[92][93]。针对其现实问题，郑晓明和彭定在职业教育视角下提出构建以教育平台为核心的新型农民平台[94]。赵邦宏、王守聪强调应根据农民的不同层次需求，有针对性、分类别地开展对于职业农民的教育培训，根据职业农民的能力和水平进行等级评定[95][96]。刘艳琴、倪慧等、王春伟和赵静对发达国家的农民职业培训经验进行归纳总结，认为其农民职业培训方面的经验主要包括国家立法保障、严格职业准入、保障经费投入、培训体系健全、培训内容注重实效、培训方法灵活多样等；强调政府与非政府部门合作是新型职业农民培育的环境支持[97-99]。张亮等对美国、澳大利亚、俄罗斯、日本及韩国的新型职业农民培育体系分析比较，指出各国对农民的培训都采用理论结合实践，并且实践实习教学占 2/3[100]。王立宾等深入分析了美国的农民职业培训体系，归纳了有益经验，主要包括健全农业教育法律体系，完善教育机构及技术推广机构，保障资金渠道，确立准入制度等，为农民职业教育建立了完备的培训体系[101]。

第三阶段（2019 年至今）：新时期"高素质农民"的提升。柳宾认为高素质农民是我国政府在解决"三农"问题的过程中，实现农业产业化、农村现代化所需的现代化农业人才[102]。高彩云认为，开展农民培训有助于培育高素质农民，高素质农民的思想教育是乡村振兴战略能否有效实施的关键[103]。乡村振兴战略下新型职业农民培育过程中存在的主要问题从整体上来看，欧伟杰认为是政策扶持实施效果不理想；新型职业农民培育对象来源不充足；培育工作的主体不健全；培育实施的环节不精准；培育服务的政策不配套[104]。赵家兴、赵子健提出高素质农民培育现阶段存在着培育对象综合素质偏低、参与积极性不高、潜在对象接受培育意愿不强、思想道德标准认识存在偏差、法律意识淡薄等问题[105][106]。刘志坚和蒋玉红在农业现代化视域下对高素质农民培育路径进行探索，提出应运用大数据技术科学甄选高素质农民培育对象，制定精准化培育方案，加快推进培育数字化资源建设[107]。田姝红等认为组织培训应以时代与政策的主题为关注点，与社会同步、与实践接轨，将新产业、新业态、新技术的教育作为培训的重点内容[108]。张晓玥、孙秀红强调要强化政府主导作用，形成多方协调联动；精准把握实际需求，合理定位培育方向；应加大培育总体投入做好资源长效保障，强化农民主体作用，鼓励乡村人才发展[109][110]。

1.4.3.2 返乡下乡创业人才研究

由于国内外国情和政策差异，国外学者对"返乡下乡"相关问题的理论研究相对较少，因此国外能够为我们提供有关返乡下乡创业相关问题的学术研究和可供借鉴的经验也比较有限，主要是从理论上分析返乡下乡创业的意义、影响因素、面临的困境及解决对策。

一是关于返乡下乡创业的意义研究。Hildenbrand 和 Hennon 指出，尽管农业生产模式随着时间的推移而不断地更新和升级，但农民始终是农业的主体。农村经济发展的外因是新的生产方式和生产要素，但内因是农民创业[111]。

二是关于返乡下乡创业影响因素的研究。国外对返乡下乡创业的影响因素多以个体特征为视角。Pieter de Wolf 等从创业者技能、机会识别、合作意识等方面分析了个人能力对返乡创业的影响程度。

三是关于返乡下乡创业面临的困境研究。Pieter de Wolf 调查发现，个人技能、管理经验、资金状况等是农民工返乡创业中主要面临的问题[112]。

四是关于返乡创业的对策研究。国外对于返乡创业对策的研究主要围绕创业场地及资金两个方面。Haan 和 Rogaly 认为，公共政策层面上的支持对创业者来说是一种政治支持和保障[113]。

目前国内对于返乡下乡创业的研究主要集中在返乡下乡创业的概念、意义、面临的困境与对策、影响因素、模式五个方面。

一是关于返乡下乡创业概念的研究。石智雷等对返乡创业进行了较为深入的研究，但尚未对"返乡创业"的概念形成统一规范的界定[114]，其主要矛盾在于外出或返回的地区界限、外出务工时长、创业类型等不统一。学者能够形成共识的是，返乡创业群体大多见多识广、视野开阔、有资金、有人脉，通过在外打拼或学习，掌握了经验、技术和资金[115]。他们知道城市里面缺什么、农村能够提供什么，对接后开始返乡创业[116]。学术界暂没有关于下乡创业的清晰界定。操文娟认为下乡创业与返乡创业主体在户籍上有所不同。其中，大学生"下乡创业"的主体是城镇户籍大学生,而大学生"返乡创业"的主体是"农村籍"大学生[117]。

二是关于返乡下乡创业意义的研究。返乡下乡创业的意义主要表现为带动城乡经济的繁荣,促进乡村振兴的实现。孙文中、曹宗平提出,农民工返乡创业,不仅能够提高农民收入、促进城乡充分就业,还对助推乡村振兴有积极作用[118][119]。李宏英持相同观点,认为农民工返乡创业不仅能够增加农民收入,改善农民生活条件,还能在一定程度上推动农村产业经济结构的完善,促进农村经济的发展[120]。梁栋和吴存玉认为,农村发展主体的缺失呼唤着农民工返乡创业,农民工返乡创业有助于加快现代农业体系的构建[121]。

三是关于返乡下乡创业面临的困境与对策研究。通过梳理各位学者的研究成果,发现返乡下乡创业的问题主要表现在个人能力、融资渠道、政府支持等方面,并且学者们探讨了相应的对策。曾之明等指出,农民工返乡创业过程中面临着贷款融资难、政策落实不到位等现实问题,并从数字普惠金融支持农民工创业入手,提出了相应的对策建议[122]。黄永春等认为选择适合自己的、适合当地发展政策的创业模式,更有利于创业绩效的提高[123]。

四是关于返乡下乡创业的影响因素的研究。学者普遍认为有无外出务工经历、创业者个人特征、家庭支持、创业环境、政府支持等是影响创业者返乡下乡创业的主要因素。周广肃等、林龙飞和陈传波认为,有无外出务工经历是影响农民工返乡创业的重要因素,且有外出务工经历的农民工创业概率要大于没有外出务工经历的村民[124][125]。康立厚和任中华认为创业者主观认知、创业环境、金融支持等因素能够影响农民工返乡创业[126]。熊智伟和黄声兰研究发现,当家庭、社会、政府向返乡创业农民工提供各类支持时,他们返乡创业的热情和成功率将会显著提高[127]。王亚欣等认为,对农民工返乡创业影响较大的因素有家庭环境、市场环境和鼓励政策等[128]。

五是关于返乡下乡创业模式研究。现有研究中关于返乡创业模式及其分类依据不尽相同。吕惠明把创业模式分成种养产业、消费服务业、乡村旅游业、家庭手工业和现代工业企业五大模式[129]。刘志阳和李斌将创业模式分为两种类型:经验驱动型和资源驱动型[130]。毛哲山从创业形式、创业动机和创业领域三个方面将其划分为模仿和创新、生存和发展、传承和跨越六种模式[131]。农业农村部推出农村创新创业五大典型模式,分别是特色产业拉动型、产业融合创新驱动型、返乡下乡能人带动型、创业创新园区（基地）集群型、龙头骨干企业带动型。

1.4.3.3 乡村治理人才研究

由于我国的国情和制度原因，目前在外国还没有出现过"乡村管理"的观念，"乡村治理""乡村人才"等也属于国内特有的范畴，而外国有关"乡村人力资源"与"乡村管理"的相关理论还较为完备，"乡村人力资源"类似于"乡村人才"，同时还存在着许多不同的"乡村管理"，这对河北省的基层管理和管理人员的培养都有着重要的意义。

针对农村管理人才的概念。Heri 等认为，在乡村治理方面，并不是所有的干部都有相同的潜力和能力，乡村治理必须依靠我们自己的命令、领导能力、经验、知识、外部政府支持、法律保护和激励创新[132]。Selanno 认为，如果想促进农村的发展，就必须发挥政府的作用，村里的领导必须知道自己的责任和义务，再参与村务，充分发挥领导力[133]。杜赞奇基于中国华北农村治理情况，并基于北部的乡村治理的现状，调查了贵族在乡村治理中的作用，认为乡贤、家庭和乡村精英是主导力量，并提出"精英"的概念[134]。弗里曼针对乡村管理过程的观点则是发挥主体作用的是村干部和农民，并认为他们在其中扮演着非常重要的角色。林顿在农村管理中建立合作关系，也就是对乡村的治理，发挥政府、私人和志愿者三个主体针对国家机构之间的协调作用[135]。Mark 等以农村精英为主体，对农村基层组织的工作进行了探索，并指出促进农村管理体制的改革，必须有政治精英、基层干部的参与，且两者必须加以区分[136]。

作为环京津重镇的河北省，在随着城市化发展的过程中，出现了农村青年劳动力的流失，农村基层治理越来越缺乏人才基础的现象。而新时期的河北省想要发展并成为治理有效的省份，其关键就在于如何培养和发展农村专业化的管理人才。基于相关文献资料的记载，我国乡村人才队伍建设、个体成员参与乡村建设、乡村治理中人才培养的困境、建设乡村人才队伍的路径及规划等都属于现阶段国内的主要研究内容。

第一，关于乡村人才类型队伍建设的研究。目前，中国学者对农村人才队伍建设、农业科技人才队伍建设、乡村旅游、乡村旅游队伍建设、乡村旅游人才队伍建设、农村文化建设人才队伍建设做出了各种各样的解释。

蒋淑玲等基于当前相关政策建议，认为国家应加强人员甄选、培训、管理、使用配套政策，积极推进建设农村实用人才队伍，争取在农村振兴的过程中为乡村提供强有力的人才保证和智力支持[137]。孙月等在总结国外先进经验的基础上，从人才培养模式、人才评价机制、人才发展环境等几个角度，专门针对新常态下的农业科技人才培养提出了几点建议[138]。张博超等健全和完善了河北省电子商务人才队伍的基础工作内容、人才培养体系、人才队伍监督、人才评价激励机制[139]。李娇娇等从参与基层医疗卫生事业的工作人员的基本信息、教育背景、职称、绩效收入等描述性的分析，提出了加强政府层面的关注，建立亲密的医学界，完善人才培养和激励机制，加强体制改革，改善治疗，保留人才，最终实现稀有人才的再开发[140]。胡梦桃等提出留住本土人才，让人才从城市回到农村，不断把握和控制人才回流的质量和水平，为社会营造人才不断发展的良好氛围，才能实现真正的乡村旅游人才队伍的建设。[141]。彭小曼认为农村基层人才队伍建设是当前农村改革发展的关键要从四个方面来说，要从创新的宣传方式在确保有人可选的前提条件下，不断优化服务，提高检验能力，才能真正确保人才可以回来，同时需要加强人员培训，而且要确保人员可用，实现创新型人才激励，确保人才流回农村，真正投身于乡村治理建设中[142]。丁希和张劲松在文章中写到农村领导能力的培养是当前农村改革的重点，在对人才自身素质的要求中要突出强调他们具有强大的理论，有较强的执行能力，有较强的技术水平，有感情，有领导的潜力，同时也提出了具有创新性的人才培养模式——"以选促培"[143]。笔者在认真对比彭小曼和丁希的观点后，又通过与河北省乡村治理人才实际建设情况相结合，认为人才队伍建设的基层治理人才与领导性的乡村治理人才在建设过程中的基层干部的研究点相似。

第二，关于乡村治理人才的个体研究。来源多样化形式的农村管理人才队伍以及农村管理人才和归纳的定义的相关研究，目前学术界对此并没有明确的定义和归纳。本书认为农村管理者必须有以下四个方面的品质：一是了解党和国家针对乡村管理过程中较为针对性的方针和政策；二是能够促进农村的现代化管理，激发科技进步的优秀特质；三是基于地方情怀的农村发展；四是在乡村治理过程中具有一定的领导潜力。因此，基于基层农村干部的特点，村"两委"和乡村精英在乡村管理中需要发挥主体作用，致富群体也应当起到一定的带头作用，带领返乡大学生以及退伍军人等相对较小的群体来参与乡村管理，发挥全员的主体作用。

张树俊认为，想要实现乡村改革和发展的目的，必须要以村干部作为乡村管理的主体，同时也是乡村发展的稳定器，在推动改革发展过程中也出现了村干部平均年龄偏高、平均学历水平低，缺少专业人才、整体备用力量明显不足以供给乡村管理的需要等突出问题。而经过分析得出的原因则是在治理过程中的工作难度大、负担大，人员待遇低、岗位调动可能性小等，并以此提出了针对基层干部的选拔创新、工作调动创新、待遇提高、激励保障制度的改革，以此达到村"两委"干部队伍的不断优化[144]。张鸿和袁涓文认为，以下这五类人群均属于乡村精英的整体范畴，分别是驻村书记、大学生干部、乡村能人、村"两委"干部、科技特派员，而他们要面临的困境又因为所处位置以及自身身份不同而不同。就拿驻村干部在乡村治理中所扮演的角色来说，角色难以形成固定定位，也需要面临来自多方的压力和困难，而在解决此类问题时，需要借助现代化的平台和科技支持手段，不断优化干部选拔和选用机制，才能够真正发挥本土人才治理的效用[145]。闫广芬和田蕊认为，解决大学生就业以及乡村发展两者之间的关键则是返乡大学生，在针对返乡大学生的文献资料的记录中，发现需要通过三个方面的引导和激励，来促进培育返乡大学生真正返乡，一是激发他们拥有家国情怀，二是激发他们有主观能动性，三是激发他们集体共创的能力，同时搭配国家政策以及高校政策的辅助，在宣传和激励的政策下，实现大学生真正返乡，参与乡村治理[146]。杨少波和田北海认为青年作为主体，要在参与乡村治理与乡村发展的各个环节中起到关键性的作用，能够真正带领乡村致富的也必须是青年作为主体，只有在主体都是青年的情况下，解决乡村事务在乡村治理的过程才能真正达到显著成效。可以通过提升致富带头人的作用来达到真正的治理效能的提升，而所需要做的就是提升他们的参与感、使命感，用创新性的激励手段与机制、创建新型发展平台和配套设施[147]。王斌通认为新乡贤是在党领导以及基层自治下，自治、德治、法治共同发挥作用，而他们在参与乡村治理过程中形成的"枫桥经验"则是继承和发扬传统乡贤的优良品质得出的，是我们新时代形成乡村治理善治结果的优良案例[148]。

第三，关于乡村治理中面临的具体困境——人才队伍建设。吴蓉和施国庆指出乡村治理模式、乡村基础设施建设、农村粮食安全等领域都在我国乡村基层治理过程中出现了一定程度的困难[149]。同时，研究表明制约乡村治理人才队伍建设的关键原因，不仅包括队伍数量总体不足、队伍成员年龄结构差，还包括治理人才队伍建设整体质量偏低等问题[150]。另外，基层政府在参与乡村治理过程中超越自身职能，最终产生治理体制难题；治理制度不成体系，呈现碎片化状态，造成治理过程中出现一系列的技术难关；智力人才外流且回流人才质量差、数量少等状况，最终造成的人才困难；数字化、信息化在乡村治理过程中出现的技术难关，这四个方面都是乡村人才队伍建设面临的问题[151]。而且当前转型时期的中国不仅人口流动性大，乡村也呈现出"空心化"趋势，但是随着我国政治经济的改革，要求乡村政治经济生态和治理的模式也需要作出相应调整和改善，因此造成当前人才队伍建设高要求但低水平的现状[152]。刘启英认为，乡村基层治理难题造成的原因则是乡村青壮年从乡村流向城市，而原本就缺少乡村精英的乡村因此造成空心化的人口结构[153]。吕蕾莉和刘书明探讨了乡村治理发挥作用的局限性，是整体基于乡村基层政权及官员的角色多重性展开的[154]。由此来看，在乡村振兴中存在的阻碍因素很多，如严重的人才流失、不健全的体制以及不科学的结构等[155]。

第四，关于乡村治理人才队伍建设的具体解决路径。很多学者提出了乡村振兴中人才队伍建设的看法和建议。周学馨和李龙亮认为，在科学的治理环境中不断实现三治相结合的治理状态才能真正实现高水平的乡村治理[156]。付翠莲认为，要想开发乡村治理主体多元化，促进乡村人才容量的扩大，就必须要重视基层政党及党组织的发展，乡贤理事会的参与、村民委员会的不断改革创新等，只有将他们三者有机结合，才能真正实现多主体的乡村治理[157]。胡渊认为，政治、经济、文化治理的重点开展能够从制度创新上实现乡村治理的更进一步发展[158]。王翔雯提出，想要实现优化环境的乡村、拥有更多返乡创业人才、实现乡村建设的进一步发展的目标，就要能够应对不断复杂化的乡村治理环境，要针对不同的民风民俗、村容村貌、不断提高实现真正的治理结构的改善、生态环境变化的能力和水平[159]。全志辉认为，只有不断提高乡村治理服务水平、不断明晰乡村治理参与者的任务与职责、建立统一的服务水平，才能够不断提高乡村主体的生活水平，也更有利于不断加强和保障民生[160]。贺雪峰和郑晓园认为，允许基层治理者以及乡村干部有出错的空间，减轻他们在治理过程中的工作压力和工作负担，并在各个部门给他们下达指令和任务的过程中加以限制[161]。张胆琼认为，要注重乡村治理人才的发展和培养，追求整个过程的真实效果，注重结果实现的可持续性和长期有效性，不断发扬优秀的培育方法——"传帮带"，强化党建引领的重要地位，只有这样才能够优化引进智力人才的途径[162]。俞秀玲认为，想要发挥乡村治理人才的主体作用，就要先明确乡村治理主体是谁，新乡贤是真正的治理主体，要发挥其优势，在其引领下建立创新性的多元主体下的协商制度，当然这一切前提都需要基于党的领导和政府的主导才可以真正实践[163]。

1.4.3.4　其他类型乡村人才研究

关于新型农业经营主体带头人的研究，目前尚无清晰明确的概念界定。骆清宇指出新型农业经营主体带头人是新型农业经营主体创立、改革和发展的"领头羊"，组织带领成员发展生产经营，带领经营主体的建设和发展[164]。平阿敏认为新型农业经营主体带头人是新型职业农民的优秀代表，以新型农业经营主体带头人为对象研究总结了其目前存在年龄结构老化、男女比例失衡、培训形式及内容偏离实际需求的现象[165]。农村实用人才队伍建设属于人力资本管理的范畴，实际上，国外并没有"农村实用人才"这一概念。毛尚华从农村人力资源开发视角，以拥护党的路线、方针、政策，遵纪守法为前提，围绕引导效应、乘数效应、带动效应、影响效应作用的发挥定义农村实用人才[166]。夏厚山、邱祥运从概念的范畴提出农业技术人才是一个产业概念，农村技术人才是区域概念，农业技术人才属于农村技术人才的其中一个范畴[167][168]。周敏认为广义的农业科技人才还应该包括"田秀才""土专家""乡创客"等，虽然农业科技人才已大致有分类，但是三种类型的科技人才界限并不清晰[169]。目前关于农业科技特派员并没有明确的定义，王震、孙要朋从身份类别、行业特征的角度定义农业科技特派员[170][171]；普遍来说农业科技特派员就是政府依据一定的程序选派，在农村或者涉农企业从事农业技术指导、农业科技成果转化、优势农业开发等农业服务的专业技术人员。

关于农村二三产业人才发展的研究，日本的学者今村奈良在20世纪90年代首次提出"六次产业化"的农业发展理念，指出农村应该走一二三产业融合的道路。杨佩文认为，现代农产品加工业发展进一步增强了对二三产业的带动能力，要培养农村一二三产业融合发展所需的管理人才和技能人才[172]。刘越山指出，要想加速二三产业人才的培养，必须调动全社会的力量，多渠道、多层次、多规格、多形式地开展各种职业技术培训[173]。培育壮大农业新产业新业态，其关键在于培育农村创新创业带头人。蒋圣华、李杰提出，农民合作社有利于农村创新创业带头人的培育，农村创新创业带头人是农村企业家[174][175]。王勇针对培育农村创新创业人才的过程中，资金、选择和扩张能力、合作性等方面的问题，提出加大政府财政扶持力度、创造条件引导农民合作社走向联合[176]。关于农村电商人才的研究，黄芳和姜宇认为农村电商人才是指"电商新农人"，其特征是具有较高的文化素质和生产经营水平，以互联网为工具，从事基于"农业+互联网"的产品生产、经营、流通、服务活动；为大学生群体、农民群体、青年致富带头人、政府机构人员、各类农村专业技能能人[177]。围绕重培养农村工匠，目前杨宇环认为农村工匠是一支高素质技能人才队伍，工匠在从业过程中形成职业态度和精神理念，具有时代性和普适性[178]。伴随生产要素区域间流动和产业转移的加速，关于农民工劳务输出品牌的研究越发引起研究学者的关注。王义民和陈登胜指出，一个区域的劳务输出者群体是特定的职业、娴熟的技术、勤奋的工作态度等要素的组合，在另一区域劳务服务中形成较高的知名度和美誉度，并逐渐为全社会认可，能产生显著效益品牌类别[179]。

1.4.4　乡村人才培养研究

1.4.4.1　人才培养发展脉络演进

纵观整体人才培养相关发展脉络与演进逻辑，发现随着时代变迁，不同时期的实施计划和侧重方向存在明显差异，可以归纳总结为以科学技能以核心的农民培训工作、以职业属性为核心的农民培育工作以及以全面才能为核心的人才培养工作。

自 21 世纪以来，教育培训工作以建设新型农民队伍为目标，由于当时农民普遍精神面貌沉闷、科技文化水平较低，所以培训工作的关键是围绕科学技术加强农村教育力度和精神文明建设，满足新农村建设需求[180]。在此阶段，教育培训体系建设初见雏形，构建了政府支持、多层管理、模式多样的新型农民培训体系，形成了政府主导统筹协调实施的新格局[181][182]。但是，由于信息不对称的影响，新型农民培训工作的供需失衡、脱离实践问题严重，而且在当时基层强烈技术需求情况下，培训工作资金供给严重不足，只能实现局部小范围培训[183][184]。同时，由于培训供给资源未实现优化整合，导致出现了师资力量不足、培训形式单一、实践操作欠缺等低效率问题，培训效果未能很好展现[185][186]。为了破解实际问题，切实满足农民需求，政府适时转变教育培训工作主要任务，以逐步破除身份限制、赋予职业属性为核心消除农民发展顾虑、提高农民社会地位。

新时期以来，教育培训工作以培育新型职业农民为目标，在基础科学技术教育实施后，随着农业现代化的稳步推进，农民迫切需要创新化、职业化以及高效化发展。经过近十年推进，新型职业农民培育为实现农业现代化造就了大批支撑储备力量，推动了现代农业发展进程。但在农业转型升级下，职业农民总量和质量虽有所提升，依然存在一些突出问题，由于培育对象本身存在弱质化问题，导致劳动力结构性失衡情况严重。由此迁移出的外部关联障碍凸显，如产业经济主体发展、土地托管流转情况、二元结构化现象等问题，制约了共同进步和富裕[187]。同时，虽然"一主多元"基本确立，但培育体系建设尚未成熟完善，培育工作过多依赖政府主导，职业院校、社会主体、经济主体等多元化治理主体参与程度并不高，导致资源整合优化不突出，责任缺失只能带来行为低效[188][189]。在确立培育目标时，主观情绪倾斜、形式层面有所封闭、内容层面趋于静态，这都影响了培育发展[190][191]。此外，产业中新型农业经营主体等经济主体功能未被完全开发，作为与新型职业农民紧密结合、共同发展的产业主体，"两新融合"现象只停留于形式，如何以培育为契机加强两者协同发展，是未来亟须破解的命题[192]。

进入新时代，在乡村振兴战略指引下，现代农业发展亟须综合化、全能型人才发挥动力引擎和总体支撑作用。在此阶段，不再强调农民身份属性，仅局限于农民教育培训已不足以满足人才需求，注重本土人才和非农人才全面培养才能真正实现人才振兴。乡村人才培养的重要性得到了广泛认同，研究主要分布在多个领域，在内容方面，乡村人才培养更加注重现代生产要素的运用，如"互联网+"与现代产业的结合[193]。在机制方面，人才培养不能只停留于培育培训，应该与人才引进、人才激励环环相扣，延长培养链条构建完整人才培养机制[194]。在体系方面，高等院校、基层政府和产业企业的多方互动衔接，可以促进产业发展和人才成长紧密融合[195]。在主体方面，高校是现阶段我国培育人才的第一场所。高等院校参与农业人才培养为产业发展提供了一批高学历层次人才，优化了人才教育层次[196]。但人才培养机构布局并不完善，多元化投资培养体制尚未建立，新产业新业态催生了大批新型人才，常规培养形式并不能满足个性化需求[197]。

1.4.4.2 人才培养方式与手段研究

目前专家学者的研究主要集中在培养的方式和培养的手段。培养方式集中体现在人才培养、人才吸引、人才管理和使用、人才激励与评价；培养的手段聚焦于人才培养的平台。随着信息化发展，人才培养方式更为丰富，王洋分析了信息技术对卓越农业人才培养的意义，阐述了信息技术的融合对卓越人才培养教育教学的影响。有效的管理行为和人才使用机制可以更有效地促进乡村人才发展[198]。

关于人才培养的主体方面，国内的相关学者也做了大量的研究。围绕其重要性程度，潘宇、张天保等、周艳丽等强调新时代涉农高校是培养知农爱农新型人才的主体。尤其是高等农业院校为国家输送"基层"人才，是国家农业发展的智力源泉[199~201]。甄国红和方健指出我国高等农业院校的功能已经从培养人才为主转变为培养人才、知识创新和服务社会的 3 个功能相结合[202]。基层干部培训的主要途径局限于基层党校，申元龙和申蕾、马洪涛提出基层党校要重视对干部综合素质的培养；要坚持理论教育和党性教育；强化师资队伍建设[203][204]。农广校作为农民教育的专门机构，发挥着新型职业农民培育主阵地作用。范巍指出各地农广校在实践中，因地制宜探索出许多有效的人才培养模式，系统总结了较为典型的四种模式：公益性培养模式、项目带动培养模式、部门联合培养模式、进村办班培养模式[205]。胡越阐释了农广校与农业企业合作培养的模式，农广校和企业合作具有共赢点[206]。郝连君等研究总结了大港农广校线上线下全程分段追踪培训模式，拓宽线上学习途径，创新线下培训模式[207]。以往研究中，学者从不同角度分析了不同主体参与人才培养，表明其参与主体的重要性和高效性。

1.4.4.3　乡村人才培养机制构建和路径研究

人才培养长效机制的建立，是培养工作长期创新完善的行为规范和管理职责的集合，具有深刻的指导意义。人才培养机制的基础是对象遴选机制的确立，只有做好源头识别工作，后续工作才能有效开展[208]。同时，清晰的需求导向机制可以指明培养工作分类标准，所以应对需求意愿进行适时检测并及时反馈，以此保障培养效果[209]。栗延斌等从驱动、运行、保障、调控、评价 5 个环节厘清了构建思路，稳固保障了培养工作实施[210]。吴兆明认为教育培训意愿提升机制对于整体机制构建十分重要，运用 Logistic 方法实证筛选出促进职业发展的内生与外生驱动力因素，内外兼施共同提升[211]。车红莉以合作社实际人才需求为出发点，认为应建立人才引进和人才培训相结合的机制体系，借助外部力量增加主体人力资本和社会资本积累[212]。动力机制的构建是近些年学术界重点关注的问题，李海艳和唐礼智认为保障乡村人才振兴战略的顺利实施，必须借助现代信息技术和互联网手段建立及时回应乡村人才队伍建设和发展需求的扁平化组织机构和管理模式，完善评价管理机制，以盘活乡村人才建设综合机制，强化激励机制，促进振兴活力[213]。

人才培养路径的探索与优化，对于资源高效整合分配、网络格局重塑蔓延以及经验做法更迭升级具有重要意义。以时代发展为背景，利用创新科技手段实现培养主体与培养客体的互动耦合，是人才培养路径的最终走向[214]。职业教育发挥着不可替代的作用，通过搭建职业教育联合体、完善校企合作闭合系统来实现人才培养路径的优化[215]。此外，作为新时代高级乡村人才，在普适性工作的基础上应更加注重职称评定、继续教育等工作，以此构建完善的培养机制[216]。在具体对策方面，刘芙和高珍妮提出振兴乡村要利用好从村庄中外出的乡贤力量，还要同时改造、巩固和建设好乡村党支部，加强职业农民和新型农业经营主体培训，激励优秀城市人才下乡创业，支持鼓励农民就业创业，打造乡村信息人才、科技人才队伍[217]。朱启臻、张晓山提出通过新型职业农民教育培训和有针对性的扶持政策，不仅能解决"谁来种地"的现实难题，更能解决"怎样种地"的深层次问题[218][219]；张燕和卢东宁认为通过人力资本开发，新型职业农民理应成为乡村振兴的主体[220]。胡永万认为应统筹抓好农业农村各类人才队伍建设，注重分类开发，坚持整体推进，加大培养力度、营造良好环境，在人才队伍建设上不仅要打造有国际水平的科技队伍，也要建设扎根服务基层的农技推广人才队伍，培养善于致富带富的农村实用人才队伍[221]。郭晓勇等指出乡村振兴应充分发挥各类人才的治理效能，要以基层党建引领人才并强化村级干部队伍，坚持从单一培养转向育引并重的队伍建设，建议构建乡村人才库并搭建多元主体共治新平台[222]。

1.4.5　国内外研究综述

综上所述，国内外学者对于农业人才的一系列研究，为我国乡村人才振兴和农村人力资源的开发利用提供了重要的理论基础和实践依据，但是已有研究在以下方面仍然存在不足及可以进一步完善的空间：

在研究视角方面，集中在产业振兴与人才振兴的宏观理论与对策层面分析，对乡村振兴背景下人才振兴问题的理论研究聚焦不够深度且研究有限。

在研究对象方面，过去学术界始终认为农民或职业农民为实现现代农业的主力军，对农民展开了大量的研究，农民教育培训、职业农民培育等相关研究成果十分丰富也取得了明显实践成效。但在新时代乡村人才振兴背景下，乡村的发展需要科技与创新的支撑，单依靠农民并不能实现这一目标，此时更应该发挥综合型、全能化乡村人才的作用。以往研究多是聚焦于广泛的研究对象，宏观性较强但针对性较差，以乡村人才为研究对象在新时代背景下更具代表性，就如何构建乡村人才振兴的路径进行研究具有现实意义。而目前的研究多以对农村人才的总体认识为基础，缺乏对内涵的细致研究，特征分类也缺乏系统性，特别是对不同地区、不同产业、不同层次的乡村人才缺乏场景化的分析，并未提出差异化的人才吸引、利用和开发策略。

在研究内容方面，以往对于乡村人才的研究，多是围绕农业科研人才、农业技术推广人才与职业农民的现状、特征与存在问题展开的，多是聚焦于队伍建设、培养与培训、模式与机制、人才管理等问题，多集中在人才吸引、人才培训、人才管理三个环节。农村人才振兴的路径战略方面多集中于单一的问题，其内容较为浅薄笼统，缺少系统化的战略引领、具体载体的支持和实证的论证。大部分的研究都是"问题—对策"的范式逻辑，对于乡村人才的内涵和类型划分，不同类型的乡村人才供需匹配等问题，缺少较为系统的分析和科学的构建。

在研究方法上，大多采用定性研究方法，以案例分析和历史分析作为主要方法，缺少动态量化的研究。

通过对国内外发展现状的全面比较和分析，在我国飞速发展的新时期，如何在现有的基础上走出适合各个地区农村人才发展的独特之路，并在实践中不断解决现实难题，才是研究农村人才课题的重中之重。

第2章 乡村人才相关概念及与乡村振兴的逻辑关系

2.1 相关概念的界定

2.1.1 人才

"人才"一词出自《易经》，具有浓厚的中国特色。自 1978 年雷祯孝提出人才学概念后，1982 年人才学成为公认的专门学科，奠定了人才相关研究的学术性，引发了各界对于人才的广泛关注。关于人才研究最重要的是准确把握概念内涵和外延，即哪些个体可以称为人才，从而抽象化概括出所属特性和本质特征；人才作为人群代表和范畴的代名词，以合理化方式制定出人才衡量划分标准，从多视角、多维度整体把握人才定位，有利于后续研究的深入展开。

我国对于人才内涵的研究并没有统一的定义标准，各学者之间存在一定差异，且随着时代发展含义不断丰富。《辞海》中对于人才的定义为：有才识学问，德才兼备的人。《现代汉语词典》中对于人才的定义为：德才兼备，有某种特长的人。由此看出，人才主要是形容个体对学识和技能的掌握程度，侧面反映出人才的社会地位和应有贡献。研究初期，学者主要从素质能力层面界定人才，认为人才不仅自身在某一领域或行业具备相应技能水平，还要为社会做出突出贡献。进入 21 世纪人才相关研究达到顶峰，学者试图从自身技能角度和社会价值层面予以清晰界定，认为人才掌握高价值知识、熟练化技能和坚韧化意志，并且能够获得创造性劳动成果，是为社会作出较大贡献的高素质劳动者，强调了人才的三个要素特征：内在素质、创造性成果、较大影响[51]。在政策界定层面，2003 年召开的全国人才工作会议上，政府从社会进步、国家发展视角将人才定义为：自身具备一定的知识储备或技能水平，能够进行创造性劳动，在推进社会建设、国家发展中发挥贡献力量，政府亟须的先进支撑群体[52]。2011 年出台的《国家中长期人才发展规划纲要（2010—2020）》中将人才定义为具有一定的专业知识或专门技能，进行创造性劳动并对社会作出贡献的人，是人力资源中能力和素质较高的劳动者。从经济学视角分析，人才是从事复杂活动的劳动力，并且在生产行为中获得较高劳动生产率[223][224]。人才作为市场经济中的高级人力资源，其自身价值不仅仅体现在外在使用价值，更注重内在价值的提升。相较于一般劳动力，人才更具稀缺性、流动性和非均衡性特点与高产出效应的特质，成长与发展问题关乎市场均衡与社会进步。

本书给出的人才定义是具有一定的专业知识、专门技能或管理能力，至少在某一方面具有一定特长，能进行创造性劳动并对社会做出贡献的人，是人力资源中能力和素质较高的劳动者。

2.1.2　乡村人才

有关乡村人才的研究亟须从概念建构入手，厘清其内涵和外延。

本书以 1949 年以来历次党代会报告（党的八大至党的十九大）和 2004～2019 年部分中央一号文件（中央一号文件是指中央每年发布的第一份文件。2004 年至今，中央一号文件始终聚焦"三农"，成为"三农"问题的风向标）为基本，文本分析实践中乡村人才的概念演化过程[225]。从中可以看出，乡村人才的提出伴随着中央对人的认知的不断提升和深化。

第一，对人的认知基础逐步科学化。1949 年以来中央对人的结构性认知经历了从"职业+阶级"到"职业+素质"的演变过程。1949 年以后党的八大报告到党的十一大报告中，均未出现"人才"一词。这期间，对人的分类方式以职业为基础并带有阶级色彩，如工人阶级、农民阶级、小资产阶级等，未能重视人在农业农村发展中的重要作用。随着对人素质结构认知的不断深化，1982 年党的十二大报告首次出现了"专业人才"和"专门人才"的表述，意味着中央开始淡化人的政治（阶级）差异性转而注意到人的素质差异性。

第二，人才分类逐步细化。党的十二大报告中出现了发展"城乡各级各类教育事业，培养各种专业人才"的表述（见党的十二大报告《全面开创社会主义现代化建设的新局面》）；党的十六大报告提出"培养和用好各类人才"，并出现了"拔尖创新人才""高素质新型军事人才""善于治党治国治军的优秀领导人才"等概念；党的十九大报告提出"乡村振兴战略"的同时，倡议"培养造就一支懂农业、爱农村、爱农民的'三农'工作队伍"，这意味着在党的最高文件中，"乡村人才"的概念已经呼之欲出了。与党代会报告相比，2004 年以后的中央一号文件专题连续聚焦"三农"问题，出现了更多与"乡村人才"直接相关的表述，如 2005 年和 2006 年中央一号文件均出现了"农村医疗卫生人才""农村卫生人才"等概念。自 2007 年开始，"现代农业的人才队伍""新型农民""农村实用人才"等概念相继出现并延续使用至今。2018 年中央一号文件聚焦"乡村振兴战略"，并专设一节篇幅阐述"强化乡村振兴人才支撑"问题，其中提到了"新型职业农民""农村专业人才"等全新类别概念，并列举了需要重点培养和发展的人才类型，如农业职业经理人、经纪人、乡村工匠、文化能人、非遗传承人等。

第三，乡村人才理念不断深化。在市场经济改革持续推进的基础上，党的十三大开始确立了人才是一种"生产要素"的理念。生产要素的稀缺性、流动性、非均衡性等特征，为提高对人才的重视程度和设计更科学的人才管理制度提供了理论基础。党的十七大提出"人才强国战略"，意味着中央开始将人才置于关乎国家民族发展的重要战略地位。习近平总书记"人才是第一资源"的深刻表述，标志着中国特色社会主义理论体系人才观的又一次伟大提升，这是指导新时代人才工作的根本思想和主要理论依据。

作为宏观导向性文件的党代会报告和中央一号文件，并未对乡村人才做出内涵式概念阐释，部分政府出台的强化乡村振兴人才支撑的方案、措施、行动计划等文件，虽有涉及乡村人才的外延，但也仅是列举式或概括式的，未有清晰明确且口径一致的分类（见表 2-1）。

表 2-1 政策文件中的乡村人才类型表述汇总

序号	列举式类型
1	农村实用人才（如种养业能手、科技带头人、农村经纪人和专业合作组织领办人等）；创业农民[226]
2	生产型人才、经营型人才、技能服务型人才、社会服务型人才和技能带动型人才[227]
3	农村技能服务型人才（村干部、农民专业合作社负责人、到村任职大学生等农村发展带头人，农民植保员、防疫员、水利员、信息员、沼气工等）；农村生产经营型人才（种养大户、农机大户、经纪人等）；新型职业农民；创业者（务农创业农村青年、返乡创业农民工）[228]
4	新型农民和农村实用人才（如专业大户、家庭农场经营者、务农创业者和合作社带头人等）[229]
5	新型职业农民；新型农业经营主体带头人（现代青年农场主、林场主等）；农业职业经理人；专业人才（乡村工匠等）；乡村教师；农村基层卫生人才[230]
6	新型职业农民；农村专业人才（如农业职业经理人、经纪人、乡村工匠、文化能人、非遗传承人等）[231]
7	新型职业农民；农村专业人才（如农技推广人才等）；投身乡村建设的社会人才（企业家、党政干部、专家学者、医生教师、规划师、建筑师、律师、技能人才、城市医生教师、科技文化人员、大学生村官等）[232]
8	农业技术推广人才；农业产业化龙头企业负责人；专业合作组织负责人；优秀生产经营人才（生产能手和农村经纪人等）[233]
9	新型职业农民队伍；新型经营主体；返乡创业者[234]
10	新型农业经营主体带头人（如专业大户、家庭农场经营者、农民合作社带头人、农业龙头企业负责人和农业社会化服务组织负责人等）；农村实用人才（农业企业经营管理人员、农村基层干部、大学生村官、返乡下乡涉农创业者、农村信息员和农业社会化服务人员等）[235]
11	农业科技人才；农村专业人才（农技推广、畜牧兽医、渔业渔政、农村卫生、乡村教育、农村事务管理、农村法治、建设规划、环境整治、改厕节水等领域人才）；新型职业农民（种植业、养殖业、农产品加工、农村物流、电子商务、农业职业经理人等领域人才）；农村乡土人才（休闲农业、乡村旅游、特色产业、文化传承、家庭服务等领域人才）；农村创新创业人才[236]
12	村"两委"成员、大学生村官、新型职业农民、农业产业精准扶贫户、现代农业创业农民、县域经济发展电商人才、乡村卫生和文化人才等[237]
13	新型职业农民队伍；基层农技推广和农村经营管理人才；农村技能人才；农村社会事业人才；农村基层党组织人才[238]

这就给出台更具针对性和差异性的乡村人才政策带来了困难。学术界的研究也缺乏对乡村人才概念的科学建构和充分讨论。当前学术界所使用的与乡村人才相关的概念和外延类型（见表 2-2），基本上涵盖了当前乡村人才工作实践中的大部分类型，但尚未形成一个共识性的概念体系。

表2-2 学术研究中的乡村人才类型

核心概念	类型（引文献）
农村人才	种养殖业型人才；政管理型人才；经营创业型人才；技术推广型人才；市场营销型人才；能工巧匠型人才；转移输出型人才
乡村振兴人才	管理人才；经营人才；科技人才；实用人才；新型职业农民；教育卫生人才；社会服务人才；综合执法人才
乡村人才	乡村基层干部；乡贤；致富能手
乡村人才	基层组织引路人；产业发展推动人；乡风文明传承人；农业科技推广人；脱贫致富带头人
农业农村人才	农村乡镇管理队伍；农业技术推广人员；村级干部管理队伍（如村党支部或党总支书记、副书记、委员，村民委员会委员、副主任、主任和村民委员会内设工作委员会主任）；农村实用人才队伍（农村种植养殖、加工和捕捞能手，农村经纪人，各类能工巧匠和科技带头人等）；新农人队；新型职业农民（生产经营型、专业技能型和社会服务型）；农村新乡贤
乡村振兴人才	新型职业农民和乡土人才（如农业职业经理人、经纪人、乡村工匠、文化能人和非遗传承人等）；农村专业人才（如乡村教师、"三支一扶"人员，企业家、党政干部、专家学者、医生教师、规划师、建筑师、律师、技能人才）
"三农"人才	农村干部队伍；新型职业农民；创业创新的"新农人"（如农业职业经理人、经纪人、乡村工匠、文化能人、非遗传承人）；到乡村发展的"八方人才"（下乡的企业家、党政干部、专家学者、医生教师、规划师、建筑师、律师、技能人才等）
人才振兴	镇、村领头人；回乡创业的成功人士；新乡贤
乡村人才	农村基层党政人才队伍；村社干部；农技推广人才；新型职业农民
人才支撑	新型职业农民；农业社会化服务提供者；新乡贤

　　建构乡村人才概念体系不仅要立足中国的文化语境，还要植根于中国的社会实践活动。从中文构词角度来看，乡村人才是一个包含"乡村"和"人才"的复合词，对它们的准确理解是讨论"乡村人才"概念属性的前提和基础。在汉语中"乡村"和"农村"在词意上没有差别，都是与"城市"相对应的概念，指的是"农业生产者的居住地。多为人口聚居的村落，或是散居的田野"。党的十九大提出"乡村振兴战略"之后，"乡村"便不再只是一个空间概念了，而被赋予了更多的社会性内涵。"人才"指具备相对更优素质的一类人，它意味着人在素质结构和层次上是存在差异的。在解释"乡村"和"人才"并结合笔者实践观察的基础上，本书认为"乡村人才"的属性应当包括：

　　第一，空间属性。乡村人才的空间属性是指乡村与人才个体之间存在着空间意义上的联系。虽然乡村在地理空间上与城市是相对的概念，但人才个体不会因为空间上的距离而与乡村存在隔膜，空间上的距离更不会影响乡村人才发挥自身的才智和技能。乡村本土人才能够为乡村发展做出贡献，引进的外来人才同样也会竭力为乡村发展服务。乡村人才振兴战略实施之时，要努力拓展城镇优秀人才助力乡村发展。一方面，乡村人才具有区域性特征，不同地区的乡村人才有不同的特性。另一方面，乡村人才具有流动性，人才资源可以在城乡之间相互流动，应致力于完善乡村人才资源配置，积极推进乡村人才作用，服务乡村、发展乡村。

第二，社会属性。"人的本质不是单个人所固有的抽象物，在其现实性上，它是一切社会关系的总和"。社会性是人最本质的属性，马克思的人的本质学说中曾提及过，之所以人的社会性作为乡村人才的必备属性，是因为乡村人才存于当今社会之中，他们具备了一定庞大的社会关系和号召力，具体表现为其后天在纷杂的社会体系中所构成的与自身相关联的人际关系、个人能力、职业选择等。然而生活在当下社会环境之中，若想实现自身的价值只有在社会中表达自己、展现自己。乡村人才为乡村提供服务、付出劳动和进行创造性活动对乡村的发展起到至关重要的作用，但我们不能单从个人能力和做出贡献的多少去评价其是否属于乡村人才，乡村人才的类别各色各样，对社会贡献的范围也不尽相同。

第三，素质属性。指的是人才个体素质的结构和高低层次，表现为学历、技能、道德水平等。这一属性是相对的和变动的，因而在不同地区和不同发展阶段，基于素质属性的人才标准是有差异的。

第四，价值属性。乡村人才社会属性侧面反映了价值属性，价值属性主要强调其社会价值。乡村人才根据自己所擅长的领域，在社会中将专长最大化进而产生社会价值，为社会造福、为农民谋福利。每个人所拥有的能力不同，乡村人才也不例外，进而为社会做出的贡献也会不同，所以不能单纯靠对社会做出贡献的多与少来评判一个人的能力。这种影响、贡献本身它就有一定的模糊性和相对性，社会影响大的村委、家庭农场主等是乡村人才，社会影响相对小的木匠、泥瓦匠等能工巧匠也是乡村人才。

依据上述属性，本书将乡村人才定义为：与乡村有直接行为联系，发挥一定的社会作用，具有相对较高的素质（如知识、技能、道德水平），对乡村振兴具有一定价值的人。乡村人才的外延包括农业生产经营人才（高素质农民、家庭农场和合作社带头人）、农村二三产业发展人才（农村创业创新带头人、农村电商人才、乡村工匠)、乡村公共服务人才(乡村教师、乡村卫生健康人才、乡村文化旅游体育人才、乡村规划建设人才)、乡村治理人才(乡镇党政人才、村"两委"干部、农村社会工作人才、农村经营管理人才、农村法律人才)、农业农村科技(农业农村高科技领军人才、农业农村科技创新人才、农业农村科技推广人才、科技特派员)五类人员。

从类型的角度出发探析乡村人才,发现人才振兴本身就是一个不断补充和推陈出新的过程。当今科技水平发展之快可谓日新月异,乡村人才的概念也会更迭变化,包含的内容越来越广泛,容纳更多不同类型的人才,若将乡村人才具体化和形象化,则需以人才类型为基础去研究分析乡村人才内涵,易于我们对乡村人才有更广泛的认识。因乡村人才包含的范围较广,难以全部进行研究,本书选取乡村人才中非常重要的高素质农民、返乡创业人才、乡村治理人才进行深入研究。

2.1.3 高素质农民

2.1.3.1 我国农民概念的演变

我国农民概念的演变与改革开放以来的经济改革进程相呼应,在不同时代背景和不同历史阶段具有不同的内涵。回顾与"三农"主题相关的政策文件,我国农民的概念经历了从农民到职业农民、新型农民、新型职业农民,再到高素质农民的转变。作为农业经营的主体,农民概念反映的是农民的职业、阶层和身份。

1958年,颁布了《中华人民共和国户口登记条例》,当时实际上确定的是一种城乡户籍分割的二元模式,农民在当时的经济生活和社会流动都要受到非常严格的限制和约束。可以在城乡之间自由流动和转换职业,农业日趋"副业化",农民日趋"兼业化",但农民工的市民化进程较为缓慢。进入21世纪以后,为进一步推进农业产业化和专业化,原农业部于2005年出台《关于实施农村实用人才培养"百万中专生计划"的意见》,首次提出要培养"职业农民",即"专业农民"。2006年中央一号文件再次提出,提高农民整体素质,培育造就有文化、懂技术、会经营的新型农民,是建设社会主义新农村的迫切需要。可见,新型农民是根据建设社会主义新农村的时代要求提出的,它比职业农民具有更加广泛的外延。2007年,党的十七大明确提出了新型农民的培育问题。2012年中央一号文件首次提出"新型职业农民"的概念，新型职业农民的概念涵盖了生产经营、专业技能和社会服务等多个方面，其意味着农民已经成为一种"职业"，而不再是城乡二元体制下的一种"身份"。

2.1.3.2　高素质农民新概念的提出

2019 年提出高素质农民概念，2020 年培训计划正式实施，高素质农民是新型职业农民的丰富与发展，高素质农民不以对生产资料占有为主要标准，应把重心放在提高农民素质能力上。其核心要素是"有文化、懂技术、善经营、会管理"。高素质农民需具备其发展潜力在内的经营战略与计划决策的能力，和实施计划、组织与领导他人的本领，还要有按照市场经济规律谋发展，对信息敏锐识别，清晰认知科学技术在生产活动中的地位，知法懂法和对质量工作有充分认识和理解的综合意识。高素质农民应把农业生产活动当作自己的事业，要热爱自己的工作岗位，热爱自己的工作地点，并愿意长居于此，带领其有更好的发展。这是一群有知识涵养、有一技之长、对市场环境敏感、有新思维新发明的群体。高素质农民具备以下几个特质：

第一，爱农业，爱农村。作为乡村振兴的主力军，他们需要有为"三农"的高质量发展而奋斗的毅力，立足农村发展自己的事业，努力实现个人价值发展成社会价值的崇高目标，要有责任心，承担起社会责任，挑起爱"三农"的重担，心系"三农"发展，愿意将自己奉献给农村。

第二，文化高，素质高。相较于新型职业农民而言，高素质农民受到的文化教育时间更长，所接受的知识领域更加宽泛，现代农业知识的掌握更加熟稔于心，在生态、土地以及农业资源方面的学习也扎实彻底。

第三，有技能，有本领。科技的日新月异，学习能力和一技之长对于立足当今社会越发重要，去顺应时代的潮流和进步。基于此才能获得村民的信赖和放心地紧跟人才一起建设农村，推动乡村走上致富道路。

第四，会管理，懂经营。农业生产经营者要具备一定水平的管理经验，能够符合现代化的农业经营理念，在规模经营的基础上利用更专业、标准的生产方式从事农业生产经营。

第五，意识强，判断准。他们要结合对市场形势的分辨能力从自己对农业绿色发展的认知程度预测农业生产和经营的风险，根据法律法规和政府政策，有效及时整合资源，从中获知一些重要信息以清晰判断市场供需，提高生产经营产品的质量以获得市场竞争优势。另外，传统农业的关注点在于提高生产效益，而如何更好地经营才是现代农业高质量发展的基石，与此同时，高素质农民需要把控从生产端到消费端的任一环节，将农业绿色发展理念贯穿到整个产品产业链中。

第六，不设限，敢号召。他们从不设限自己的领域，不把自己圈在无法变通的条例之中，勇敢尝试，不原地踏步，把创新理念贯穿到工作的每个环节之中，愿意开发新的经营模式和新的产业，并通过自己的影响力呼吁农民使用新技术新品种，做农村创新的实践者和引领者，带动村子里其他人走向共同富裕。

高素质农民的定义是具备较高的职业道德水平、社会责任感、科学文化知识、经营管理水平以及专业技能水平的职业农民。外延包括经营管理型、专业生产型和技能服务型。经营管理型重点培养新型农业经营主体带头人、创新创业带头人和农业经理人，确保生产顺利进行，规范管理人员，提高市场占有率、加大产品营销和提升风险防范和化解能力；专业生产型指的是懂技术、会技术，能够将其和种植、养殖和农产品加工结合起来的高素质农业劳动者，把技术技能运用到生产过程的各个阶段、各个工序中，从而提高工作效率和农产品质量标准，将绿色发展理念贯彻到农业生产中；技能服务型针对的是培养和吸纳具备某专业技能的农业服务人员，农业生产专业化靠的是专业知识和娴熟的技能为所从事的产业或岗位提供核心力。新型经营主体带头人、农业经理人、农业后继者、"两委"干部、部分小农户都是高素质农民教育培训的对象。教育培训目标上，主要将新型经营主体带头人及其骨干培育成为经营管理型职业农民，将部分小农户培育为专门生产型、技能服务型职业农民，部分小农户通过农民组织的教育培训服务提升其基本农业综合素质，达到生产规范化。

2.1.4 返乡下乡创业人才

人才的核心特征是能力和素质较高，创业人才指将创业与人才培养和发展紧密联系起来。陈闻冠认为，创业人才具有良好的沟通协作、组织决策、学习创新等能力，并能运用相关知识、技术和信息，创造新的生产力和工作机会，从而积累财富，创造经济价值[239]。从总体上看，目前有关创业人才的界定多强调其知识、技能、创新、能力、价值等方面的特征，并且，创业人才的层次较高。但在宏观层面的研究中，基本没有区分高层次和低层次，因为两者之间存在着一种动态的、相互转化的关系。综上所述，本书认为创业人才是指能够开创新的企业或者事业，具备一定技能和较高素质的人。

2.1.4.1　返乡创业人才

关于返乡创业，学者已经进行了大量的探究。从中可以发现，"返乡创业"的定义一般是指农村居民在一段时间外出务工、求学之后返回到农村，利用在外出打工、求学期间积累的人力资本、资金、信息等资源，开办各类工商企业。这里的"创业"所涵盖的范围较广，包含投资百万创办企业，也包括投资千元开超市、饭店、花圃等。需要强调的是，本书所提及的"创业"，是指所有农村户籍的居民返乡后在农村进行的创业活动，包含涉农和非涉农的各个领域。而且本书中"返乡创业"的主体包括有农村户籍的农民工、中高等院校毕业生和退役士兵等返乡人员。因此，本书的"返乡创业"可以界定为，各类农村户籍的返乡人员在经历一段时间的外出务工、求学后，由于种种原因回到农村，运用自己掌握的各种资源在农业领域或非农领域开展创业活动。相应地，返乡创业人才就是这类返乡在农村开创新事业的人才。

2.1.4.2　下乡创业人才

学术界关于下乡创业人员的界定较少，谢德体和申丽娟对城市下乡创业人员的界定是：居住在城镇而为农村工作，或是在农村创造财富并加快消费扩散的职业群体[240]。温蕊旭在文章中提出了"城市专业人才"概念，她认为"城市专业人才"是一个特定名词，是指在实施乡村振兴战略过程中所需要的、能够投身于涉农工作的城市各类专业人才，包括企业家、党政干部、专家学者、规划师、建筑师、律师、医生、教师、技能人才等[241]。综合前人研究，本书将下乡创业界定为：各类城市户籍的人因为种种原因来到农村，运用自己所拥有的各种资源在农村开展创业活动。这里的"创业"同样特指各类城市户籍的居民下乡后在农村开展的创业活动，包含涉农和非涉农的各个领域。而且本书中"下乡创业"的主体包括城市户籍的中高等院校大学生、退役军人、科技人员、各行业的专业人才、龙头企业管理人员以及有意愿有能力的城镇居民等。因此，本书的"下乡创业"可以界定为，各类城市户籍的人因为种种原因来到农村，运用其掌握的各种资源在农业和非农业领域开展创业活动。相应地，下乡创业人才即这类下乡在农村开创新事业的人才。

2.1.4.3　返乡下乡创业人才的主要来源

第一，农民工群体。刘光明和宋洪远提出，返乡创业的农民工就是农民工回到家乡开展创业活动，自己负责经营自己的企业[242]。李小建和时慧娜指出，有三个月以上的外出打工经历，且有一年在老家从事自我雇佣性质工作的返乡者，才能称为返乡创业农民工[243]。林雄锋认为，农民工返乡创业是指农民工返乡后利用出外打工获得的经验、技术、资金等条件，从事第三农业、工商业的现象。综上所述，本书将农民工返乡创业定义为，具有农村户籍，外出打工半年以上后返回家乡，在自己户籍所在地或者其他村庄通过创办企业、个体户经营、合伙经营等形式从事生产经营性活动[244]。

第二，大学生群体。大学生返乡下乡创业，是指接受高等教育的大学生毕业以后返回或前往农村，利用农村资源优势和自身具备的知识、技能等开展创业活动。这里返乡下乡创业的形式既可以是子承父业式，也可以是依托政策优势、资源禀赋、知识技能等在乡村独立开展的创业活动。其创业的产业类型既可以是传统种植业、养殖业，也可以是农产品加工业或乡村服务业等。

第三，退役军人群体。本书结合国家相关规定，将退役军人界定为军官、军士、义务兵等人员因服现役期满，或由于其他原因需要退出现役，离开军队，进入社会的军人群体。由于本书主要研究的是河北省退役军人返乡下乡创业情况，所以本书中的退役士兵群体为离开军队后到农村自主创业的退役军人，创业领域既可以是农业领域，也可以是非农领域。

第四，其他群体。是指除那些农民工、大学生、退役军人以外的群体返乡或者下乡进行创业，包括在外经商人员、科技人员、专业技术人员、归国留学人员等。他们有自己原工作领域的资源、技能，由于种种原因来到农村，在农村经济发展的某个领域中，将当地资源优势与自身的知识、技能等有效结合，从而开展一定规模的产业创业或着手准备创业活动。同样地，其创业领域既可以是农业领域，也可以是非农领域。

2.1.5 乡村治理人才

2.1.5.1 乡村治理

1998 年，学者徐勇在管理和解决乡村事务中存在的问题时，提出了新的乡村管理的概念——乡村治理。在这种背景下，不仅使乡村治理的理念和含义得到进一步丰富，同时还进一步推动学者提出了新的研究乡村治理的角度——公共物品供给。总结得出乡村治理是指以基层政府为主体、其他乡村治理组织和机构合作为乡村社会提供公共产品和服务的过程。因此，乡村治理的目的最终变成实现公共服务供给和产出效益最大化。当然还有学者认为通过建立多元主体，利用他们之间的谈判、博弈、协商等手段达成多元主体治理格局，最终会更有利于建立治理秩序。

因此在这一视角下我们需要更加明确分辨乡村治理与行政管理的传统理论之间的界限，同时运用新的方法应用于实践。结合前辈学者的研究，本书认为乡村治理是发挥基层政府、村"两委"以及各社会组织团体、村民群众等多元主体的作用，针对乡村产业、组织、文化、生态等多领域的工作，在坚持党的领导下，通过协商、合作、沟通等方式，促进乡村整体发展，解决瓶颈和困难，实现乡村善治的过程。

2.1.5.2　乡村治理人才

人才治理的内涵的界定是在符合现行法律法规以及各种村规民约的文件下，赋予乡村治理主体相应的权力与职能，行使权力的范围包括乡村内部事务以及管理乡村个体集体，并使用合理的公共管理方法达成治理目标，以上这些都是现阶段通过对参考文献的梳理，结合河北省乡村治理的特点以及乡村振兴的文件要求得出的结论。而乡村治理人才我们也可以认为是对乡村发展过程及处理乡村事务的过程中起作用、做贡献的管理人群，他们对乡村事务具有一定的领导和决策能力。乡村振兴和治理现代化的关键属于乡村治理的整体问题，也属于参与国家治理中的一个重要环节，不仅仅影响乡村振兴在党和国家的影响下实行的落实效果，更会深刻影响广大人民群众的利益，最为重要的是它会影响参与基层治理的主体在基层治理过程中发挥作用的实际效果。

针对乡村人才参与乡村治理中的独特品质，我们可以指导他们，既要具备有利于乡村发展的乡村情怀，热爱乡村，愿意为乡村做贡献，也要具备能够推动乡村发展的能力以及促进乡村治理现代化的水平，最重要的是需要具备理解党和国家对于乡村治理的相关政策和文件，这四点都是必不可少的。当然我们必须明确现阶段乡村治理人才的分类，包括村"两委"、返乡大学生、退役军人、致富带头人、乡村精英等主体。

2.1.6　乡村人才振兴

乡村的发展与建设不能离开人才的投入，使乡村更趋完备。从根本上来说，乡村人才振兴是针对乡村综合发展和改善城乡不充分融合发展等困境提出的各项政策措施。从两个角度出发探析乡村人才振兴的含义，表面含义指的是社会环境背景下探究乡村人才振兴内容，深层含义指的是在培养人才群体的过程中逐步探索其根本要义。

人才振兴本质要求就是培育和造就人才，主要指培训人才、深化人才、使用人才、评价体制建立和嘉奖激励措施的构建，这并非一个静态的过程，而是一个变化发展的过程。这一动态过程如何运行、如何具体操作才是人才振兴环节中的根本问题。人才的培育与引进是整个体系中的重中之重，只有从根源上把人才振兴的首要问题解决了，体系才能健康地运行下去。在引进的过程中，可以优先选择高质量和短缺型人才。培养乡村人才的根本目的是将其运用于振兴乡村基层的具体任务中，并努力激发和实现人才的个人及社会价值。最大化地发挥人才作用和价值是乡村振兴过程中的焦点。在人才振兴发展中，不论是人才管理机制还是激励保障措施都是为了让各类人才留在乡村，管理机制充分实现了乡村人才的个性化约束和治理，激励保障措施也逐步提升了乡村人才的生活质量和工作条件，两者相得益彰。

2.2 乡村人才与乡村振兴的逻辑关系

2.2.1 高素质农民与乡村振兴的关系

乡村振兴是自党的十九大以来党和国家实施的战略部署。乡村振兴是关系到农村能否实现高质量发展的新阶段。乡村想要振兴，不仅需要党和国家的政策支持，还需要更多的高素质农民队伍建设。

2.2.1.1 高素质农民是乡村产业振兴的先行者

目前，我国农业正处于"调结构、转方式、促改革"的关键时期，产业兴旺是帮助农村剩余人口再就业，扩充农民收入路径、加快城乡融合发展，增强农村内部活力和加快资金积累的重要途径。随着城镇化的发展，农村大量的劳动力流向城市，农村高素质农民已成为乡村振兴的短板。因此，应基于宏观政策发挥区域资源优势，利用市场资源鼓励队员积极经营，建立职业农民队伍升级产业结构，促进乡村经济繁荣发展，实现乡村振兴。

2.2.1.2　高素质农民是乡村人才振兴的引领者

高素质农民植根于农村，对农村的感情深厚。农业农村的发展离不开高素质农民的支撑，高素质农民相对于传统农民来说，对于新鲜事物的接受能力较强，能够通过自身的优势起到带动辐射作用，推动乡村的繁荣发展。随着城镇化的发展，大量的农村劳动力流失，高素质农民的培养推动了农村现代化的发展。因此，培育高素质农民，吸引人才回流在乡村振兴中起到领头羊作用。

2.2.1.3　高素质农民是乡村文化振兴的传承者

文化作为一种精神力量是乡村秩序的内在基石，体现了农民的一种独特的交流方式，乡村的发展不是依靠有形的人为操作，而是依靠无形的文化来维持的。农民的"离土离乡"导致了文化的流失。因此，在实施乡村战略的过程中文化的传扬与守护是必不可少的，而高素质农民作为乡村社会的根本，需在乡村中建设和发展乡村文化，让文化振兴在乡村振兴中得以传承和保护。

2.2.1.4　高素质农民是乡村生态振兴的维护者

实现乡村生态振兴是建设美丽乡村的首要任务。目前，农业生产化学品投入过量，农业自然和经济资源受到损坏、生态系统也慢慢地开始衰退。我国乡村振兴不是指某方面的振兴而是全面振兴，在乡村振兴的道路上面临资源条件和生态环境的问题。改变农业发展方式、改变人与自然的关系，需要农民的维护，而高素质农民能够利用乡村的生态资源，践行生态理念，带领全体农民实现乡村振兴。

2.2.1.5　高素质农民是乡村组织振兴的参与者

国家和政府对于乡村振兴的发展给予了一定的政策、资金和技术支持，如果取消对乡村的扶持，乡村如何发展是亟须解决的难题。乡村发展的困境主要来源于整体内部各组织部分的肢解。首先，高素质农民可以凭借自己的人力资本、社会资本、经济资本，在庞大的市场中搜寻有效信息，将引进的新技术、新设备投入到农村发展中并采取高效、规范的生产经营方式，打破了小农户的经营模式。在生产经营过程中利用熟人关系和社会网络把分散的农户组织起来，解决技术、收入、信息等问题。其次，高素质农民是周边农村发展的助推器。因此，高素质农民作为中介可以把分散的农民组织起来，有助于乡村振兴的实现。

2.2.2 返乡下乡创业人才与乡村振兴的关系

乡村振兴战略的实施必须找到突破人才问题的关键点,将乡村振兴战略实施的重心放在开发人才资源上,积极吸纳各类人才,而返乡下乡创业人才应是着重引进的对象。从一个角度来讲,返乡下乡人才的勤劳创业是乡村振兴的要点,应打破城乡二元结构,使城乡资源配置均衡,拓宽发展渠道为返乡下乡创业人才打开进步空间。充分激发各类人才的积极性、主动性、创造性,为乡村谋发展,扎实推进更多的乡村人才到农村去、留在农村、发展农村。从另一个角度来讲,乡村振兴战略政策的提出又为返乡下乡创业人才队伍的建设提供了支撑和保障。中国特色社会主义乡村振兴战略的实施为新时代农业农村农民提供了一个更好的平台去施展自己的才能,这个平台不但为返乡下乡创业人才提供了机遇且为人才队伍的建设创造了优越的条件和环境,无论是政策方面还是制度、资金等方面都为返乡下乡人才提供了良好的机会,帮扶人才更好地创业和就业。

2.2.2.1 返乡下乡创业人才是乡村产业兴旺的新动能

根据乡村振兴战略的总要求,"产业兴旺"是乡村发展的第一要素。"百业待举,产业为先",乡村产业的发展可以促进农业高质量发展,是实现乡村各方面振兴的重要抓手和物质基础。发展乡村产业,就要大力推进乡村"大众创业、万众创新"的热潮,培养和选拔大量的农村创新创业人才、返乡下乡创业人才向乡村汇聚,从而促进资源要素向农村聚集,为乡村产业振兴注入新动能。只有返乡下乡创业人才到乡村去、为乡村谋发展、扎实推进乡村振兴进程,才是乡村产业兴旺的关键。

2.2.2.2 返乡下乡创业人才是生态宜居的践行者

返乡下乡创业人才的发展有利于助推乡村生态宜居的实现。返乡下乡创业将推进乡村绿色发展和生态宜居作为重要出发点。首先,返乡下乡创业人才更加重视把当地自有的生态优势转化为经济优势,因地制宜围绕生态乡村,打造观光采摘、休闲娱乐、生态养老等各种绿色产品和生态服务的价值链,打破城乡二元结构,满足消费需求,实现真正意义上的经济、生态、文化等多元城乡融合。其次,返乡下乡创业群体对于生态环境保护有更强的自觉意识,在追求经济效益和利用自然资源的同时,更加重视对当地自然景观的保护,在践行生态宜居发展的同时增强了村民的环保意识,合理利用农村生态资源、改善农业生产环境、对于促进乡村生态宜居具有重要意义。

2.2.2.3　返乡下乡创业人才是乡风文明的示范者

返乡下乡创业人才的发展能带动乡风文明建设。返乡下乡创业作为提升乡村社会文明程度的必要抓手，对于培育朴实敦厚的民风、廉洁崇高的家风有积极推动作用，文明乡风对周边乡村具有较强的示范效果。乡村文明的建设靠的是返乡下乡创业人才踏实肯干、爱岗敬业和艰苦朴素的优秀品质。同时，实现城乡融合不仅要在经济上实现融合，文化层面上也要齐头并进。农旅结合的创业模式有效地推动了城乡文明融合。返乡下乡创业人才加快了城乡之间的沟通了解，村民能够对当地的习俗逐渐形成一种"取其精华、弃其糟粕"的批判精神，逐步摆脱陋习，推进乡风文明建设。

2.2.2.4　返乡下乡创业人才是乡村治理的领路人

返乡下乡创业人才是助推乡村治理体系和治理能力现代化的领路人。一是乡村治理是乡村振兴的根基，而乡村治理的根本则是返乡下乡创业群体，他们通过前期知识和资本的沉淀，具备一定的阅历和经验后，继而辅助基层党组织和政府部门开展利民便民服务，构建一个新型的乡村治理格局。二是返乡下乡创业人才积极参与乡村基层实践活动和熟悉乡村治理和约束机制，从中发现问题、解决问题、改进并完善乡村基层管理制度，提高村民的法治意识、民主意识，增强村民行使自身权力的意识，给予对乡村自我管理充足的空间和自由，使乡村治理体系朝着法治化、民主化、现代化方向发展。

2.2.2.5　返乡下乡创业人才是助力农民致富的领头雁

乡村人才创业和产业发展是使农民物质生活更丰富的第一要务，农民生活富裕的关键是要选择适合个人发展的就业岗位，逐步提高个人收入。创业为返乡下乡创业人才的社会价值提供了平台，他们可以尽情展示自己的智慧与才能，在这个平台中他们不单单是一个打工人，更是自己的主人，不断提升自己。同时，农村地处物产丰富、自然资源富庶的地区，应地尽其利，开发更多的资源为我所用，在农村进行创业，可以有效整合农村闲置资源，还能够为当地剩余劳动力提供就业岗位，在本地便可拓宽就近就业多元增收渠道，无须向大城市集中，无须跨区域流动。返乡下乡创业人才的发展为农民生活带来了福祉。

2.2.3 乡村治理人才与乡村振兴的关系

乡村治理人才在乡村振兴中占据一席之地，内在联系越发紧密。乡村振兴重点在于基层人才的治理和管理工作，而基层的核心是返乡下乡创业人才。参与乡村地区治理包括村主任、书记、心系乡土的社会贤达、回乡大学生等参与者，扎实稳定推进乡村振兴工作需要依赖乡村治理人才培育和发展，也是促进治理制度更始，推动治理能力提升的"风向标"。

2.2.3.1 乡村治理人才为乡村产业振兴提供支撑

乡村产业振兴的提出对于农业高质量发展、农村经济富强、农民生活富裕均起到了举足轻重的作用。基于农业农村现代化，高素质的基层人才有利于乡村实现五位一体总布局的全面推进。人力资本理论指出，人力资本是社会进步不可或缺的要素。因此，人才体系的构建和开发能够实现农村人力资源价值的转化。乡村产业离不开乡村治理人才队伍的建设，离不开人才的技术支持和经验分享，当前的着力点应放在为乡村基层建设培育和吸纳有知识、有能力、会管理的人才上，以推动乡村振兴战略的践行。因此，河北省乡村治理人才队伍建设的目的是为乡村振兴引进全能型人才，为乡村产业产能的提高奠定坚实的人力基础。

2.2.3.2 乡村治理人才为乡村生态振兴提供依靠

自党的十八大以来，建设美丽乡村是新时代中国在农村阶段的关键布局，也是生态振兴的重要内容。乡村振兴的内在含义逐渐丰富，乡村产业绿色发展对建设生态宜居的根本目标具有深远影响。乡村产业绿色发展需要从源头治理污染，改善农村产业生产环境。因此，促进乡村生态宜居目标贯彻落实的途径有：首先，建设乡村生态环境治理体系，加强污染防治；其次，提高农村农民生活垃圾分类意识，落实集中防治面源污染，建设美丽乡村、美丽中国；最后，控制农业生产化学品投入量，将生态产业链不断融入绿色发展理念当中。对政策的了解和把握是乡村治理人才的首要任务，只有熟悉政策，将政策落到实处，才能真正做到生态振兴。值得一提的是，生活环境质量的提高仅仅是生态振兴的初步环节，我们仍需在尊重自然、顺应自然规律的前提下，考虑自然环境的负荷。要纵观全局，明确生态界限，看清农业绿色转型和农村产业可持续发展的重要性，这同时依赖于人才队伍的壮大，使更多的人才加入到队伍的建设当中，为其提供知识和技术的支撑。所以，强化乡村地区治理人才队伍建设是生态振兴的中枢。

2.2.3.3　乡村治理人才为乡村文化振兴提供支持

想要乡村振兴取得重要进展，物质精神文明要两手抓，应做到不偏不倚，同时进行物质文明和精神文明建设。乡村治理人才在推动精神文明建设的过程中，有着举足轻重的地位，他们需了解农业生产和科学技术的科学前沿并具备一定的管理事务的能力，并且还要有自我的个人魅力、倡导力使当地农民信服和爱戴，使农民潜移默化地效仿他们的言行举止，进而在一定程度上起到榜样和引领作用。当前，农村文化水平与城市之间仍存在差距，农村中存在着大量陋习等，乡村治理人才中的乡贤、新型职业农民能够更好地带动乡村地区农民文明程度的提升，逐步改善旧的风俗习惯，形成科学的好风气，使当地农民踊跃参加文娱活动，整体上提高农民的品质和素养。因此，实施河北省乡村文化振兴环节的关键在于提升人力资源的修养，促进乡村治理人才队伍的创立。

2.2.3.4　乡村治理人才为乡村组织振兴提供助力

基层组织是为乡村人民群众服务的最直接的领导团体，也是整个国家治理体系中最基本的组织单位。在乡村振兴的多元化治理体系中，基层组织在为人民群众处理各种事务和维护权利中表现出不可估量的效力，主要包括基层政权组织、经济组织、群团组织等类型。其中，作为党政和群众之间的桥梁，地方基层领导班子对乡村组织振兴、农业农村现代化的实现施展出了大有可观的影响，乡村治理人才同样扮演着至关重要的角色。按照组织发展的全局观，乡村治理人才在推动组织振兴中积极贯彻政策方针，达成从自我价值到组织价值的实现。乡村治理人才是农村基层领导机关构建的重要组成部分，应加强选拔和培育乡村治理人才，基于此跳板帮扶乡村组织结构的完善。

第3章　河北省乡村人才现状分析

人才是乡村发展的基础，实施乡村振兴战略，有必要了解乡村人才发展现状。本书认为河北省乡村从业人员的情况基本能反映出乡村人才的情况，因此，利用收集到的相关数据，以乡村从业人员为主，对河北省乡村人才现状从数量、结构和质量三个方面进行分析，对重点乡村人才现状进行微观数据分析。

3.1　河北省乡村人才总体发展现状

3.1.1　河北省乡村人才数量分析

3.1.1.1　乡村人力资源总量大

《第七次全国人口普查公报》数据显示，与上一次普查相比，河北省常住人口数量由7185.421万人增加到7461.024万人，年均增长率接近0.4%。人力资源的数量受常住人口总量的影响，当人口发生迁移或流动时，人力资源的数量也会随之改变。此外，《河北农村统计年鉴2021》数据表明，2020年乡村人口数为5843.93万人，其中乡村从业人员数量为2997.87万人，占乡村总人数的51.30%。2015年前，河北省农村人口数量始终高于城镇人口，随着城镇化进程的快速发展，河北省逐渐打破农村人口数量更高的情形。尽管如此，河北省乡村人口数量在全国乡村人口中仍处于靠前位置，排在第7位，其占全省人口总数的比重排在第13位。河北省乡村人口总量在2019年达到历史最高值5861.38万人，在人口总量逐渐增加的前提下，河北省乡村从业人员在 2016 年达到历史最高值 3063.83 万人之后，人力资源数量开始逐步减少。

3.1.1.2 乡村人才外流现象明显

自改革开放以来，社会主义市场经济发展迅速，受到城镇高收入的影响，大量农村剩余劳动力选择外出，使城市化规模不断扩大。数据显示，河北省常住人口数由 2016 年的 7374.99 万人上升到 2020 年的 7463.84 万人，增长了 1.20%，但乡村从业人员却减少了 65.96 万人。

改革开放至今，河北省总人口数从 1978 年的 5057.47 万人增加到 2020 年的 7463.84 万人，整体呈现上升的趋势。但农村人口占河北省总人口的比重却逐年降低，从 1978 年的 88.79% 下降到 2020 年的 78.30%，农村人口比重的下降从侧面反映出农村人口外流现象明显，城镇化进程在不断发展。此外，回顾 40 多年来河北省乡村从业人员数量占河北省总人口的比重发现，其比重变化幅度始终保持在 5% 左右，无明显变化趋势，乡村从业人员占河北省总人口比重较大（见表 3-1）。

表 3-1　1978~2020 年河北省人口情况　　　　单位：万人，%

年份	河北总人口	农村总人口	农村总人口/河北总人口	乡村从业人员	乡村从业人员/河北总人口
1978	5057.47	4490.38	88.79	1726.00	34.13
1980	5167.62	4537.77	87.81	1766.59	34.19
1985	5547.52	4793.36	86.41	2059.76	37.13
1990	6158.88	5211.59	84.62	2360.50	38.33
1995	6436.51	5324.29	82.72	2573.51	39.98
2000	6674.27	5382.39	80.64	2707.10	40.56
2005	6850.83	5422.28	79.15	2805.94	40.96
2010	7193.60	5570.20	77.43	2976.55	41.38
2015	7345.20	5711.49	77.76	3055.31	41.60
2019	7446.56	5861.38	78.71	3018.16	40.53
2020	7463.84	5843.93	78.30	2997.87	40.17

资料来源：根据《河北农村统计年鉴 2021》整理计算而得。

第七次全国人口普查结果表明，全国人口中城镇和乡村人口所占比重分别为63.89%和36.11%。而第六次全国人口普查中，城镇人口和乡村人口数量分别为66557万人和67415万人，占比分别为49.68%和50.32%，表明10年来城镇人口数量有所增加，而乡村人口数量却呈现出下降态势。河北省城镇人口为4481.65万人，占比为60.07%；乡村人口为2979.37万人，占比为39.93%。与2010年第六次全国人口普查相比，乡村人口减少1048.51万人。

在乡村人口变化形式中，存在着人才流出和流入的双重引力，分别为"推力"和"拉力"。其中，由于农业生产效率低、乡村发展条件差等原因产生的使人们离开乡村的动力被称为"推力"。而由于受到乡村文化气息影响、对乡村生活环境向往而产生的走进乡村的动力则被称为"拉力"。就目前而言，对乡村人口变化起到主导作用的为"推力"作用，大多数乡村人口受到城镇地区先进发达技术、便利的交通条件和良好的受教育机会的影响而选择离开乡村。

3.1.2 河北省乡村人才结构分析

3.1.2.1 第一产业从业人员所占比重最高

自改革开放以来，河北省乡村从业人员数量整体呈现上升趋势，2020年河北省乡村从业人员为2997.87万人，其中农林牧渔业行业从业人数为1317.55万人，占总人数的43.95%，而工业、建筑业和其他非农行业从业人员占比之和为56.05%。比较近年来乡村从业人员的从业情况发现，从事第三产业的乡村人力资源有所增加，但始终是第一产业从业人员数量最多，农业仍然是第一产业乡村从业人员工作的主要产业（见图3-1）。从全国乡村从业人员数据来看，在改革开放之初，农民将农林牧渔业作为主要生计来源，绝大多数劳动力靠传统农业生活，1978年第一产业从业人员所占比重达到92.43%。随着工业化和城镇化的深入推进，2019年第一产业从业人员所占比重降到58.53%，但依然是乡村从业人员的主要选择。

由于乡村人力资源受教育程度及能力整体不高，使得其对专业型、技术型等工作的适应性偏低。因此，尽管近年来部分农村劳动力向二三产业转移，但他们只能依靠自身的优势选择熟悉的农业领域，农村劳动力与二三产业的发展并不适应，因此仍然是依靠体力劳动的工作者较多。

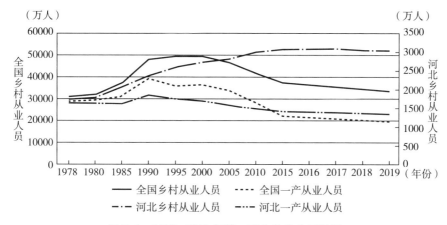

图 3-1　1978~2019 年第一产业从业人员数量

资料来源：根据历年《中国统计年鉴》计算而得。

3.1.2.2　乡村人才老龄化趋势明显

本书将 65 岁及以上的人口界定为老龄化人口。通过查阅相关统计年鉴发现，河北省老龄化人口占乡村总人口的比重由 2010 年的 8.8% 上升到 2019 年的 14.04%（见图 3-2）。联合国《人口老龄化及其社会经济后果》曾经指出，通过计算一个国家或地区老龄化人口比重去衡量该国或地区是否进入老龄化状态。当比重超过 7% 时，说明已经进入了老龄化阶段。因此，河北省乡村人力资源发展已经达到严重的老龄化状态。不仅河北省乡村面临老龄化问题，全国范围的老龄化趋势也较为显著。通过查阅相关资料，根据 2003~2015 年的调查数据发现，我国农村劳动力的平均年龄由 2003 年的 39.8 岁增加到 2018 年的 44.3 岁，年均增加 0.35 岁[245]。

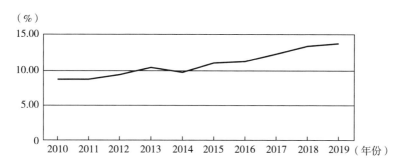

图 3-2　2010~2019 年河北省老龄化趋势

资料来源：根据历年《中国人口和就业统计年鉴》计算而得。

乡村人力资源的年龄呈现出老龄化趋势的原因主要有两个方面：一是在工业化和城镇化不断发展的前提下，越来越多的青壮年劳动力从农业中转移出来，再加上中国传统观念和生活方式的影响，导致留守农村的老年人口居多，老龄化现象明显；二是随着人民生活水平的提高，相应的教育和健康的投入也就越大，孩子的教育支出急剧增加，人们对于生养孩子的观念发生改变。更多的家庭为了减轻生活负担，不愿生育太多孩子，而是更愿意少生、优生。并且随着现代化观念逐渐深入人心，人们对于"养儿防老"的传统观念也有所变化。许多年轻夫妻更愿意享受当下、不生育，丁克家庭开始兴起。

3.1.3 河北省乡村人才素质分析

3.1.3.1 乡村劳动力受教育程度整体偏低

1987 年，河北省农村劳动力人口中，受教育程度在小学及以下的人数占比为 53.10%，受教育程度为初中的人数占比为 35.21%，受教育程度为高中及以上的人数占比仅为 11.69%。虽然农村就业人员的整体受教育水平一直在不断改善，但整体受教育程度依然偏低。《第七次全国人口普查数据公报》显示，截止到2020 年 11 月，河北省乡村人口受教育程度为小学、初中、高中、大专及以上的人数分别为 1840.2 万人、2980.699 万人、1034.146 万人、926.491 万人，占总人口的比重分别为 24.66%、39.95%、13.86%、12.42%。河北省各市的乡村从业人员受教育程度如图 3-3 所示。其中，初中文化程度人数最多，大专及以上学历水平从业人员数量较低，秦皇岛、廊坊和衡水三地仅为 5 万多人。

乡村从业人员受教育程度偏低的主要原因为：第一，即使长期以来国家在努力改善乡村劳动力的受教育情况，但与城市劳动力相比，两者之间仍存在较大差距。与全国相比，河北省受教育水平落后明显，我国对于乡村教育的投入力度仍需完善，对于乡村教育事业发展的投入力度亟须提升，乡村师资力量队伍有待加强。并且受传统农村思想观念的影响，大多数农民对教育重视程度不够，造成农村就业人员文化水平整体偏低。第二，部分受过高学历教育的劳动力不再选择从事农业行业，而是向城镇转移，使得高素质人才大量流失。

3.1.3.2 乡村人才技能素质不足

河北省乡村从业人员中技术型、管理型等人才储备薄弱。不同类别人才分布不均的状况，使部分人才无法充分展现自身优势，导致了资源的损失，进而阻碍了乡村经济的发展。在乡村地区，农民思想观念保守、应对市场风险能力差、对于突发状况处理能力不足现象明显，这与现代农业的发展不相适应。

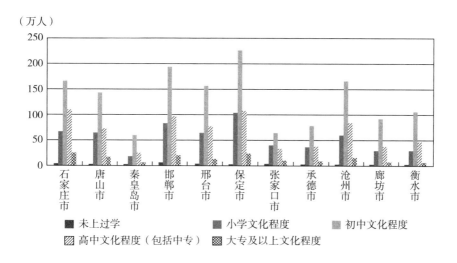

（万人）

■ 未上过学　　　■ 小学文化程度　　　▨ 初中文化程度
▨ 高中文化程度（包括中专）　　▨ 大专及以上文化程度

图 3-3　2019 年河北省各市乡村从业人员受教育程度构成

资料来源：根据《河北农村统计年鉴 2020》整理而得。

根据对全国 31 个省份高素质农民监测样本数据比较发现，无论是农业大省还是一般省份，具备专业知识和能力的高素质人才数量都较少，乡村人力资源人才技能素质偏低。作为我国粮食大省的山东地处平原地区，人口众多、劳动力充足，2018 年培育新型职业农民占山东省乡村总人口的 0.359%；河南地处中国的中部地区，其优良的地理位置以及肥沃的土地适合农作物生长，2018 年新型职业农民数量仅占河南省乡村人口的 1.143%；同样作为农业大省的河北省，2018 年的劳动力资源中，新型职业农民数量仅有 10.36 万人，仅占乡村总人口的 0.315%，数量极为有限[246]。与此同时，河北省新型职业农民占乡村总人口的比重还低于上述农业大省甚至低于一些非农业大省，如陕西省。陕西省虽不是农业大省，但近年来经济发展迅速，特色农业突出，2018 年培育新型职业农民 87757 人，占乡村人口的 0.542%。由此可见，河北省乡村人才中能够适应现代农业发展的技能型人才匮乏。

3.2 河北省高素质农民调查分析

3.2.1 数据来源

通过河北省农业农村厅针对乡村人才全方位发放调查问卷，样本涵盖河北省11个地级市。课题组在对问卷进行系统整理和统计分析的基础上，全面了解不同类型高素质农民的培育现状、需求以及经营现状。河北省作为农业大省，产业发展呈现良好态势，高素质农民人才数量逐年增多，按照分层抽样的方法选取河北省各地市数据，具有一定的代表性。

3.2.2 样本特征

调查问卷于2021年10~11月进行发放回收，依照省、市、县（区）逐级委托任务，为了方便以各地举办的高素质农民培训班为单位进行发放和回收。在对问卷进行有效信息筛选后，最终回收有效问卷820份（见表3-2）。

表3-2 样本描述性统计特征

个体特征	选项	样本数（人）	比例（%）
性别	女	305	37.20
	男	515	62.80
年龄	30岁及以下	37	4.51
	31~40	242	29.51
	41~50	323	39.39
	51~60	206	25.13
	60岁以上	12	1.46
受教育程度	本科及以上	16	1.95
	大专	78	9.51
	高中或中专	323	39.39
	初中	394	48.05
	小学及以下	9	1.10

续表

个体特征	选项	样本数（人）	比例（%）
	普通农户	438	53.41
	专业大户	93	11.34
	家庭农场经营者	261	31.83
	农民合作社负责人	101	12.32
身份类别	农民合作社骨干成员	58	7.07
	农业企业经营管理人员	50	6.10
	农业社会化服务人员	55	6.71
	农村经济人	33	4.02
	农业经理人	27	3.29
	生产技术人才	72	8.78
	其他	44	5.37

注：由于身份类别为多选题，故比例合计大于100%。

（1）性别。在本次调研的 820 份有效样本中，高素质农民中男性共计 515 份，占比为 62.8%，女性共计 305 份，占比为 37.2%。

（2）年龄。在本次调研的有效样本中，高素质农民年龄分布趋势呈正态分布。41～50 岁的高素质农民占比为 39.39%，31～40 岁的高素质农民占比为 29.51%，51～60 岁的高素质农民占比为 25.13%，高素质农民总体的平均年龄为 44.76 岁。从以上数据可以看出，相较于普通农民队伍，高素质农民队伍年轻化态势初步显现，越来越多的青壮年从事到现代农业发展之中。

（3）受教育程度。在本次调研的有效样本中，初中学历的高素质农民占比为 48.05%，其次是高中或中专学历，占比为 39.39%，大专及以上学历占比为 11.46%，小学及以下学历仅占 1.10%。在《第三次全国农业普查主要数据公报》中，初中及以下学历的农民占比为 91.80%，高中及以上学历占比为 8.20%。相比之下高素质农民队伍的受教育水平则明显高于普通农民队伍。目前我国高中或中专及以上学历的高素质农民已经超过半数，高素质农民的文化水平在逐年提高，为农业的可持续发展和加快实现农业农村现代化打下了坚实的基础。初中及以下学历的高素质农民不足 50%，这在很大程度上降低了文化水平对农业现代化进程的影响。

（4）身份类别。在本次调查的有效样本中，普通农户和家庭农场经营者占比最高，分别为53.41%和31.83%，其次是专业大户和农民合作社负责人，均占10.00%左右。技能服务型高素质农民共计22.80%，其中生产技术人才占比最高，为8.78%（见图3-4）。虽然我国目前鼓励成立家庭农场和合作社等新型农业经营主体，但是高素质农民还是以普通农户为主，从普通农户向新型农业经营主体的转型还有很大的空间。

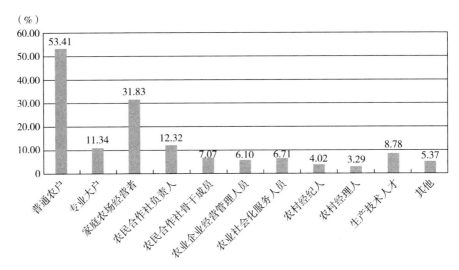

图3-4　被调查者职业特征分布情况

（5）收入。高素质农民家庭年收入超过5万元的约占60.00%，共计512人，总体来说高素质农民收入较高（见图3-5）。

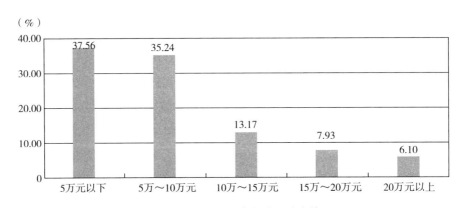

图3-5　被调查者家庭年收入分布情况

3.2.3　培育现状

高素质农民积极参与培育工作，参与主体呈多元化。根据调查，2019~2021年，农业部门组织的培训高素质农民的参与度最高，有78.41%的高素质农民参加过。其次是政府其他部门组织的培训，共占比为30.73%。农民参加农业组织和农业企业组织的培训，共占比为31.71%（见图3-6）。相对于社会性质的培训组织，大多数的高素质农民更倾向于参加以农业部门为主、由政府组织的培训活动。高素质农民培育事关现代农业发展、农村全面进步，这就越发要求政府在高素质农民培育中发挥"总指挥"的作用。

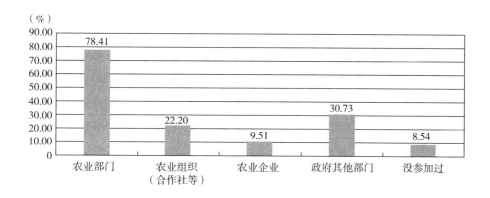

图 3-6　河北省农民参加高素质培训部门类型所占比重

3.2.3.1　人才需求——农业科技人才最缺乏

调查显示，37.80%的高素质农民认为当地实施乡村振兴最缺乏的是农业科技人才，其次是乡村治理人才和农业生产经营人才（见图3-7）。农业科技人才范围较广，包括农业高科技领军人才、科技创新人才、科技推广人才等。"科学技术是第一生产力"，农业科技人才可以提供如新技术新品种研发、技术指导推广等服务，从宏观角度出发，打造一支高素质的农业科技人才队伍关系着国家农业综合生产力的提高。

3.2.3.2　培训方式——课堂讲授和现场讲授为主

高素质农民的培训方式在不断发生变化，所占比例最高的是课堂讲授、现场教学和农民田间学校，占比分别为84.02%，64.88%和50.00%。远程授课形式也

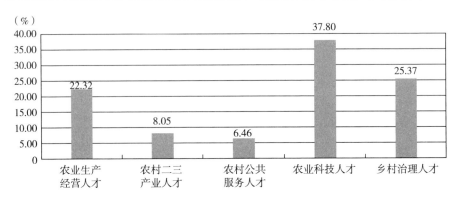

图 3-7　河北省乡村振兴人才需求调查

由传统的广播电视模式转变为网上云平台授课，所占比例为 34.02%。个别指导作为跟踪服务的一种重要形式，占比为 21.71%。通过调查不同年龄阶段的不同培训方式的参与度（（该年龄段参与某种培训方式的人数/该年龄段总人数）×100%），35 岁及以下的高素质农民培训参与度最低，46~60 岁的高素质农民参与培训的积极性普遍低于 36~45 岁，尤其对于技术人员一对一指导的新型培训方式的积极性明显低于其他年龄段，但是其对课堂教授培训方式的积极性高于 36~45 岁的高素质农民。相比之下年龄越大越倾向于传统的培训方式，对于新型培训方式的接受程度较低（见图 3-8）。

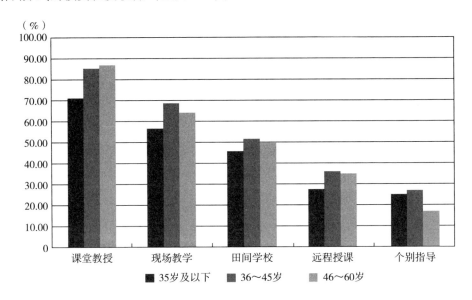

图 3-8　不同年龄段各培训方式参与度调查

3.2.3.3　培训内容——专项技术培训和经营管理培训最多

2019~2021 年，在河北省开展的高素质农民培训工作中，培训参与度最高的是技能服务型高素质农民，其次是生产经营型高素质农民，普通农户和其他类型高素质农民的培训参与度和前两者有较大差距。

专项技术培训是河北省高素质农民参与度最高的培训，参加过该类型培训的高素质农民占比为 77.68%，技能服务型高素质农民的参与度高达 91.98%。参加过经营管理类培训和政策培训的高素质农民都占 50% 左右，生产经营型高素质农民对经营管理类培训的参与度最高，参与度为 84.01%。参加过创业类培训和观念类培训的高素质农民都仅占 30% 左右，普通农户对创业类培训、观念类培训和信息化培训的积极性不高，均低于总体水平（见图 3-9）。

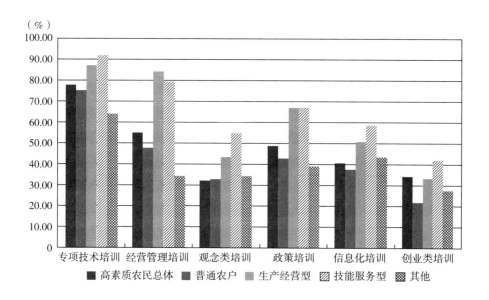

图 3-9　高素质农民参与培训的内容

专项技术培训和经营管理培训主要适合种养大户、专业合作社带头人、家庭农场主等生产经营型高素质农民，促进专业技能的提升和持续经营能力的提升，政策培训可以让农民切实了解关于自身利益的优惠政策等。

3.2.3.4　培训需求——农业实用专项技术培训需求最多

在对河北省高素质农民培训需求的调查中，需求最高的是农业实用专项技术培训，占比为 80.61%，说明目前高素质农民仍然在生产环节需求较大。其次是农产品市场信息培训需求，占比为 58.29%。高素质农民开始关注市场，通过综合分析农产品市场信息并且做出及时有效的判断，可以有效解决农民和市场之间信息不对称问题。农业组织化经营培训和创业技能培训需求所占比例分别是 51.59% 和 49.02%，品牌营销培训的需求最低，占比为 37.56%（见图 3-10）。

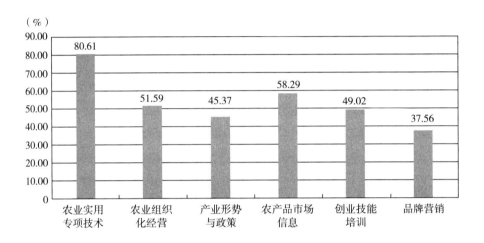

图 3-10 河北省高素质农民培训需求调查

（1）年龄对培训需求的影响。

在对不同年龄段的高素质农民培训需求的分析中发现，实用专项技术培训的需求随着年龄的增加而增加，品牌营销培训的需求随着年龄的增加而减少。对组织化经营培训、创业技能培训和农产品市场信息培训需求最高的是 31~40 岁的高素质农民，41~60 岁的高素质农民更需要实用专项技术培训和农产品市场信息培训（见图 3-11）。

（2）学历对培训需求的影响。

在对不同学历的高素质农民培训需求的研究中发现，大专学历的高素质农民对各种培训的需求较均衡而且普遍较高，小学及以下学历的高素质农民对各种培训的需求普遍较低。随着学历的提升，组织化经营的培训需求逐渐增加，其余培训内容和学历高低并不呈线性相关。对于实用专项技术培训需求最高的是大专学历的高素质农民，其次是初中学历与高中或中专学历的高素质农民，需求均高于

80%。本科及以上学历的高素质农民对农产品市场信息培训需求明显偏低，他们更加倾向于组织化经营和品牌营销方面的培训（见图3-12）。

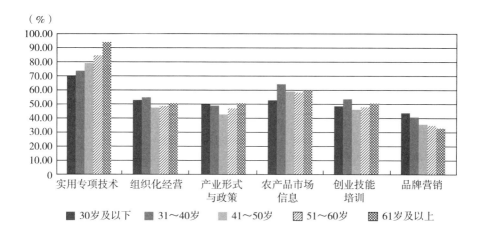

图3-11 各年龄段高素质农民培训需求调查

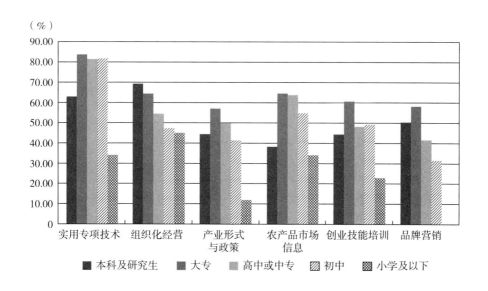

图3-12 不同学历层次高素质农民培训需求

（3）身份对培训需求的影响。

生产经营型和技能服务型高素质农民对各种培训的需求度普遍高于普通农

户，且两者的需求度基本相似。生产经营型高素质农民对实用专项技术培训的需求最高，为88.45%，普通农户对品牌营销培训的需求最低，为31.96%。对实用专项技术培训需求最高的是技能服务型高素质农民，对组织化经营培训需求最高的是生产经营型高素质农民。他们在各自擅长的领域已经具备较高的专业水平，而随着三产融合发展的趋势，生产经营型高素质农民更需要技术指导，技能服务型高素质农民更需要组织化经营培训（见图3-13）。

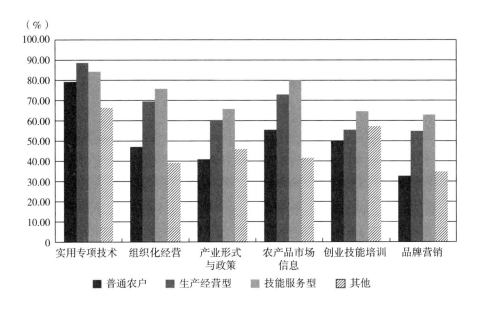

图3-13　河北省不同身份高素质农民培训需求

3.2.4　经营调查

关于高素质农民经营现状分析。合作社是实现小农户和现代农业发展有机衔接的重要载体之一，农业龙头企业是农业产业化经营的主体。在本次的调查样本中，创办农民合作社的高素质农民占比为19.27%，加入农民合作社的高素质农民占比为30.24%。有16.71%的高素质农民创办了农业企业，有6.46%的高素质农民创办了农业龙头企业（见图3-14）。

3.2.4.1　土地经营——面积较小集中在25亩以下

调查显示，高素质农民经营土地面积在25亩及以下的累积占比为70.53%，

其中，6~25 亩所占比例最高，为 48.15%。通过流转形式土地经营面积在 100 亩
以上的高素质农民占比为 15.56%。河北省高素质农民整体土地经营面积规模偏
小，未能达到适度规模经营水平（见表 3-3）。

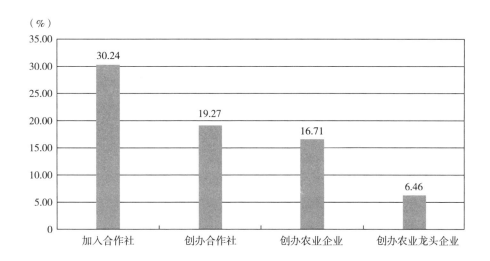

图 3-14　河北省高素质农民经营现状统计

表 3-3　河北省高素质农民土地经营面积统计　　　　　单位：人，%

土地经营面积	频数	比例	向上累积		向下累积	
			频数	频率	频数	频率
5 亩及以下	145	22.38	145	22.38	648	100.00
6~25 亩	312	48.15	457	70.53	503	77.60
26~50 亩	49	7.56	506	78.09	191	29.45
51~100 亩	41	6.33	547	84.42	142	21.89
100 亩以上	101	15.56	648	100.00	101	15.56
合计	648	100.00	—	—	—	—

3.2.4.2　创办合作社——规模偏小，产值偏低

高素质农民创办的合作社社员人数不超过 10 人的占比为 51.91%，11~50 人
的占比为 21.37%，51~100 人的占比为 6.87%，呈现明显递减趋势。目前高素质
农民创办的合作社大多规模不大，而小规模的合作社普遍存在专业性很强、综合

性较弱的问题。这种模式虽然易于经营管理，发展迅速，但是不利于规模的进一步扩大。中小型合作社要想扩大规模和经营范围，向大型合作社转变，还需要解决融资难、管理人才缺乏等一系列问题。社员数在100人以上的合作社占比为19.85%，规模越大，综合性往往越强，经营范围涉及多个领域，发展过程中更容易获得外界资金、技术等支持（见图3-15）。

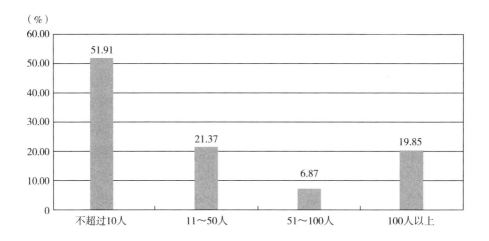

图3-15 河北省高素质农民创办合作社不同社员人数所占比例调查

2020年的总产值为10万~50万元的合作社所占比例最高，为39.32%，其次是总产值高于100万元的合作社，占比为32.48%。总产值低于10万元的合作社占比为17.95%，总产值在50万~100万元的合作社占比仅为10.26%。

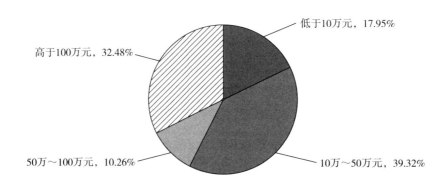

图3-16 2020年高素质农民创办合作社总产值

3.2.4.3　创办企业——以中小型为主经营效益整体偏低

河北省高素质农民创办的农业企业，员工人数不超过 10 人的占比为 74.56%，员工人数在 10 人以上的农业企业不足 30%，其中员工人数超过 50 人的仅占 1.75%。目前河北省高素质农民创办的农业企业仍以中小型为主，有很大的发展空间（见图 3-17）。

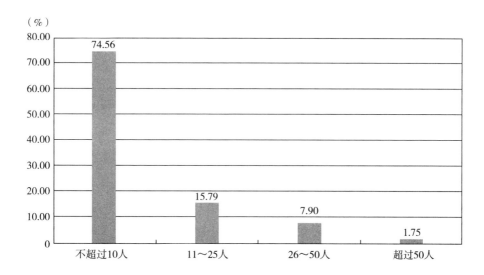

图 3-17　河北省高素质农民创办农业企业规模情况

高素质农民创办的农业企业大部分都属于中小型企业，经营效益整体偏低，一是因为农产品价格低；二是因为种子价格、农药化肥、人力、机械化作业等农业生产成本高。2020 年生产总值在 10 万 ~50 万元的占比为 55.56%，51 万 ~100 万元的占比为 14.81%，100 万元以上的占比为 12.04%。针对农业企业效益偏低的问题，应完善农产品价格调控机制，致力于保护生态平衡，推动农业可持续发展（见图 3-18）。

3.2.4.4　作用发挥——聚焦技术推广服务和技术指导服务

高素质农民是一支"有文化、懂技术、善经营、会管理"的乡村人才队伍，需要他们在农业领域发挥引领带头作用，在社会服务、文化传承等方面起到标杆的作用，有 58.05% 的高素质农民为周围地区的居民提供过服务。

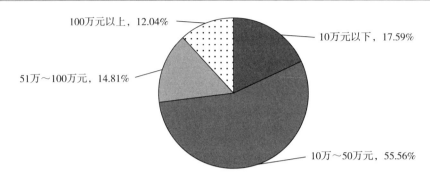

图 3-18　河北省高素质农民创办农业企业总产值情况

　　高素质农民给周围居民提供最多的服务是技术推广和技术指导，其次是销售农产品、提供市场咨询、参与疫情防控、提供就业岗位、提供低价生产资料以及基础设施建设，综合积分分别为 5.39、4.77、3.66、3.40、2.53、1.68、1.26 和 1.15（选项平均综合得分=（Σ 频数×权值）/本题填写人次）（见图 3-19）。高素质农民具有一定知识水平，熟悉农业生产规律，掌握先进生产技术，在基层农业科技推广中起到示范推广作用，可以提供良种选择、种苗培育、规划生产模式等技术服务。除此之外，产后服务的提供也十分重要，高素质农民帮助农民销

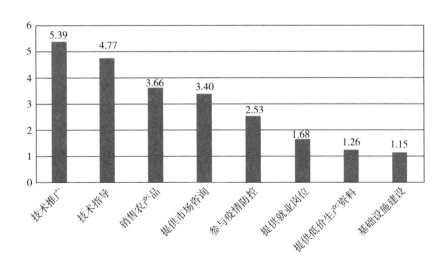

图 3-19　河北省高素质农民提供服务综合得分

售农产品和提供市场信息咨询的频率也比较高，随着我国推动二三产业联合发展，农业经营者产后需求越发凸显，高素质农民提供的产后服务提升了小农户组织化程度，提高了农业社会化服务水平。高素质农民创建的合作社、农业企业等，为周边地区居民提供了就业岗位和低价生产资料，为基础设施的建设提供了资金等。

要充分发挥高素质农民的辐射带动效果，不仅要加强队伍自身的建设，还要结合当地资源和区位优势，推动高素质农民发展创建新型农业经营主体，结合当地农户实际需求带动经济的发展。

3.3　河北省返乡下乡创业人才调查分析

3.3.1　样本特征

本部分研究采用调查问卷的形式，访问对象为界定为返乡下乡创业人才的群体，共计 318 份。

3.3.1.1　从性别来看

被调查的返乡下乡创业人才中男性占比为 68.2%，女性占比为 31.8%。从访谈中得知，出现这种差距的原因在于受传统"男主外，女主内"观念的影响，大多数女性主要负责照顾孩子和老人，而家里的重要事宜和重要工作主要是由男性来负责。由此可见，调查样本的性别结构合理，质量较好，且性别对返乡下乡创业人才的供给能力影响不大。

3.3.1.2　从年龄来看

返乡下乡创业人才年龄集中在 41~50 岁，占比为 42.8%，接着依次为 31~40 岁、51~60 岁，占比分别为 32.7%、18.9%，30 岁及以下返乡下乡创业人才仅占总人数的 5.0%，此外，在调查过程中发现 60 岁以上的返乡下乡创业人才微乎其微，仅占总人数的 0.6%（见图 3-20）。不难看出，调查的返乡下乡创业人才多集中在中年阶段，工作年限较长、工作经验较丰富，供给质量比较可观。

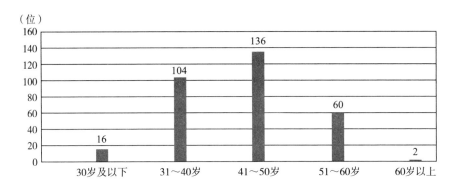

图 3-20 返乡下乡创业人才年龄分布情况

根据返乡下乡创业人才年龄分布分析可得，青年人才将是参与乡村振兴的主要力量，青年群体渴望实现自身价值，尤其是那些工作经历比较长的中年人，在经历了社会的磨炼后，更愿意回到家乡来实现自我价值。由于返乡下乡创业人才流动到乡村这一过程涉及人才的流动成本，相对于工作稳定、习惯安逸的中老年群体，有拼劲、有闯劲的年轻人的流动成本更小，所以年轻人更愿意参与到乡村振兴工作中来，他们渴望抓住乡村振兴新浪潮中的新机会，从而实现自身价值。

3.3.1.3 从受教育程度来看

被调查的返乡下乡创业人才的学历以初中及以下为主，占比为 44.0%，受过高中教育的较多，占比为 34.6%，而受过大专及以上教育的返乡下乡创业人才比例仅为 21.4%（见表 3-4）。从中可以看出，在抽取的返乡下乡创业人才中，大专及以上学历的人才规模较小，返乡下乡创业人才的学历层次较低，供给质量也必然较低。

表 3-4 返乡下乡创业人才的学历情况   单位：%

受教育程度	占比
初中及以下	44.0
高中	34.6
大专	19.2
本科	2.2

3.3.1.4 从有无创业领域相关的工作经验来看

在接受调查的 318 位返乡下乡创业人员中，168 位创业者有创业领域相关的工作经验，占全部受访者的 53%。150 位创业者没有创业领域相关的工作经验，占全部受访者的 47%。可见，有创业领域相关的工作经验的创业者所占比例较大。以往有很多学者对"创业领域相关的外出务工经历"与"返乡创业能力"或"返乡创业绩效"进行研究，研究表明，有创业领域相关的外出务工的经历能够显著促进农民返乡创业，并且有创业领域相关的外出务工的经历的人其创业成功的概率更大。样本中，超过一半的创业者具备这样的经历，由此可见，河北省返乡下乡创业者供给能力较强。

3.3.1.5 从人才构成来看

调查数据显示，318 位接受调查的返乡下乡创业人才中，农民工所占比重最多，占比 55.7%；其次是工人（工厂工人、建筑工人等）、服务业员工（饭店、商场员工等）、企业管理人员，占比分别为 10.4%、6.9% 和 6.6%；大中专毕业生、退役士兵、专业技术人员（教师、医生等）、事业单位人员以及其他职业所占比重较少，分别为 5.7%、4.7%、3.5%、1.6% 和 5.0%（见表 3-5）。由此可见，农民工仍然是返乡下乡创业的主力军。近年来，国家相继颁布了若干鼓励和支持各类人员返乡下乡创业的文件，越来越多大学生、退役士兵以及其他有能力、爱农村的群体作为新生力量加入到返乡下乡创业的队伍中，为农村经济发展和乡村振兴贡献自己的力量。

表 3-5 河北省返乡下乡创业人才的构成 单位：%

创业前职业	占比
农民工	55.7
大中专毕业生	5.7
退役士兵	4.7
服务业员工	6.9
工人	10.4
事业单位人员	1.6
企业管理人员	6.6
专业技术人员	3.5
其他	5.0

3.3.2 培训情况

3.3.2.1 培训内容——主要集中在职业技能培训

从参加培训情况来看，在318份返乡下乡创业人才样本中，未参加过培训的有38人，占比为8.6%，参加培训的有280人，占比为91.4%。由此可见，返乡下乡创业人才想要提升自己创业能力的意愿是非常强烈的，他们想要通过参加培训来弥补自己在职业技能、经营管理、品牌营销等方面的不足。

从培训内容来看，返乡下乡创业人才接受最多的是职业技能培训，84.3%参与培训的返乡下乡创业人才接受过职业技能培训；其次是经营管理知识和创新创业培训，61.1%参与培训的返乡下乡创业人才接受过经营管理知识培训，50.7%参与培训的返乡下乡创业人才接受过创新创业培训；再次是品牌营销和网店经营与管理培训，38.9%参与培训的返乡下乡创业人才接受过品牌营销培训，35.0%参与培训的返乡下乡创业人才接受过网店经营与管理培训；最后是法律知识及创业相关政策培训、文化知识培训和物流运输培训，31.1%参与培训的返乡下乡创业人才接受过法律知识及创业相关政策培训，28.9%参与培训的返乡下乡创业人才接受过文化知识培训，13.6%参与培训的返乡下乡创业人才接受过物流运输培训（见图3-21）。

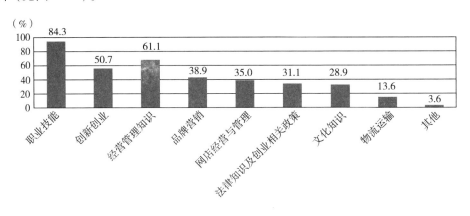

图3-21 返乡下乡创业人才参与培训的内容

大部分返乡下乡创业人才接受到的培训是职业技能相关的培训，而针对返乡下乡创业人才的创新创业培训参与率仅有参加培训人数的一半。实际上，专门针对返乡下乡创业人才发展的培训匮乏。

3.3.2.2 培训主体——政府主导人才培训

从培训主体来看，返乡下乡创业人才接受到的培训大多是由政府相关部门开展的，其中216位返乡下乡创业人才接受过政府相关部门开展的培训；其次是培训机构和高等农业职业院校，117位返乡下乡创业人才接受过培训机构和高等农业职业院校的培训；最后是产业主体（如企业、合作社等），69位返乡下乡创业人才接受过产业主体的培训（见图3-22）。

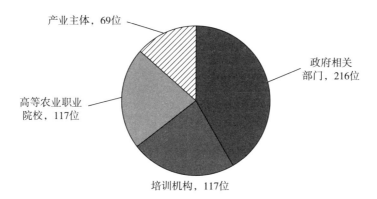

图 3-22 开展返乡下乡创业人才培训的主体

3.3.3 创业调查

3.3.3.1 创业领域——聚焦农业生产领域

返乡下乡创业人才的创业领域多种多样，其中创业领域为农业生产的人数最多，占比为63%；其次是畜牧业养殖、农业科技创新（技术研发与推广、生物农资销售等）、乡村旅游业（休闲农业、休闲康养）和农业社会化服务，占比分别为10%、7%、6%和5%；再次是农产品加工业和批发零售业，占比分别为3%和2%；而物流业、手工业和其他行业微乎其微（见表3-6）。由此可见，其创业领域分布比较集中，存在一定的扎堆现象。

表 3-6 返乡下乡创业人才的构成 单位：%

创业领域	占比
农业生产	63
畜牧业养殖	10
手工业	1
农产品加工业	3

续表

创业领域	占比
物流业	1
农业社会化服务	5
批发零售业	2
乡村旅游业	6
农业科技创新	7
其他	3

3.3.3.2　创业原因——渴望建设家乡贡献自身力量

不同的返乡下乡创业人才的创业原因不同，在318位接受调查的返乡下乡创业人才当中，理由为建设家乡并带动乡亲共同致富的返乡下乡创业人才人数最多，占比高达82%。此外，较多返乡下乡创业人才的创业理由是可以有时间照顾家人和改善生活、增加收入，占比分别为70%和78%。部分返乡下乡创业人才的创业理由是自己当老板，不受上级管束、国家政策吸引、产业发展生态良好以及对自己从事的事情感兴趣，占比分别为30%、42%、41%和53%。还有极少部分人是由于在大城市积累了经验，在家乡创业有优势以及大城市生活成本太高，在外生活压力大而选择返乡或者下乡创业（见图3-23）。由此可见，返乡下乡创业人才主动参与到乡村振兴的意愿非常强烈，他们除了想要获得经济上的收入以及照顾家庭等个人层面的满足，绝大部分人渴望通过自己返乡下乡创业来为家乡做贡献，为推动乡村振兴战略实施贡献自己的力量。

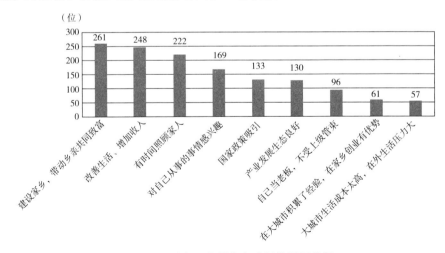

图3-23　返乡下乡创业人才创业原因分析

3.3.3.3　创业贡献——助推当地产业振兴

返乡下乡创业人才的发展为乡村整体经济的发展和进步做出了突出贡献。在调查对象中，116 位返乡下乡创业人才表示促进了当地的消费；86 位促进了当地的产业发展；46 位提高了当地人员的教育水平和居民素养；34 位带动了就业；25 位带动了创业，还有少部分人提高了当地税收和对当地做出了其他的贡献（见图 3-24）。返乡下乡创业不仅能够提高个人收入，获得社会地位，还能够有效地促进当地消费，促进产业发展，解决当地的教育和就业问题，为助推当地的产业振兴提供有效保障。

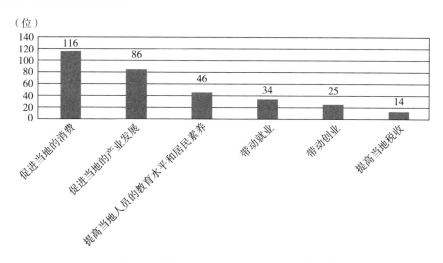

图 3-24　河北省返乡下乡创业人才所做贡献

3.3.4　政策期望

3.3.4.1　政策落地——参加教育与技能培训的人数最多

在接受调查的 318 位返乡下乡创业人才中，244 位表示接受过教育与技能培训，102 位获得过技术支持，91 位获得过创业项目支持，83 位获得过土地政策支持，79 位获得过基础设施和配套条件支持，79 位得到过市场信息支持，73 位获得过税收减免等政策支持，51 位获得过保险政策支持（见图 3-25）。由此可见，获得过教育与技能培训的人数最多，达到接受调查总人数的 77%，而其他政策的获得情况均低于 40%，总体上看，返乡下乡创业人才获得政策支持的情况较差。

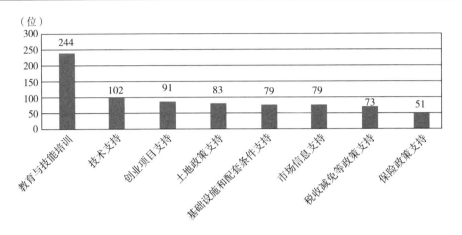

图3-25 河北省返乡下乡创业人才已获得的政策支持

3.3.4.2 政策期待——最期待完善基础设施建设

了解当前河北省返乡下乡创业人才已获得的政策支持情况后，对这些人才最想要获得的政策支持进行调查统计。通过问卷问题"对于促进返乡/下乡人员创业，您认为自己最需要政府做的工作是（选择四项并排序）"，反映出当前返乡下乡创业人才的政策期待现状。结果显示，排在第一位的是完善基础设施和配套条件，平均综合得分5.80（见图3-26），也就是说返乡下乡创业人才最希望得到的政策支持是关于其创业环境的，完善的基础设施和配套条件对于人才的发展至关重要，河北省政府应为人才发展提供更多完善基础设施和配套建设的相关政策。其次是教育与技能培训，综合得分5.52，表明河北省应该加大人才的教育和技能培训。排在第三位的是创业项目支持，综合得分5.40，表明河北省提供的创业项目支持尚不能满足人才发展的需要，需要政府提供更多创业项目。排在第四位的是贷款贴息等金融政策，综合得分3.60，表明河北省返乡下乡创业人才的创业资金大部分来自自己的积累或者亲朋好友的帮助，由于缺少对金融贷款政策的了解，导致其资金的获取渠道比较局限，河北省应在加大贷款贴息等金融政策的扶持力度的同时，落实对政策的宣传和解读，让返乡下乡创业人才更好地了解政策，避免信息不对称阻碍其发展。对于其他得分较低的政策，应适当分析，了解返乡下乡创业人才想要获得该政策的具体原因，是政策供给不足或宣传不到位，还是政策的落地难，并有针对性地进行政策的改进。

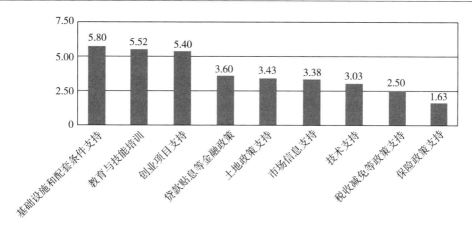

图 3-26　河北省返乡下乡创业人才最想获得的政策支持

3.4　河北省乡村治理人才调查分析

本节研究采用调查问卷的形式，访问对象为实际参与乡村事务治理的各类人员，共发放问卷 480 份，回收有效问卷 460 份，样本涵盖河北省 11 个地级市，具有一定的代表性。

3.4.1　样本特征

3.4.1.1　性别

此次调查涵盖男性 326 人、女性 134 人，占比分别为 70.87%、29.13%。在河北省乡村治理过程中，男性占比较高，其原因主要与男性的先天优势以及中国传统按性别分工的观念有关，"男主外女主内"的传统思想也使女性对乡村治理等政治性事务的参与积极性相对较低，此外，自身能力有限以及受教育水平偏低同样制约着女性参与到乡村治理中去，随着我国政治经济社会的发展，这种现象较改革开放前已有很大改观。

3.4.1.2　年龄

年龄是衡量乡村治理人才队伍生命力和后备军储备状况的关键。在乡村治理人才队伍建设过程中，国家号召从优秀青年中选拔人才，提高青年干部比例。根据世界卫生组织对于年龄的划分，青壮年为 20~45 岁，中年人为 46~65 岁，老年人为 65 岁以上。在本次调查中，青壮年共计 264 人，占比为 57.39%；中年人 194 人，占比为 42.17%；老年人 2 人，占比为 0.47%（见图 3-27）。

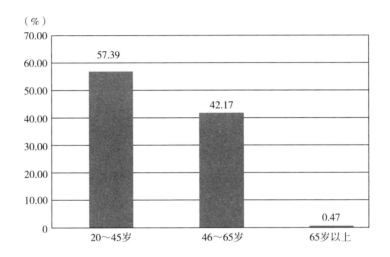

图 3-27 河北省乡村治理人才年龄结构

根据乡村治理人才年龄分布分析可得，目前河北省乡村治理人才队伍中的青壮年占比很大，表明河北省积极响应国家号召，逐步推进乡村治理人才队伍年轻化。目前年轻人逐渐参与到乡村治理中，给乡村治理带来了新的活力。但是，从整体来看，中老年人占比接近半数，导致乡村治理组织缺乏活力，年龄高，文化低，技能低，致富能力低现象严重。此外，其法治思维方式和法治处理事务能力较弱，也在一定程度上制约着乡村发展，乡村治理队伍的年龄结构仍有待优化。

3.4.1.3 受教育程度

受教育程度对乡村治理工作各方面有着较大影响。河北省乡村治理人才文化状况可划分为小学及以下、初中、高中、大专及以上四个阶段。小学及以下学历 3 人，占比为 0.65%；初中学历 150 人，占比为 32.61%；高中学历 185 人，占比为 40.22%；大专及以上学历 122 人，占比为 26.52%（见图 3-28）。从整体来看，高中及以下学历占比为 73.48%，大专及以上学历占比仅为 26.52%，河北省乡村治理人才队伍的总体文化水平偏低。

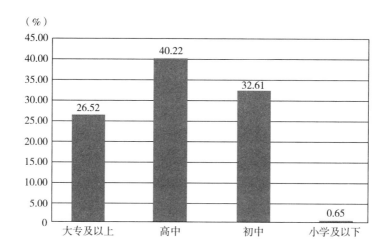

图 3-28　河北省乡村治理人才文化程度情况

对比 2021 年全国第七次人口普查河北省人口受教育程度，河北省每 10 万人中拥有大学学历的有 12418 人，占比为 12.42%，河北省 15 岁以上平均受教育年限为 9.84 年，乡村治理人才队伍受教育程度要明显高于河北省平均受教育水平，但比例仍不算高。如何将高学历、高素质、高成就的人吸引到乡村、留在乡村、建设乡村，是相关政府部门亟待解决的问题。随着乡村振兴的高歌猛进，势必会对参与乡村治理人才队伍的能力、学习、认知、致富等方面提出更高的要求，而教育程度低将导致治理人才文化科学知识储备不足，思想认识水平偏低，接受新事物的能力较差，缺乏创新精神和动力，制约当地乡村振兴发展进程。

3.4.1.4　政治面貌

党员的数量和质量对乡村治理中村"两委"的自治水平有很大影响。本次问卷共涉及 460 人，其中 235 人为党员及预备党员，占比为 51.09%；203 人为群众，占比为 44.13%；21 人为共青团员，占比为 4.57%；1 人为民主党派人士，占比为 0.22%（见图 3-29）。由此可见，党员占比一半以上，表明了在河北省乡村治理主体中，村支部发挥着引领及核心作用。群众占比为 44.13%，说明河北省村民自治呈现出良好的发展势头。从年龄层次上看，139 名党员年龄在 20~45 岁，占比为 59.15%；94 名党员年龄在 46~65 岁，占比为 40%；2 名党员年龄在

65 岁以上，占比为 0.85%。由此可见，参与乡村治理的党员队伍多处于青壮年和中年阶段，党员队伍参与乡村治理老龄化问题得到显著改善。100 人具有大专以上学历，占比为 42.55%；94 人具有高中学历，占比为 40%；41 人具有初中学历，占比为 17.45%。受教育程度在高中以上的占比达 82.55%，党员干部整体学历较高。在乡村振兴背景下，村党支部的建设成效如何直接关乎着是否能够与村民群众有机连接起来，党员整体结构水平及其素质、能力决定着党员先锋模范作用的发挥，也影响着农业强、农村美、农民富的乡村振兴伟大征程的全面推进。

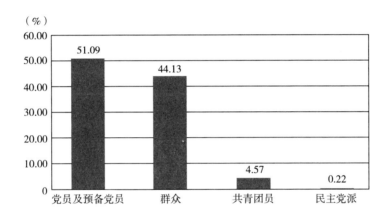

图 3-29 河北省乡村治理人才政治面貌情况

3.4.1.5 职业身份

乡村治理人才结构特征是河北省乡村治理人才队伍建设研究的关键。按照所从事职业的不同将其划分为本地农民、返乡大学生、退伍军人、驻村第一书记及其他。其中，328 名是本地农民，占比为 71.30%；24 名是返乡大学生，占比为 5.22%；42 名是退伍军人，占比为 9.13%；14 名是驻村第一书记，占比为 3.04%；52 人是其他身份，占比为 11.30%，如图 3-30 所示。包括致富带头人、个体户、村"两委"成员、个体工商户、农资经营户等身份。通过对职业身份的数据分析可以看出，当前河北省乡村治理以本地农民为主体，多种人才共同参与。

3.4.1.6 治理身份

对乡村治理人才身份的调查显示，171 人为村委会成员，占比为 37.17%；148 人为党支部成员，占比为 32.17%；62 人为乡贤，占比为 13.48%；19 人为驻村第一书记，占比为 4.13%。其他如乡镇干部、农场负责人、村民代表等有 60 人，占比为 13.04%（见图 3-31）。村"两委"在乡村治理人才队伍里占有绝对比重，比例高达 69.34%。由此可见，河北省乡村治理人才队伍建设基本符合自治、法治、德治三治结合治理理念，呈现出了农村基层党组织领导，村民自治组织自治，多元主体协同参与的局面，为快速提升乡村治理有效性，推动多元治理主体协同发展奠定了良好的组织基础。

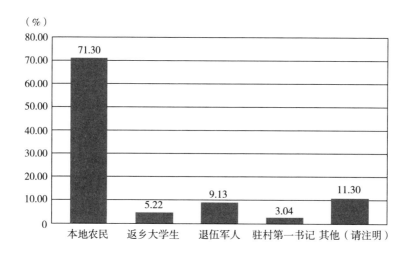

图 3-30 河北省乡村治理人才职业身份情况

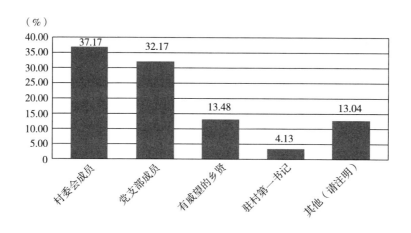

图 3-31 河北省乡村治理人才身份情况

3.4.2 待遇及工作条件

3.4.2.1 工资水平——工资水平整体偏低

在 460 名乡村治理工作者中，219 人的月工资在 1500 元以下，占比为 47.61%；77 人的月工资在 1500~2500 元，占比为 16.74%；27 人的月工资在 2501~3500 元，占比为 5.87%；17 人的月工资在 3500 元以上，占比仅为 3.70%；另有 120 人不清楚，占比为 26.09%（见图 3-32）。

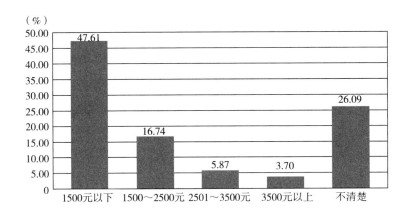

图 3-32 河北省村"两委"工资水平

由上述数据分析可知，村"两委"的工资在 2500 元及以下的最多，占比为 64.35%，相较于外出打工或创业仍有较大差距。因此，若想要吸引优秀人才参与到乡村治理中来，其工资结构水平仍有很大的上升空间。

3.4.2.2 工作场所——办公条件设施简陋

在 460 名乡村治理工作者中，认为有较好的工作场所的有 243 人，占比为 52.83%；认为办公场所简陋的有 146 人，占比为 31.74%；选择刚刚新建的办公场所的有 56 人，占比为 12.17%；选择没有办公场所的有 10 人，占比为 2.17%；填写其他情况，如租用信用社办公以及办公楼即将成为危楼，有大裂缝等的有 5 人，占比为 1.09%（见图 3-33）。

通过数据比对不难发现，河北省乡村治理工作基本环境是比较符合预期的，仍存在办公环境条件简陋、无固定办公场所等问题，同样阻碍着各类优秀人才投身于乡村振兴事业中。

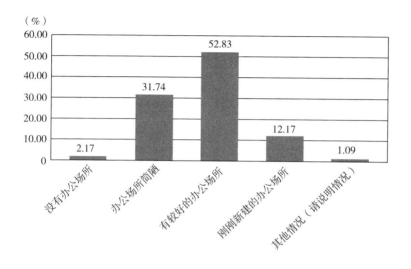

图 3-33 河北省村"两委"办公场所条件

3.4.3 培训情况

3.4.3.1 参与情况——大多数人积极参与治理培训

有能力、有思路、具有较高水平的治理人才，是推进乡村振兴战略实施的关键。乡村治理人才能力素质的提升，除自身因素外，也与政府部门开展的治理能力培训有关。在调查近两年村里是否开展过有关村"两委"及其他人员乡村事务治理能力的培训问题时，有 357 人表示参加过，占比为 77.61%；有 103 人表示未参加过，占比为 22.39%。

3.4.3.2 培训内容——精准培训略显不足

从数据中可以看出，在政府政策支持下，乡村治理人才技能培训稳步推进。然而，不可否认的是社会中各种培训机构鱼龙混杂，存在着培训组织水平有限、培训对象不够精准、培训形式过于简单、培训内容较为浅显、培训结果缺乏考核等诸多问题。究其根本在于河北省乡村治理人才培训主体缺失。在关于乡村治理培训内容的调查中，460 份问卷样本，326 人参加过关于政策普及及思想理论学习，占比为 70.87%；339 人参加过关于致富路子和产业培训，占比为 73.70%；

263 人参加过管理知识培训以及治理能力培训，占比为 57.17%；303 人参加过实用技术培训，占比为 65.87%；42 人参加过其他培训，占比为 9.13%（见图 3-34）。从中可以看出，河北省乡村治理人才培训在内容上较为丰富，涵盖政治、经济、技术等方方面面。但仅从乡村治理培训角度来看，管理知识以及治理能力的培训相较之下略显不足。

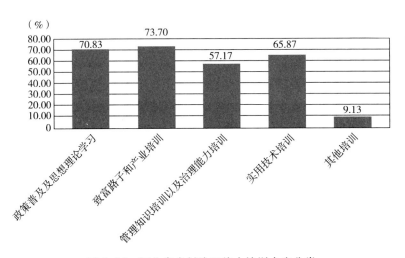

图 3-34　河北省乡村治理能力培训内容分类

3.4.4　满意度调查

3.4.4.1　乡村治理参与意愿——内生原动力较为充足

在关于参与乡村治理意愿的调查中，272 人表示非常愿意，占比为 59.13%；182 人表示愿意，占比为 39.57%；6 人表示不愿意，占比为 1.30%。这说明，绝大部分乡村治理人员愿意参与到乡村治理和乡村建设中来，乡村现有内生原动力较为充足（见图 3-35）。

3.4.4.2　乡村"三治"满意度——总体满意度较高

关于村内乡村治理满意度的调查，一方面是为了解乡村治理是否有效，另一方面是探寻未来乡村治理的着手点和发力点。自桐乡经验以来，我国一直以自治、法治、德治相结合的乡村治理模式作为破解乡村治理现实困境的有力工具。因此，对乡村治理满意度的调查主要从自治、法治、德治出发。在推动基础民主，实行阳光村务，开展社会志愿者服务的过程中，乡绅乡贤积极作用的发挥等便民服务措施满意度调查中，结果显示，选择非常满意的有 213 人，占比为46.30%；选择比较满意的有 122 人，占比为 26.52%；选择一般的有 96 人，占比为 20.87%；选择比较不满意和非常不满意的分别有 14 人和 15 人，占比分别为 3.04% 和 3.26%（见图 3-36）。

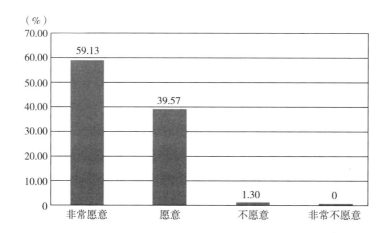

图 3-35　河北省乡村治理人员参与工作意愿

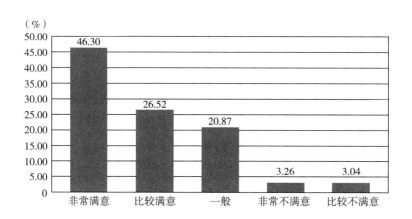

图 3-36　河北省乡村自治满意度

乡村法治满意度数据显示，对村里法律宣传非常满意的有 224 人，占比为48.70%；比较满意的有 114 人，占比为 24.78%；选择一般的有 103 人，占比为

22.39%；选择非常不满意和比较不满意的分别有 14 人和 5 人，占比分别为 3.04%和 1.09%（见图 3-37）。

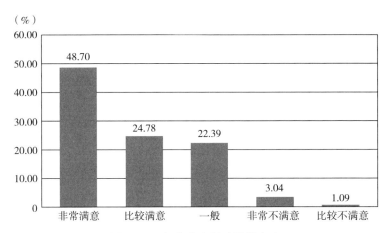

图 3-37　河北省乡村法治满意度

关于乡村德治满意度，目前村内乡风文明建设情况调查显示，其中，认为非常满意的有 235 人，占比为 51.09%；比较满意的有 101 人，占比为 21.96%；一般的有 102 人，占比为 22.17%；非常不满意和比较不满意的分别有 13 人和 9 人，占比分别为 2.83%和 1.96%（见图 3-38）。

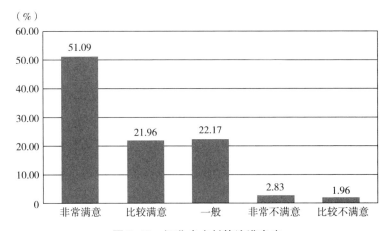

图 3-38　河北省乡村德治满意度

综上所述，对于本村自治、法治、德治三治结合治理体系，非常满意及满意的比例均达 72% 以上，说明在全面推进治理体系和治理能力现代化战略背景下，河北省"三治"结合乡村治理体系有着显著的工作成效。提升村民政治参与感，引导村民参与到乡村治理中来，无疑会促进乡村治理能力的提升和乡村治理体系的不断完善。但不容忽视的是满意度一般、不满意、非常不满意仍占有一定的比例。因此，未来仍需将乡村治理工作做稳做实，让人民群众对乡村发展更有信心，对乡村生活满意度更高。

3.4.5　动态发展

3.4.5.1　工作目的——以为家乡做出贡献为首要动因

在调查乡村治理人才参与乡村治理目的时，满分为 5 分，得分按为家乡做出贡献、自身得到发展进步、得到乡亲尊重、得到家人认可以及其他，从高到低依次赋值，得分分别为 4.73 分、2.99 分、2.69 分、1.93 分、0.21 分（见图 3-39）。

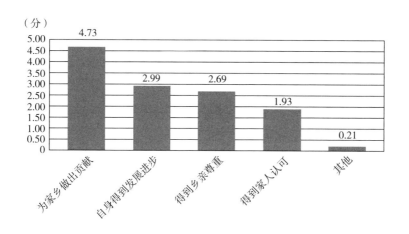

图 3-39　河北省参与乡村治理工作目的

由此可见，河北省乡村治理人才从事乡村治理工作更多集中于为家乡做出贡献以及提高自我能力。乡村治理人才对家乡的奉献得到家乡人的认可是乡村治理人才的价值体现和形成标志，自身的发展进步则是个人价值增长的主要来源。河北省乡村治理人才在参与乡村治理的过程中，既可以在乡村振兴的伟大实践中奉献自身力量，也能在这个过程中实现自身价值。

3.4.5.2　工作年限——大部分较短

在参与乡村治理工作年限上，460名问卷样本中，工作2年之内的有203人，占比为44.13%；2~5年的有103人，占比为22.39%；6~10年的有69人，占比为15.00%；10年以上的有85人，占比为18.48%（见图3-40）。数据显示，66.52%的乡村治理人才参与乡村治理在2年之内和2~5年，且214人年龄在20~45岁，可见自乡村振兴战略的提出以来，参与工作的中青年比重有所增加，政策号召成效明显。但是，参与乡村治理超过10年的人才占比为20%，这对乡村治理人才的储备以及乡村治理持续稳定发展形成了严峻挑战。此外，从长远来看，治理干部思想固化、治理方式单一、治理水平偏低等现象，极不利于乡村治理的长效发展。未来需要着力健全村干部选拔机制，培养年轻力量，选拔优秀人才来扛起乡村振兴的大旗。

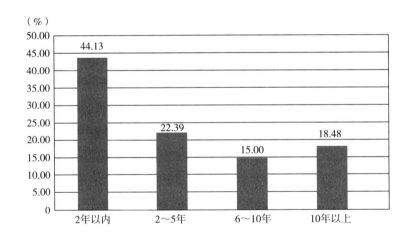

图3-40　河北省乡村治理人才工作年限

3.4.5.3　干部后备力量——储备不足

在问及乡村治理后备人才能否满足未来两年乡村治理需要时，认为非常满足的有87人，占比为18.91%；比较满足的有138人，占比为30.00%；一般的有154人，占比为33.48%；比较不满足的有54人，占比为11.74%；非常不满足的有27人，占比为5.87%（见图3-41）。认为乡村事务治理储备人才队伍可以满足未来 2 年乡村治理需要的不足半成，可以看出乡村治理人才队伍的后备力量储备培养不足，乡村治理人才供给侧与需求侧存在失衡，阻碍着乡村发展进度。

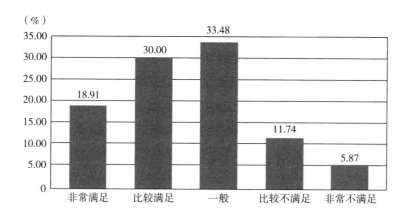

图 3-41　河北省乡村治理人才未来两年储备状况

随着城市化发展，城市与农村生活水平的差距不断加大，土地、技术、人力等成本的提高，农民在土地上发家致富的难度增大，导致本土人才持续外流，外来人才引不进、留不住的情况始终存在，河北省乡村治理人才队伍建设工作任重道远。

第4章　河北省乡村人才振兴问题与制约因素

人才的支撑和保障是农业、农村、农民的发展必不可少的。2019年颁布的《中国共产党农村工作条例》提出，要培养一支有文化、懂技术、善经营、会管理的高素质农民队伍，造就更多的乡土人才。近年来，在乡村振兴战略的实施指导下，河北省乡村人才队伍建设取得较大成效，高素质农民队伍不断壮大，专业技术人才得到发展，但也明显面临着招不来、留不住、上不去的现实难题。

4.1　河北省乡村人才振兴的不足

4.1.1　人才"招不来"

4.1.1.1　人才引进规模受限

总体来看，2020年的统计数据表明，在河北省的常住人口中，居住在城镇的人口为4481486人，占比为60.37%；居住在乡村的人口为29793749人，占比为39.93%。通过与2010年第六次全国人口普查的比较，居住在城镇的人口增加了13241158人，乡村人口减少了10485133人（见表4-1）。这表明，中国城乡融合发展将在很长的一个跨度内处于单方面变化的过程，即农民通常的流出地一般是城市，而城市居民几乎不会向农村迁移，由于这种人口流动的模式的存在，农村在我国城镇化过程中处于不利的位置。

表4-1 2010年和2020年河北省人口对比分布情况   单位：人，%

人口类别	2010年人口数	占比	2020年人口数	占比
城市人口	31575328	44.24	44816486	60.37
农村人口	40278882	55.76	29793749	39.93

资料来源：根据《河北统计年鉴》整理而得。

分类来看，各类人才的引进成效并不显著。一是以高素质农民为主体的乡村经营人才相对匮乏。调查数据显示，高素质农民评判河北省现从事农业经营的人才缺乏的占被调查总人数的70.37%。针对"谁来种地""谁来组织乡村建设"和"谁来传承文化"等情况，人口的流失和补充慢，使乡村要素难以利用，"提升农业生产经营规模""培育新型职业农民"以及"开展组织建设和集体经济建设"等乡村振兴策略难以有效实施，一方面，必须要加大培训力度提升组织内人才素质；另一方面，要采取措施吸引组织外人才投身乡村振兴事业。然而，高素质农民及其培育对象的引进工作成果并不突出。根据2018年河北省四所主流高校毕业生返乡意愿的调查结果可知，表示愿意返乡就业创业的大学毕业生占比仅为28.9%，大多数则因乡村就业的经济收入少、个人发展层次受限、工作环境不好等原因拒绝返乡工作。二是乡村治理人才后备力量储备不足。乡村振兴发挥作用的主要场地在乡村基层，且治理工作以及治理本身均属于基层的工作，乡村振兴中乡村治理人才属于整体治理工作的关键部分，不仅能够促进创新性治理的发展，同时也是全面提升治理能力和治理水平的"主力军"，乡村治理人才储备是基于长远发展需要、提高现有治理人才数量、优化治理人才质量和结构的重要举措，更是确保基层治理稳定性和有效性、实现乡村治理体系和治理能力现代化的人才保障。农村人口向城市转移仍然是我国人口流动的基本特征，受限于乡村人口持续性外流所导致的内源性人力资源不足，当前乡村治理后备人才主要依赖于外生性输入。然则，在问及"乡村治理后备人才能否满足未来两年乡村治理需要"时，认为"可以满足"的不足半成，仅占全部被调查对象的48.91%，其中认为非常满足的占比为18.91%，比较满足的占比为30.00%。打造一支高质量的乡村治理人才队伍，不仅需要做到人才有进有退，及时"新陈代谢"，还需要有优异且充足的"人才补给站"为乡村治理不断输送新鲜血液，河北省部分乡村存在的治理人才引进困难、后续供给不足等诸多困境将成为影响乡村振兴工作有序推进的重大隐忧。

4.1.1.2　人才引进结构有待优化

从产业结构来看，2019年河北省三次产业就业人员数据显示，农村从业人员总计达3018.16万人次，其中农林牧渔业从业人员1338.01万人，占总人数的44.33%，工业、建筑业和其他非农行业从业人员占比之和为55.67%。纵向比较来看，1978年第一产业从业人员占比为92.43%，随着工业化和城镇化的深入推进，2019年河北省乡村从事第三产业的人力资源数量有所增加，第一产业从业人员所占比重虽降到58.53%，但依然是乡村从业人员的主要选择，乡村人才要素在产业结构分布上存在失衡。

调查数据显示，河北省返乡下乡创业人才的创业领域较为广泛，涵盖农业生产、农产品加工业、畜牧业养殖、手工业、批发零售业、乡村旅游业等多种类型（见图4-1）。被调查对象中，201位返乡下乡创业人才选择了农业生产，占比为63%；其他各领域的创业人才比例均未超过10%。由此可见，河北省返乡下乡创业人才在创业领域分布上不均衡。这可能是因为是返乡下乡创业者在决定创业时，通常会选择入行门槛较低、各类资源更占据优势的领域，他们充分利用土地资源优势开展农业生产活动。当然，也有小部分返乡下乡创业人才选择技术含量相对不高的畜牧养殖业和批发零售业等。由于科技创新行业难度较大，需要创业者兼备较为扎实的知识技能和敏锐的市场触觉和前瞻性。此外，调研获知河北省返乡下乡创业人才受过大专及以上教育的占比仅为21.4%，这也在一定程度上制约着人才对创业领域的选择。

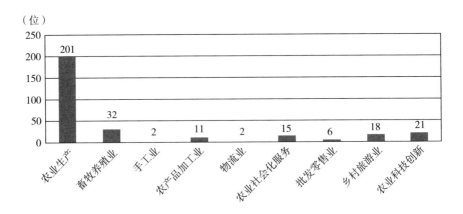

图4-1　河北省返乡下乡创业人才创业领域分布情况

资料来源：问卷调查所得。

从职业能力来看，法律服务类等乡村治理人才欠缺。新时代推进法治乡村建设，能够推动全面依法治国基本方略和乡村振兴战略的实行、推动"法治国家、法治政府、法治社会的一体化建设"，推动健全自治、法治、德治相结合的乡村治理体系、基层治理体系的不断加强以及治理能力现代化建设的不断发展。而我国基层治理体系的乡村属于治理最末端，根据以前的治理心得来看，各项政策和工作规定传递到乡村一级很难被严格遵守，执行失效的状况非常多。在问及"乡村治理人才参与乡村发展中认为缺乏哪方面的能力"时，认为法律法规知识缺乏的占比高达92.17%。这说明，河北省乡村治理人才在法律知识储备上存在较大短板，未来仍需不断完善乡村治理人才知识结构，基层党组织建设培训学习要以加强法律学习为中心，通过把党内优秀人才、致富带头人培养成村内懂法人，通过建成一支由本土人才构成法律服务骨干队伍，使法治乡村建设得到人才支撑。

4.1.1.3 人才引进机制不完善

合理科学的人才引进机制既有利于将乡村外流人才重新引流到家乡创业，发扬他们敢于创新、擅长实践的精神，发挥他们的模范引领作用，又能够引入外来优秀人才投身于乡村振兴建设，发挥他们特有的资源优势，不断为乡村振兴注入新的发展活力。

一方面，与西方国家的发展模式不同，在我国社会主义市场经济建设中，政府是重要的主导力量，尤其在乡村地区，政府角色更为重要；另一方面，河北省城市和乡村发展差距依然存在，"马太效应"使乡村人才持续性外流，乡村内生活力进一步减弱。因此，现阶段大多数农村主要是政府以扶持性政策来确保乡村建设和发展需要。从返乡下乡创业人才来看，经搜索整理发现，为鼓励和支持农民工、中高等院校毕业生、退役士兵和科技人员等返乡下乡人员到农村创业创新，河北省农业农村厅、河北省人力资源和社会保障厅等政府部门出台了56份相关文件（见表4-2），部门协同合力不断加强，资源倾斜度显现，政策红利得到初步释放。

当前河北省乡村人才引进中诸多"卡脖子"问题都与政策机制不完善有关。调查发现，河北省部分乡村人才引进机制存在政策资源碎片化、专项资金投入不足、长效供给机制缺乏等问题，招才引智效力被大大削减，这在一定程度上严重影响了乡村在建设过程中的人才发展水平和人才整体素养。在访问中针对性地问及问题时，397人认为政府需要采取提高社会保障水平方面来激励乡村治理人才

表 4-2　河北省支持返乡下乡人才创业部分政策文件

序号	发文机关	政策名称	发文字号	主要目的
1	河北省农业农村厅等七个部门	关于贯彻落实农业农村部等七部门《关于推进返乡下乡创业园建设提升农村创业创新水平的意见》的通知	冀农发〔2021〕26 号	培育初创型和成长型企业为重点，推进要素急救、政策集成、服务集合，高质量建设一批县域返乡下乡创业园
2	河北省人力资源和社会保障厅等三个部门	关于进一步做好返乡下乡创业工作的实施意见	冀人社发〔2020〕9 号	支持农民工、高校毕业生、退役军人等人员返乡下乡创业，完善体制机制、强化服务保障、优化创业环境等
3	河北省发展和改革委员会等二十一个部门	印发《关于推动返乡下乡创业高质量发展的实施意见》的通知	冀发改就业〔2020〕257 号	推进工作协同、政策协调机制更加顺畅，支持返乡下乡创业政策体系更加完善等
4	河北省农业农村厅等两个部门	关于印发《扩大返乡留乡农民工就地就近就业规模实施方案》的通知	冀农发〔2020〕61 号	乡村治理任务分工需要明确，同时要提升服务能力，针对返乡留乡农民工就业困难的实际问题提供相对有效的解决方案
5	河北省人民政府办公厅	印发《关于提升"双创"示范基地作用进一步促改革稳就业强动能若干措施》的通知	冀政办字〔2020〕169 号	充分发挥河北省双创示范基地促改革稳就业强动能积极作用，尽可能释放市场能力，提高在创新创业中发展质量和能提，最终实现全社会的创新发展、社会整体效益的提升
6	河北省人民政府	关于印发《河北省人口发展规划（2018—2035 年）》的通知	冀政字〔2018〕41 号	凝聚政府与市场合力，建设一批返乡创业园区和县、乡特色产业带，为外出务工人员返乡创业创造条件
7	河北省人民政府办公厅	关于支持返乡下乡人员创业创新促进农村一二三产业融合发展的实施意见	冀政办字〔2017〕131 号	培育打造农村创业创新园区（基地），培育评选优秀创业创新带头人，宣传推广一批创业创新典型，营造返乡下乡创业创新的良好氛围等
8	河北省人民政府	关于大力推进大众创业万众创新若干政策措施的实施意见	冀政发〔2015〕41 号	营造河北省有利于大众创业、万众创新的良好政策环境、制度环境和公共服务体系等

资料来源：河北省人民政府、河北省农业农村厅等部门官网收集整理而得。

的回归，占比为 84.78%；有 367 人提出政府应该提升针对乡村治理人才在福利待遇以及相应的薪资水平方面的改进政策来吸引乡村人才的回归，占比为 79.78%；还有 339 人提到乡村政策中需要增大财政补贴比重，他们认为财政才能保证工作岗位的稳定化，占比为 73.37%（见图 4-2）。由此可见，当前乡村引智政策缺乏底层逻辑和主线意识，难以满足人才需求。一些乡村由于人才建设经费不多，社会保障资源投入不足，导致乡村振兴人才队伍建设发展后劲乏力。此外，有些地区落后的引人观念根深蒂固，唯学历、唯职称、唯资历、唯身份的情况频频发生，制约了懂农业、爱农村、爱农民的人才返乡下乡，阻碍了乡村振兴人才队伍的建设步伐。

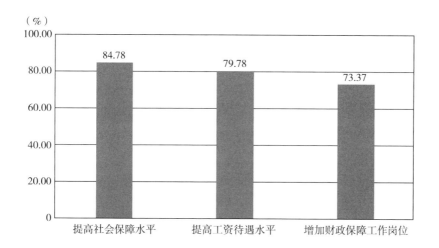

图 4-2　河北省乡村治理人才政策需求情况

资料来源：问卷调查所得。

4.1.2　人才"留不住"

4.1.2.1　乡村人才持续性外流

从人口比例来看，统计数据显示，2005～2020 年河北省农村人口所占比重呈现出逐年下降的趋势（见图 4-3）。2020 年农村人口仅占河北省总人口的39.93%，与 2005 年相比，下降幅度为 22.38%。这表明，近年来河北省乡村人才一直呈现从乡村流向城市的单向流动状态，由此造成乡村人口数量薄弱、人口素质羸弱、领导力贫弱现象越发凸显，乡村人才无法形成强大的凝聚力以适应国家乡村振兴战略的要求。

一方面，自改革开放以来，农村经济体制发生了根本性变化，在城市"虹吸效应"的作用下，农村劳动力资源向城镇转移成为一种必然的趋势。在此过程中，乡村作为人口流出地，存在着一种起主导作用的"推力"，即多方面的资源

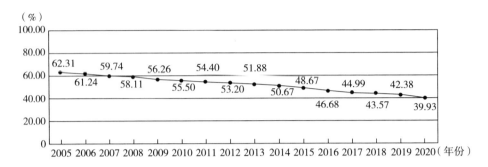

图4-3　2005～2020年河北省农村人口所占比例变化情况

资料来源：根据历年《河北统计年鉴》整理而得。

欠佳，由于包括交通、水电网络和教育、医疗卫生、文化体育在内的公共服务资源配置失衡和基础设施落后；乡村生产资源配套不足，项目资源、合作平台、政策支持等资源难以满足发展需求；乡村人才机制不完善，受到主动和被动等多层次因素的影响，人才、资金、技术、管理下乡途径不畅通导致人才薪酬待遇较低、职称评定和岗位晋升受限、分类评价机制不完善等。同时乡村还存在一定的"拉力"作用，如熟悉的生产生活环境、"家文化"的代际影响等。但在长期的合力作用下，乡村对人口的"推力"占据了主导作用，克服"拉力"推动了乡村人口的大量外流。与此同时，作为人口流入地的城市经济发展先于农村且优于农村。2020年统计数据显示，河北省农村人均收入为16467元，河北省城镇居民的收入水平远远高于乡村人口的收入，城镇居民人均收入比乡村高出20818.7元，城镇与乡村呈现出明显差距。城镇约为农村的2.26倍①，在工作机会、劳动收入、公共服务等方面占据绝对优势的城镇成为了人才的集聚地。通过马斯洛需求理论的分析，乡村和城市相比并不能使人才的生理、安全、社会、尊重以及自我实现等价值得到满足，最后形成了乡村与城市的要素互动呈现出单方面的输出以及单方面的输入，城市不断吸收农村的各种资源，造成乡村人才紧缺现象，造成乡村大量人才离土离乡，农业生产主体缺失，发展内生活力不足，人才"失血""贫血"成为乡村普遍现象。另一方面，传统观念中的"面子观点"使许多年纪较轻的乡村人才认为入城又返乡是一种"掉面子"的事情，更是在有形和

---

① 资料来源：根据历年《河北统计年鉴》整理计算而得。

无形中妨碍着乡村人才助力乡村建设。

此外，乡村呈现教育目标取向偏失和价值"虚无化"。乡村本身具有生产价值、生活价值、生态价值和文化价值。历史观下，几千年来中国以农为本，农业生产就地取材、自给自足，辛苦劳作中潜藏着温暖和诗意，农民内心充实且满足。但随着工业化、城市化的推进，人们逐渐产生"农村很落后、农业不赚钱、农民很弱势"的刻板印象。教育特别是乡村教育中更是不同程度地存在着"离农"倾向，"走出农村"的社会认知使学生对农业农村农民越发陌生和排斥，而对城市生活无比向往。即使在高校涉农专业的课程设计上，农村基层实践课程体系也并不健全，人才培养的目标并不符合农业农村现代化发展和乡村振兴的需求。在此因素影响下，不以升学为目标的中学毕业生会单方面流入城市或经济发达地区，而大学毕业特别是农业专业的毕业生在面临着"下不去""用不上""留不住"的窘境时大多选择另辟蹊径，很大程度上加剧了乡村人才数量短缺、素质羸弱。城镇化过程中，乡村价值解体，农村农民农业被遗弃，农民难以在乡村生活中获得价值认同、意义和生活乐趣，乡村价值"虚无化"和农民"身份低微化"均成为乡村人才长期流向城镇的根本动因。

4.1.2.2　激励保障机制不完备

为了使乡村治理人才的竞争力、吸引力和服务力得到提升，促进乡村人才振兴队伍的持续建设和发展，不仅需要满足他们基本的物质生活条件，还需要政府加强引导并制定长期可持续的人才激励保障制度，将各种优秀人才投入到乡村建设的工作，推进乡村振兴的可持续发展。近年来，河北省积极贯彻落实上级战略部署，采取过硬政策措施，不断完善引人选人用人机制。但从实际调查情况来看，部分乡村在人才分配、激励、保障等方面仍存在制度短板，主要表现为薪酬激励动力不足、人才分配考核机制不健全、办公场所环境较差等。

第一，薪酬激励动力不足。根据边际生产力理论，在劳动力市场的需求曲线中，薪酬与劳动时间呈正比。乡村人才的选拔方式比较单一，基本是由村民作为代表参加代表大会，选拔他们心中合适的人选作为村干部，在上任之后才能够参与乡村治理的整个过程，其身份认定更具科学性和程序性，所以，以村"两委"为例来代表乡村治理人才工资待遇保障具有一定的代表性。《中华人民共和国村民组织法》第二章第六条规定：对村民委员会成员，根据工作情况，给予适当补贴。现实情况是，村干部不仅要处理好村内基本事务，做好村民基本服务，还要承担政策法律知识宣传、人居环境整治、发展壮大农村产业、实现产业结构优化升级等管理任务。工作任务多元复杂，工资待遇与工作时间和工作强度不对等，薪酬激励并未达到理想效果。按照每年工作 12 个月计算，2020 年河北省城镇非私营单位在岗职工（包含劳务派遣人员）月平均工资为 6663.67 元（见表 4-3）。然而，调查数据显示，河北省村"两委"工资月收入在 2500 元以下的占比为64.35%。相比之下，工资待遇差距显而易见。

表 4-3 河北省 2020 年城镇非私营单位就业人员平均工资收入水平 单位：元

单位类型	国有单位	城镇集体单位	其他单位	在岗职工（包括劳务派遣人员）
年平均工资	79037	56703	76652	79964
月平均工资	6586.42	4725.25	6387.67	6663.67

资料来源：根据《河北统计年鉴 2021》整理计算而得。

第二，人才分配及认定机制不健全。在某些县级政府，返乡下乡人员的服务精准度问题普遍存在，县域政府对于返乡下乡人员的重要性存在着短视问题，也并未实事求是地执行各级返乡下乡创业的政策，相关人员并不能得到有效对接，创业群体实际存在的现实问题亟须解决。研究表明，针对返乡下乡创业人员创业知识技能培训目的性不强、资金募集途径有限等问题，个别政府并未提供实质性解决方案。同时，在人才的评价考核时，并没有把解决农业生产经营中的实际问题、对农业产业和社会事业发展的实际贡献、农民群众的满意程度等作为评价考核指标，人才评定与政策扶持联系不紧密，认定证书效力不强。当代青年主体意识不断觉醒，他们更多的是探寻一种能够实现个人价值追求并从中收获成就的个人发展方式。因此，当前的人才分配、考核和评定制度很难实际留住人才。

第三，创业及工作环境有待优化。环境是影响人们对工作地和居住地选择的重要因素。调查数据显示，仅有 5% 的返乡下乡创业人才表示对当前创业整体状况非常满意，19% 的返乡下乡创业人才比较满意，55% 的返乡下乡创业人才认为当前的创业整体状况一般，15% 的返乡下乡创业人才比较不满，7% 的返乡下乡创业人才非常不满。总体来说，乡村创业整体环境相对较差，人才满意度不高。这主要是因为乡村经济发展滞后于城市，各类基础设施和资源建设有待进一步完善，如创业人才初创企业时面临风险高、回报低、融资难等困难，在当前的农村大环境下，鲜能获得外部助益保障人才在乡村的可持续发展。对于乡村治理人员的调查数据也反映出了类似的问题。在被问及"村'两委'工作场所建设情况如何"时，回答其享有新建办公场所的仅有56人，占比为12.17%；而有146个人则认为乡村在办公场所等基础设施方面较为简陋，占比为31.74%；只有10人认为在乡村治理过程中压根不存在办公场所及设施设备，占比为2.17%；表示村"两委"租用信用社办公或办公楼即将成为危楼的有5人，占比为1.09%（见图4-4）。

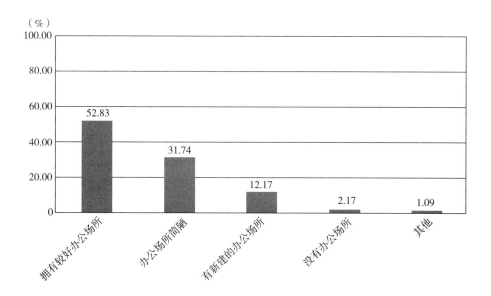

图4-4　河北省乡村治理人才办公场所建设基本情况

资料来源：问卷调查所得。

4.1.2.3　乡村治理水平有待提高

平等协商、和谐共治的现代化乡村治理制度，充满活力、和谐有序的乡村环境是促进经济高质量发展，提升共建共治共享水平，提高乡村居民获得感、幸福感、安全感的关键。自党的十八大以来，随着国家不断推进治理现代化进程，也急需乡村治理跟进国家现代化的步伐，加快乡村治理实现现代化的目标。乡村治理能力与治理体系两者非常重要，他们都需要实现现代化，才能更好地跟进国家治理现代化的步伐。

推进乡村治理体系和治理能力现代化是一项复杂的系统性工程，这项工作的推进，必须立足新时代村民最新诉求和乡村振兴战略发展的现实需要，坚持党总揽全局、协调各方，建立健全自治、德治、法治"三治"融合的乡村治理体系。为此，河北省认真贯彻《中共中央　国务院关于坚持农业农村优先发展做好"三农"工作的若干意见》《中共中央办公厅　国务院办公厅关于加强和改进乡村治理的指导意见》的要求，截至2019年12月23日，河北省5镇50村在村党组织建设、村民自治制度、法律法规宣传、文化道德素养、乡村发展活力、农村社会制度等方面表现突出，入选为全国乡村治理示范村镇。同时，调查数据显示，当前村民对乡村治理体系和治理能力的满意比例达72.82%，具体数据如图4-5所示。满意度普遍较高，说明河北省乡村治理体系建设已取得初步成效。

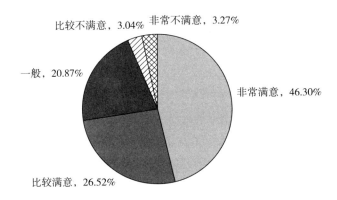

图4-5　河北省乡村治理满意度情况

资料来源：问卷调查所得。

但不可否认的是，现阶段河北省乡村治理水平与现代化要求仍不协调。《河北省乡村振兴战略规划（2018—2022年）》中提出，要筑牢组织基础，促进乡村治理有效，建立健全党委领导、政府负责、社会协同、公众参与、法治保障的新型乡村社会治理体制，推动乡村组织振兴，加快形成充满活力、和谐有序的现代乡村治理格局。该规划对乡村治理人才的能力和水平提出了新的考量。然则，在实际调查中，问及"乡村治理参与中的人才参与的素养不高、数量少等问题"时发现，认为缺少乡村发展项目，缺少致富引路人的带领，致富途径狭窄，相关法律知识匮乏的被调查者占比分别为98.26%和92.17%，这反映出乡村治理人才现状和治理现代化要求的显著差距。具体表现为：第一，乡村基层治理人才新发展理念匮乏。村"两委"年龄结构普遍偏大，知识文化水平有待提高，在处理乡村公共事务中，侧重用传统治理手段，治理效能偏低。第二，具有乡村治理能力的专业治理人才数量不足。在乡村治理发展过程中，能够有效借助管理思维实现乡村治理目标的人才数量供给不足，不仅如此，现有的村干部以及乡村治理精英对于乡村振兴等相关政策的理解不全面，不能最大限度上通过政策执行释放出政策红利。第三，乡村治理人才的管理知识和法律知识有待提高，治理能力和水平与现代化要求脱节。由于部分乡村治理还处于相对较低水平，不少劳动力资源认为乡村社会较为混乱，最终还是选择到经济发展水平更高、社会秩序井然有序的城市中。因此，乡村振兴建设中即使能够招引到人才，也很难留得住人才。

4.1.3　人才"上不去"

4.1.3.1　乡村人才结构不合理

近年来，多项统计数据显示我国乡村剩余劳动力老龄化越发明显，且受教育水平大多偏低。河北省乡村人才也同样存在着"总量不足、质量不高、结构不合理"等现实问题，难以满足乡村振兴的实际要求。

一方面，河北省乡村人才年龄结构有待优化。年龄是乡村人才队伍充满活力和生机的关键，是影响乡村建设、乡村发展、乡村振兴的重要因素。历次人口普查统计数据显示，河北省 15~64 岁人口数呈递减态势，65 岁及以上人口数则表现为逐年递增（见表 4-4）。对比 2010 年河北省 65 岁及以上人口比重，2020 年上升了 5.68%，人口老龄化趋势日益增强，劳动力人口红利日渐式微，新生儿出生率降至岌岌可危的水平，人口结构改变的趋势难以阻挡。

表 4-4　第三次至第七次人口普查河北省人口年龄结构变化情况

单位：万人，%

指标	1982 年	1990 年	2000 年	2010 年	2020 年
年末总人口数	5300.55	6108.28	6668.44	7185.42	7461.02
0~14 岁人口所占比重	30.80	29.03	22.78	16.83	20.22
15~64 岁人口所占比重	63.54	65.15	70.17	74.93	65.85
65 岁及以上人口所占比重	5.66	5.82	7.05	8.24	13.92

资料来源：根据历年《河北统计年鉴》整理而得。

当前，河北省乡村人才在年龄结构层面主要表现为：年龄普遍较大，队伍老龄化现象日益凸显。问卷数据显示，46 岁及以上高素质农民占全部被调查对象的 47.69%，全国高素质农民中 36~54 岁的占比近 70%，与全国相比，河北省青壮年农业生产经营人员缺乏，整体年龄偏高。青年农民作为高素质农民的继承者，是培育高素质农民的主要目标，对于推进乡村人才振兴具有极大的促进作用。类似地，河北省返乡下乡创业人才主要集中在 41~50 岁，该年龄阶段人才占比为 42.8%。相比于前两者，河北省乡村治理人才队伍结构较为年轻化。年轻人在参与乡村治理的过程中可以投入更多的精力和智慧，积极响应国家在乡村振兴中针对乡村治理的要求，积极献身治理事业，不断努力推进乡村治理能力和治理体系现代化的发展进程，努力实现乡村治理效益最大化。调查发现，在 460 名被调查者中，20~45 岁的青壮年共有 264 人，占比为 57.39%；46~65 岁的中年人共有 194 人，占比为 42.17%；65 岁以上老年人共有 2 人，占比为 0.47%。该数据表明，河北省推进乡村治理队伍年轻化工作取得初步成效，但总体来看，中老年占比仍近半成，人才队伍组织结构仍具优化空间。

另一方面，河北省乡村人才的受教育程度普遍较低。乡村人才受教育程度既关系到队伍建设质量，也影响乡村现代化发展进程，在推动乡村社会稳定、保障农村经济发展、推动农民共享发展成果等方面起到重大推手的作用。调研结果显示，河北省高素质农民具备大专及以上学历的占比为 10% 左右，初中学历的占比为 48.05%，而全国有超过 50% 的高素质农民为高中及以上学历[①]。与全国来比，河北省高素质农民整体文化素质水平偏低。返乡下乡创业人才中，具备大专及以上学历的占比为 21.4%。乡村治理人才中，具备大专及以上学历的人才占比相对较高，为 26.52%。整体来看，河北省乡村人才受教育程度普遍偏低，这对政策法律的获取和理解、市场信息的掌握和运用、决策和创新能力的提升都有较大影响。同时，由于文化程度参差不齐，各类人才在接受新知识、新技术培训时较为吃力，也在一定程度上增加了教育培训的组织开展难度。综上所述，推进河北省乡村人才振兴需持续聚焦于对于年轻化、专业化、素质高、有能力人才的培育及引进。

---

① 资料来源：《2021 年全国高素质农民发展报告》。

4.1.3.2　教育培训体系不健全

教育培训既是乡村现代化建设中激发人才内生动力、丰富个人知识储备、提升劳动价值的"锦囊妙计"，也是全面实施乡村振兴战略，实现人才振兴的"万全之策"。在马克思的货币资本化和绝对剩余价值理论中，通过对关于劳动力和劳动价值增殖过程的相关理论的阐述，在人本性驱使下，为改变它，使人们能够有效地调动自身劳动的积极性，不再单纯成为廉价的单一劳动力，要逐渐适应社会发展的需要，升级自身劳动价值，成为拥有一定专业技能的劳动力，同时提升自身的受教育水平和专业技能。乡村治理人才的平均受教育水平和自身素养不断提升，在全国范围内呈现出更好的发展趋势，也同时满足了乡村振兴的发展步伐，也能够满足农业现代化的快速发展的需要，那些致力于乡村治理的农民工、学生、退役军人、科技人员等群体的数量也会不断增加，呈现更加明朗的趋势。20 世纪 20 年代初期，河北省按照农业农村部的工作部署，围绕实施乡村振兴战略和农业供给侧结构性改革对高素质农民培育的新要求，加强组织，规范管理，推进高素质农民培育工作有效开展，重点组织实施对象有新型农业经营主体和服务主体经营者、返乡下乡创新创业者、产业脱贫带头人、专业种养加能手等。2020 年全省共培训高素质农民 49570 人，其中新型农业经营主体和服务主体经营者有 16110 人、返乡下乡创新创业者有 1200 人、产业脱贫带头人有 13660 人、专业种养加能手有 18600 人，有效扩大了全省乡村人才规模总量。但是，河北省乡村人才教育培训体系不健全等问题依旧制约着人才综合素质和职业技能的提升。

第一，高素质农民培育制度不健全。高素质农民作为全能型拥有文化、技术、经营管理等技能的人才群体，在农业生产领域发挥着示范带头作用，在社会文化等方面发挥着模范标杆作用。现阶段如何进行培育工作还没有明确的规范，从而导致了农民在接受培育的过程中无据可依。高素质农民培育的管理、认定以及相关的扶持政策仍需要统一规范。例如，拿到资格证的高素质农民享有哪些优惠，各个地方的培育工作如何进行，都需要制定相应的规范，即实现高素质农民培育过程的统一领导。我国基本制定了"三位一体""三类协同""三级贯通"的职业农民培育制度框架，但目前主要停留在教育培训环节，仍旧缺少专门的关于职业农民或高素质农民的相关立法。农民培育法律制度不全，资源整合不善，造成了各地高素质农民在财政、管理以及组织等方面的不均衡现象。单看培育中的培训环节便可窥见一斑，即在制定培训体系时，各培训机构并未有效组织和联系起来，而是各自拟订培训方案。目前，高素质农民培育由政府部门、高校职校、农业企业等分散组织实施，各个部门和地区没有形成统一的培育体系，更缺少统一的方案指导和目标管理，导致各个地方都是自行组织相关的培训项目和内容，相互之间缺少沟通和协调，不能形成高素质农民培育的整体合力，难以达到理想效果。

第二，各类培训内容缺乏针对性。事实上，在中国"三农"事业的不同发展阶段，党和国家计划并实施了农民教育培训的活动，包括农村实用人才培训、"阳光工程"、新型职业农民培训等。即使这些培训项目为农村地区输送了大量人才，但从乡村振兴的人才需求来看，培训体系设计中仍缺乏专门针对农村创业人才的培训内容。创业人才培训的目的是培训对象创业能力得以提升，而现存的各种农民培训的目的还是丰富人才的农业知识技能，两者在目的上存在根本性不同，因此在培训内容和培训方法设计上也应有所区分。就算在现存的一些农民培训中存在着一些创业培训的相关内容，但还是属于片面的，缺乏系统性，针对专门人才来说，培训效果不佳。无独有偶，在针对河北省乡村治理人才培训的调查中也发现了类似的问题。调查结果显示，460 位参与调查的人员里，有参与理论政策培训经验的人员数量达 326 名，占比为 70.87%；有参与培训与致富发展的人员数量为 339 名，占比为 73.70%；有培训及治理能力提升经历的人员数量为263 人，占比为 57.17%；有参与实训经验的人员数量为 303 人，占比为 65.87%（见图 4-6）。人才培训内容在河北省的发展中的范围几乎涵盖乡村振兴方方面面，单从乡村治理来看，有关治理能力提升和管理理论学习的培训所占比例最低。

第三，培训教学形式单一化。互联网在线学习作为新型的农民学习形式，已成为丰富农业理论知识、解答返乡创业问题疑惑、提升乡村治理能力的主要途径。利用互联网平台进行远程教学，不仅推动农民技术培训走进千家万户，走进田间地头，而且推动提高农业生产能力和技术水平，发展壮大扩大乡村产业规模。当前，受传统思想观念和条件的限制，河北省在开展乡村人才教育培训工作时，大都采取课堂讲授、知识灌输、现场教学的老式方法，对于多媒体远程授课的新兴手段运用能力有待加强，各类人才实难获得有效培训。其次，针对各类人才，知识技能培训手段相对同质化，主要侧重于知识的课堂讲授和现场教学，对于人才实践能力的培养,大部分的培训基地只停留在参观学习,缺乏足够的、合适的实践场地让人才走到田间地头,在生产实践中答疑解惑,促进人才的全面培养。

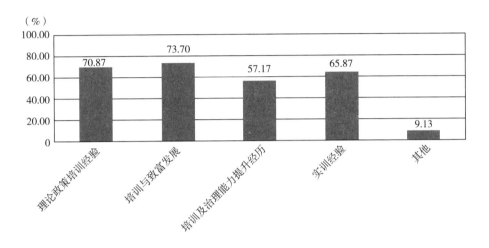

图4-6 河北省乡村治理人才参加培训情况

资料来源:问卷调查所得。

4.1.3.3 职业纵向发展空间小

职业发展是乡村人才利用所获资本实现人生价值的关键,包括加入高素质农民行列、利用地区资源优势开展创业活动、进入村"两委"走上管理岗位等。正如管理学家德鲁克所言,注重贡献的人在行动时会关注整体绩效而不仅是个人在某一领域内的成功。近年来,随着乡村振兴战略和"大众创业、万众创新"的有力推进,许多青年人才将自身职业发展个体目标与乡村振兴的总体目标相融合,涌入到乡村现代化建设中来。统计数据显示,在2020年,返乡创业人员创新人员数量累计为1010万人,增长了90%,环比提升数量为160万人。同时,1900多万返乡留乡人员实现了就地就近就业(见图4-7)。人才规模的总量扩大会造成个体职业发展空间需求旺盛,从这一层面来看,当前河北省乡村人才职业纵向发展空间的相对狭窄,影响着乡村人才工作的积极性、主动性和创造性。

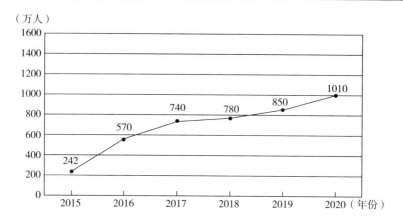

图 4-7　2015~2020 年全国返乡下乡创业创新人数变化情况

资料来源：中华人民共和国中央人民政府等部门官网收集整理而得。

第一，高素质农民资格认定模糊。随着工业化、城镇化的不断推进，大量农村劳动力持续外流，特别是具有一定文化水平和经营管理能力的青壮年流失造成了农村"空心化"。因此，大力培育高素质农民，不仅是推动乡村振兴和助力现代化农业发展的迫切需求，而且是稳定乡村人才振兴队伍的关键。然则，和全国其他地区一样，河北省对高素质农民的资格认定尚未形成统一，省级高素质农民资格认定管理系统建设不完善。高素质农民培育工作大多由各区县政府机构自行组织，这样的组织原则造成了河北省各地高素质农民培育存在培训机制不统一、考核标准及认定程序不一致、资格认定后信息档案管理不完善等问题。相关人才所获证书往往只能在本地使用，一旦跨地区就无法享受到相应的政策扶持和待遇优待，使得高素质农民职业发展受限。

第二，村干部职业晋升空间有限。现有的村"两委"的成员组成的乡村治理人才的主体，在他们参与选拔上任之后要按照要求参与到乡村治理的工作过程中。因此，通过以村干部为例来评价乡村治理人才职业发展的实际情况，具有一定的代表性。一方面，其职位稳定预期较低。《中华人民共和国村民委员会组织法》规定，村干部由村民民主选举投票产生，是村民集体意志的体现，而非政府行政意志的表达。村民的意志和喜好左右了村干部能否就职和在原有岗位持续工作。所以，担任村干部的职位预期并不具有稳定性。一旦失去选票，他们将会被迫再次回归到普通村民的角色中。另一方面，村干部是游离于国家行政干部体制之外的不脱产的边缘化干部，有关村干部具有职级序列的职位上升体系一直处于缺乏的状态，村干部向乡镇干部流动与晋升的通道不畅，在一定程度上削弱了其工作积极性和创造性。

第三，人力资源配置信息化水平不高。实践证明，传统的人才管理模式并未充分利用数字信息化进行数据更新，使人才认定与退出欠缺时效性，人才供需不平衡、人力资源浪费等现象日渐凸显。随着科学信息技术的深入发展，河北省已有多数农村地区建设有完善的信息类基础设施，网络信息技术的使用本应较为便捷。但现实情况却是，由于信息技术人才缺失、乡镇政府重视程度不高等原因，乡村人力资源信息系统平台建设相对滞后，信息不对称不仅造成了"有力无处使，有事无人做"的人才供需失衡现象时有发生，还造成了乡村人才跨地区流动、跨行业流动不畅，这些都影响着乡村人才的职业发展规划，制约着乡村人才振兴队伍建设。

4.2　河北省乡村人才振兴的制约因素分析

4.2.1　市场因素

人才的振兴与发展离不开其价值实现的阵地——职业，而面对河北省乡村人才振兴中"引不来""留不住""上不去"这三类问题，人才职业发展的核心制约来自乡村市场环境。在市场经济发展的影响下，发展不充分的情况在乡村各方面事业中多有显现，市场的萎缩和风险的加大使得各类人才难有勇气参与到农业农村现代化的建设当中。

4.2.1.1　农产品市场风险相对较大

"农，天下至本，务莫大焉"。"三农"关系是农民社会发展的基本关系，是历史的底线。作为国民经济的基础，农业带动着乡村经济的全面发展。但这几年来，农产品市场的供给和需求情况复杂多变，导致市场竞争不断加剧，从而导致农产品市场风险不断突出，打击了农业从业者的主观能动性，进而减缓农业的发展速度。

由于市场的不断波动以及经济政策的影响和人民群众对于产品的需求变化、消费结构的变化等因素的影响，农产品在实际产出与收益中出现偏差而造成的损失，被称为农产品的市场风险。一方面表现为价值规律作用下长周期生产导致的价格风险，另一方面表现为供求关系作用下货架期制约导致的滞销风险。在高风险的影响下，促进农业发展的各类人才不得不考虑农业的收益问题。只针对大宗粮食作物和经济作物而言，大宗农产品市场价格相对波动较小，得益于国家为了保护粮食供给而对粮食进行的保护价收购，所以农户种植粮食作物获得的收入相对较稳定。仅针对河北省来说，偏少的人均耕地面积，只靠种植粮食作物致富是否定的。相较而言，超额利润只可能在种植经济作物中实现，收益预期相比粮食作物更高。然而，经济作物前期投入较高，也需要相对更高的劳动，由于市场价格波动更为频繁，抵御风险的能力也更差。所以，相对于粮食作物，经济作物获得更大的经济效益是以更大的经济风险为前提的。

综上所述，乡村建设中发展农业生产的乡村人才，包括高素质农民和返乡下乡创业人才等，需要有较大的生产规模和敏锐的市场信息捕获能力，才能在稳定职业的基础上，引领农业发展，保障乡村建设。而多重条件的限定，提高了各类人才发展农业的实际壁垒，导致相应的人才队伍建设难以实现规模化和结构化。

4.2.1.2 农村劳动力市场建设不完善

继20世纪70年代实施分田到户政策后，农户由于生产耕作自主权提高，导致生产主动性迅速提高，之前隐匿在农村的大量劳动力得以释放，推动了以城镇化建设为主要就业渠道的二三产业的高速发展。在相当短的时间里，大量农村劳动力涌入城市，接踵而至的就是导致全国劳动力市场形成。瞬时的、大量的富余劳动力向二三产业转移促使"低工资高竞争力"的经济发展模式形成，在较大程度上增加了农户家庭获得收入的机会。但随着农村现有人口结构的变化，农村劳动力的供给和需求之间始终没有达到一个稳定的均衡状态。从国民经济整体运行的角度来看，要想解决农村发展的不平衡问题，持续推进乡村振兴，需要的不是"由乡村向城镇"单一方向的劳动力供给所形成的分割性市场上的低就业量均衡，而是在城乡融合基础上实现较高就业量的均衡调整。这就要求在发展乡村事业时，首先发展劳动力市场，解决人在乡村的就业问题。而反观现阶段河北省的农村劳动力市场建设，仍存在信息传递渠道不畅、劳务经济管理不善、技能培训覆盖不广等问题，致使"有事没人干、有人没事干"的结构性矛盾日益严重，严重制约了各类人才涌入乡村、建设乡村的热情和意愿。

4.2.1.3 农村金融市场发展不充分

实践表明，农村经济发展缓慢的根本原因在于资金短缺。农业和农村经济发展主要有三个资金口径：一是国家财政拨款；二是金融部口的信贷支持；三是农村家庭的投入。长期以来，财政拨款和农民投入是河北省农村经济和社会发展的主要资金来源，但由于财政政策中的支农比例小，农业自身积累又相对较低，这两项的投入相对农村的实际发展需要仍显短缺。因此，农村金融信贷的杠杆作用成为解决农村经济发展滞后和资金不足的必然选择。

在现代市场经济条件下，金融作为经济的核心，确定经济发展的效率。在农村，随着经济体制改革的深化，政府虽然实施了恢复农村信用社合作性质、批准建立新农村金融机构等系列金融改革措施，但对照推进乡村振兴的要求，农村金融市场的发展依旧不充分，农村金融交易因具有成本高、抵押品缺乏、风险高等特点，供需矛盾仍然存在；农村金融机构的市场水平还有待提高，严重依赖于政策的刺激与扶持，原生发展动力不足，制约了乡村人才的事业发展。调查显示，返乡下乡创业人才的创业启动资金多是个人存款加上向亲朋好友借钱所得，资金投入不足以维持企业的长期稳定运转。加之，政府创业基金对于农业项目的资助比例相对较低，银行政策性创业资金贷款存在隐性障碍，初创企业经营风险高、回报率低导致银行融资额度小、贷款难度大等，导致人们在创业时多选择目前市场上存在的且经营稳定的技术含量低的产业。有 79% 的返乡下乡创业人才认为，其所在地获得贷款资金较为困难（见表 4-5）。获得贷款难易程度既能反映出河北省农村金融市场的非均衡现象，更能反映出乡村创业经济环境有待优化的现实问题。

表 4-5　河北省乡村支持返乡创业环境基本情况　　　　　　单位：%

经济发展程度	发展速度较好	发展速度较差
	47	53
交通便利程度	交通便利	交通不便
	79	21

续表

获得贷款难易度	容易	困难
	21	79
获得资金支持难易度	困难	较为容易
	68	32
原料供应情况	供应充足	供应不足
	61	39

4.2.2 制度因素

4.2.2.1 城乡二元分割结构制约

新中国成立后到改革开放前，我国处于工业化初期，工农之间的互动关系形成的畸形关系——以农补工是城乡关系的最大特点。工业有着较强依赖性，并且过度"吸血"农业，同时也不重视农业的发展，农业在整个产业链条中发展缓慢，工农发展比重严重失衡，农村落后于城市地区，也连带造成农民人均生活水平低、收入水平低等问题的出现，伴随而来的则是城乡分离的不同社会形态，具体有：城乡之间的要素流动的不均衡不对等、资源分配不均衡、市场体系的倾向以及社会保障体系的不完善、教育资源在城市与乡村发展的分化等。伴随着乡村振兴发展的配套制度的建立，造成固定化的城乡二元结构、城乡之间的资源以及各种要素之间不均衡，农村要素单方面流到城市，就在此时，为了实现工业化，农村的大量资金流向城市。城乡二元分割机制的长期存在使城市政治、经济、文化、社会、生态建设良好，经济发展质量高、就业发展机会多、创业项目多样化、公共服务资源等优势明显，乡村则表现为基础设施、教育、医疗、养老、人居环境等条件不够完善。如在教育资源上，城镇职工享有较好的教育环境与设备，而农村相对较差；在社保上，城镇职工享有"五险一金"的政策，社会保障大多由工作单位承担，而农村的社保投入大部分都是以个人承担为主，政府出资为辅，与城市相比差距较大，吸引着更多乡村人口特别是青壮年劳动力持续单向流入城市。除此之外，随着户籍制度的改革，人口流动制度限制有所松动，社会福利逐渐从户籍制度层面剥离，使得农村居民有更多的机会享受到城市的福利待遇，大量的劳动力为了提高家庭收入纷纷涌入城市务工经商。综上所述，当乡村无法为人才提供良好的从业环境，也无法满足多元化的就业需求时，高素质农民、返乡创业人员、大学生村官等人才乡村生活难免遭遇"水土不服"的困境，从而制约其在乡村的可持续发展，影响乡村人才振兴的长久进程。

4.2.2.2　支持政策体系有待完善

对实现人才价值和不断提升人才价值、保障人才权益具有重要作用的当属政策。近年来，中央一号文件针对乡村人才工作做出了详细战略部署，中共中央组织部、农业农村部、人力资源和社会保障部等部门也相继出台了《中共中央办公厅国务院办公厅关于加强农村实用人才队伍建设和农村人力资源开发的意见》《农业农村部办公厅关于做好 2021 年高素质农民培育工作的通知》《关于进一步做好返乡创业工作的意见》《"十四五"农业农村人才队伍建设发展规划》等政策文件，为乡村人才队伍建设提供了方向指引和政策通道。在乡村振兴建设成效分析过程中，在对比政策设立与政策实施的实际情况后发现关于乡村治理中政策精准度不高、政策执行不到位以及政策数量不足以满足乡村治理的需求等问题。

第一，人才培育政策缺乏针对性。高素质农民培育工作不仅是对其教育方面的培训，还包括为其成长提供稳定的工作环境，尤其是农业项目补贴、金融贷款、土地流转或托管支持政策等扶持对壮大高素质农民队伍具有重大的现实意义。当前，由于缺少统一的、自上而下的管理，导致部分扶持政策缺位、错位，致使高素质农民培育在各地区落地和实施都缺乏一定的科学性和可操作性。

第二，政策扶持力度有待加强。《2020 年全国高素质农民发展报告》显示，高素质农民的政策环境需要改善，尤其是在"强农惠农富农"方面的政策扶持力度需要适当加强。2020 年，全国虽已有超 60% 的高素质农民取得了相对优惠的农业贷款，但享受到城镇职工养老保障的仅占 12.06%，能够充分拥有城镇职工医保权利的占比仅有 8.39%。此外，河北省高素质农民还有着更具体的政策扶持诉求。调查显示，高素质农民对于农业项目补贴政策的需求最大，综合得分为5.94；其次是金融贷款优惠政策、土地流转或托管支持政策、农业保险政策、社会保障政策和科技服务政策，得分分别为 2.69、2.49、2.31、2.23 和 2.14。由此可见，政策供给仍存在缺口，政策体系的完善应更加着眼于高素质农民的实际需求，以充分释放政策红利，促进高素质农民队伍的持续壮大。

第三，政策落实效果不明显。一方面，基层对人才政策存在误解。为了能够根据各个地区的发展特点政策的实施，制定更加精准的政策，但政府一般都是由上级政府自上而下制定并执行的。由于缺少解读和执行政策的能力，基层政府在政策执行过程中会出现信息不对称甚至失真等问题，造成在政策执行的不同地区形成了不同的治理效果，也同时造成基层不重视人才队伍建设，轻视人才在乡村治理中发挥的作用，导致人才队伍建设并没有得到实质性进展。另一方面，政策支持缺乏相应的基层干部及人员的支持。在组织实施人才培训过程中，只重视短期利益，缺乏长期整体性的规划，忽视对培训质量的把控。调研发现，部分乡镇存在只想尽快完成工作任务，执行起来不切实际，没有实事求是的错误观念造成培训效果不理想。

4.2.2.3　社会保障供给存在短板

社会保障供给质量是影响人才返乡下乡的重要因素之一。长期以来，我国农村社会保障的发展一直滞后于城镇。进入 21 世纪后，伴随综合国力的提升和工业反哺农业的阶段性进程，农村社会保障发展进入快车道，新农合、新农保、低保等制度建立并逐渐完善，国家财政也相继覆盖了低保、五保等社会救助，发展了农村社会福利事业。通过数十年的努力，农村社会保障发展质量取得了显著提升，但仍存在社会保障体系项目缺失、保障水平普遍较低、管理机制尚未理顺诸多问题，制约着乡村人才振兴进程。一是职业保障尚处于空缺状态。随着乡村振兴战略的实施和农村产业结构的调整升级，现阶段，农村居民大多从事非农工作，对于职业保障的需求增多，农民身份和农民职业的新关系造成其在享受社会保障时的配位不善。二是社会保障水平相对偏低。尽管国家一直在加大对农村的公共投资转移支付，但冰冻三尺非一日之寒，当前城乡之间的差距依然存在。三是社会保障管理机制存有短板。表现在部门间缺少协同合作，资源整合能力不强导致的制度运行效率低下、行政成本较高等问题，加上农村社保工作人员专业素质不高，农村社会保障管理机制运行不畅。对于人才而言，社会保险、社会救助、社会福利、优抚安置和社会互助等需求成为除收入外的关键择业因素。因此，面对社会保障制度不健全、服务质量相对较低的乡村时，多数青年人才会选择在更具备发展优势的城市扎根。

4.2.3　社会因素

4.2.3.1　乡村社会政治文化较落后

随着工业化、城镇化的快速发展，传统村落日渐消亡，农耕文化逐渐失去载体，乡村价值的虚无化和农民身份的低微化问题凸显，造成农民离农思想严重。农村大批人口持续向城市转移，造成乡村剩余劳动力多是妇女、老人、儿童所构成的"38、61、99"人群，并且留守人员的受教育程度普遍偏低，农村内生活力逐渐下降，经济发展放缓，吸纳创业就业都能力持续弱化。同时，优秀传统文化的衰落使乡村文化发展断裂，村民传统价值观消解，封建迷信思想根深蒂固、红白喜事大操大办等不良风气仍盛，深刻影响着乡村的社会发展氛围。此外，乡村传统政治文化中的宗族政治文化影响了基层的治理结构，即使在 21 世纪，乡村治理模式发展仍然受到传统观念——亲缘关系、血缘关系的影响，而在乡村治理干部选举过程中也会将这些作为优先考虑的因素，造成真正的村干部或有优秀领导才能的非本地的人员无法真正融入乡村治理人才队伍中。这种高度融合的宗族与政治文化，会对乡村治理事物产生影响，不仅会影响人才队伍建设的进程，还会造成治理过程的公平正义失衡。

4.2.3.2 乡土情怀及认同日渐式微

近几年，农民对所处乡村的认同感和关怀，对本地的乡土情怀的削弱，都根源于城镇化的发展，也来源于乡村凝聚力本身的弱化。第一，城乡收入差距的扩大使追求更美好的生活的青年劳动力和乡村人才不断流出。一方面，人才"净流出"造成农业生产主体缺失、土地资源闲置浪费、传统农耕文化逐渐衰落、内生性乡村人才缺口越来越大，限制了人才质量和数量的提高，对乡村治理人才后备力量储备形成了严峻的挑战，最终使乡村人才振兴受到严重制约。另一方面，青年人长期在城市打工生活，价值观念、生活方式等经过不同的社会化过程发生了一定的改变，传统的乡土情怀逐渐被消解，回归故里、泽被桑梓的内在动力逐渐消退。第二，乡村传统文化受到冲击。随着市场经济和数字科技大进步，农村之间、农民之间的利益结合方式发生了转变，乡村产业产出方式受到影响，乡村中的优秀传统观念包括实实在在、踏实努力、尊老爱幼等都受到冲击。乡村文化出现荒漠化，传统优秀文化的规范引导功能减弱，难以在乡村文化发展中形成良好的主流价值观，更难以通过情感共鸣引导人才返乡下乡。第三，村规民约在一定程度上弱化，村干部在参与乡村事务的管理时，会受到姓氏宗族的控制的影响，甚至会受到一些恶势力的影响，使得乡村事务的管理权成为争名夺利的工具和手段，导致乡村社会矛盾纠纷频发，不良社会风气肆虐。与此同时，基层政府也出现相当程度越位管理的现象，不仅没有对村规民约进行有条件、有限度的管理和节制，更使得村民自治的空间被压缩。以上种种，都难以吸引优秀人才投身于乡村治理现代化建设和乡村社会经济发展。

4.2.3.3 返乡创新创业氛围不浓厚

实践证明，返乡下乡需要典型的引领示范。一个地区内返乡创业的氛围越为浓厚，社会对它的关注度就越高，人们创业的欲望也就越强烈。然而现阶段返乡创业人才往往因社会认可程度不高以及支持返乡创业的社会氛围不够浓厚而形成了心理壁垒，制约返乡兴业行动。首先，返乡创业政策宣传不到位，并未在全省范围内形成良好的政策支持环境。资料显示，河北省政府部门、地市政府及相关机构虽然加大了对返乡下乡人员创业创新的宣传力度，但仍然有部分地市和县域地区对返乡下乡创业创新活动重视程度不足，在推进对返乡下乡人员创业创新活动的组织宣传中没有做到协同合力，导致对返乡下乡人员创业创新的扶持政策宣传力度不足，没有在地区内形成良好的返乡创业环境。其次，乡村思想观念意识较为落后，返乡创业认可度不高。当前，乡村政治文化建设相对滞后，多数村民传统错误的思想观念根深蒂固，缺乏开拓创新意识。在返乡创业过程中，有不少创业人才表示曾受到过来自亲戚朋友的心理施压，被认为是自暴自弃，"没出息、没能力"才只能选择回到家乡，负面的舆论氛围对返乡创业人才的自信心和行动力造成了严重打击。最后，返乡创业风险高，社会容错率偏低。创业风险远远大于就业的风险。这是由该群体的特征决定的。目前河北省返乡创业的农民工的个人素质普遍有待提高、学习能力不高，在创业管理过程中缺少持续动力，缺乏对抗经济风险的能力，风险保障机制不健全，创业风险进一步加大。同时，创业失败的社会宽容度较低，也在一定程度上影响了返乡创业的社会氛围，削弱乡村人才的积极性和主动性。

4.2.4 自身因素

4.2.4.1 人才综合素质偏低

乡村人才综合素质是乡村人才振兴的基本面。一方面，受教育程度不高是河北省乡村人才存在的共性短板，严重制约着乡村现代化建设和乡村振兴战略实质成效。河北省第三次农业普查数据显示，2016 年末，在从事规模经营的农业从业人员中，大专及以上文化程度的占比为 1.05%，高中或中专文化水平的占比为 9.41%，初中及以下文化水平的占比为 89.53%，如图 4-8 所示。同时，门槛较高的乡村治理人才调查结果也显示，在 460 名被调查对象中，学历较低的如小学及以下学历占比为 0.65%，初中学历的人员占比为 32.61%，高中或中专学历的人员占比为 40.22%，大专及以上学历的人员数量占比为 26.52%，整体来看，高中及以下学历的人员比重高达 73.48%，如图 4-9 所示。受教育水平的高低，直接影响着人才对政策的理解把握、创业技能的掌握应用以及生产与治理能力的进一步提升。

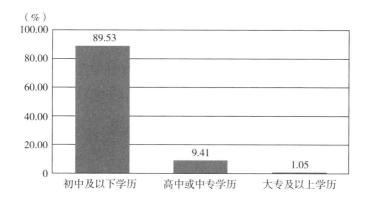

图 4-8　河北省农业生产经营者受教育程度

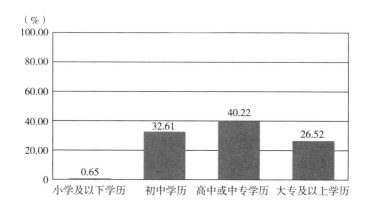

图 4-9　河北省乡村治理人才受教育程度

另一方面，人力资本价值受到个人素质的影响最大。一个人自身人力资本提升的影响因素包括很多，如人本身的思想接受能力、对于政策的理解和执行能力、应对变化并及时做出反应的能力、面对困难的态度等，这些都会对自身能力发展产生影响。河北省乡村人才识别机会的能力不足，缺少实际体验，尤其是缺少发现和识别农业农村领域创业机会的能力，思路因循守旧，识别风险能力弱，容易做出非理性选择，规划较为短视。

4.2.4.2 职业选择缺乏多元性

人才寻求职业是利害不断比较的过程，人才的择业和定居行为往往是深思熟虑的理性行为。单从乡村治理人才来看，调查数据显示，现有的乡村治理人才中71.3%为本地农民，69.34%为村"两委"班子成员，这些因素都会对乡村治理人才发展的各项技能产生深远影响。第一是对身份的认定，要肯定干部在乡村治理中的权力与责任。《中华人民共和国村民委员会组织法》第十一条规定：村民委员会主任、副主任和委员，由村民直接选举产生，任何组织或者个人不得指定、委派或者撤换村民委员会成员。村党支部委员会是由上级设定的，支部内的成员也是由党员代表大会选举产生的，因此无论从哪个方面来看，他们在参与乡村治理的能力上都具备了管理资格，属于有法可依、有据可循的权力正常行使的主体。而相比于乡村精英、致富领头人等，他们在参与乡村治理中扮演的是辅助角色，从根本上不具备乡村全部事务管理的资格，他们更多的是根据村规民约以及约定俗成的社会评价的标准产生的，是比较难以确定的管理主体。第二是村干部的管理权赋予的管理威望大。从选举流程来看，村委会在选举时参考一定的选举流程，按照步骤对人员进行把关，因此选出的人才具备一定的能力和威望。另外，乡村治理包含了乡村里的财政等全部事务，因此赋予了较强的社会威望。第三是各项治理人才在开展活动时的便利程度不尽相同。村干部行使管理事务的权力时，依靠本身的责任行使管理权，并开展相关工作。乡村精英中包括退伍军人、大学生、致富领头人等都是依靠自身在村中的声望、与村民的情感来传播乡村文化，参与乡村事务管理的。

4.2.4.3 自我发展意识不强

一是意志力不够强大。以返乡下乡创业人才为例，其大多数激情有余但毅力不足，农村创业的生活情境落差、创业遭遇失败后的打击、家人朋友的不支持是他们必须要承受的压力和经历的考验。有部分人才在创业初期遇到苦难和挫折，容易轻言放弃。二是自我提升能力薄弱。人权中的发展权具有很高的地位，在城乡二元结构发展过程中，造成城乡之间人才发展失衡，从受教育的机会来看，学历越高，其本身具有的人力资本的潜力就越大，人才可开发的效能就越高，但现在乡村教育本身就存在缺陷，在乡村提升教育水平上相对于城市更有难度，一部分是因为人才的人均年龄较高，还包括乡村人才工作地点和学习时能接受的学习强度、学习主动性等因素约束。自我提升意愿并不强也是制约其能力提升的重要原因，他们少有自学自考和参加长时间、系统性专业教育的意愿。三是参与培训存在畏难情绪。研究表明，河北省乡村人才参与培训不积极，学习意识不强。调查了解到，一些农民参加报名后以自己不参加或者让别人替自己的方式参与培训，严重浪费了培育资源。即使参与了培训，也存在着供需不适应的情况。同时，在培训的过程中，农民的主体地位不高，形式主义以及物质性的引导激励对农民参训吸引力不足，没有从根本上树立起"我要学"的进步意识。如调查发现，河北省乡村治理人才未参与乡村治理的任何一个环节的相关训练的人员所占比重为 22.39%，甚至他们即使接受相关培训也都与自身产业发展挂钩，不是单纯地为了参与乡村治理。在制度经济学理论中得到的启示是，组织和人才的发展和需求必须政府及时满足，并给予相应的解决方案，如果政府并没有做出反应，替代品就会自然而然地产生，如私人农村培训机构在为了农民发展的过程中大规模出现和发展壮大，他们的目的是进行自我服务。而当前乡村治理人才想要更好更有针对性地提升自身专业素养，都必须要经过针对性的训练，有的甚至需要自己出去花费一定金钱培训自己达成提高自身管理能力等素养，农村的教育条件艰苦和缺少适合成人培训的培训方式，造成了农村人才参与培训的精神上和物质上的困难。

第5章 国外乡村人才培育经验借鉴与启示

国外对于人才的培养大多形成了比较科学的培训体系，虽然各个国家对于乡村人才培养的做法以及培训效果存在差异，但是对河北省的人才培养还是存在一定的借鉴意义。虽然表现的形式和成效各不相同，但是均有一些宝贵经验值得我们借鉴。同时各国的人才教育课程和培训的形式也在不断地更新，通过分析最具有代表性的国家对人才培养的主要做法及效果成效，有助于透过现象看本质，对乡村人才振兴的路径进行更深入的研究。

5.1 美国职业农民培育

5.1.1 美国农民职业培育的主要做法

5.1.1.1 农业合作推广服务计划

农业合作推广服务计划是美国历史上规模最大、持续时间最长的成人教育培训运动，由联邦、州、地方政府及社会组织联合实施，依托农业院校，运用讲授、指导、评价等方法，让农民学到相应的农业科学知识以及研究成果。

5.1.1.2 未来农民组织

美国未来农民组织（Future Famers of America，FFA），主要是针对中等教育阶段青少年开展农业教育培训的非政府组织，旨在通过农业科技教育向学生传授农业科技及与人类生活密切相关的所有实用知识与技能[247]。FFA 不仅具有坚实的立法基础、稳定的资金来源、明确的教育宗旨与独特的管理理念，而且在教育内容与方法、教学形式与途径等方面，具有很强的科学性、针对性和实效性。

5.1.1.3　辅助职业经验培训与辅助农业经验培训模式

辅助职业经验培训（SOE）模式是正规农民职业培训的一种典型形式。授课者多是一些专家学者，主要教授有关生产管理和农业投融资方面的知识和技巧，培训过程中农民可以和专家一起在实际操作中学习技术。在农闲时节，有些地区还会组织农民到较发达地区参加 SOE 培训，进行充分交流和讨论[248]。辅助农业经验培训（SAE）模式是一种将学到的知识应用于实践的培训形式。学生将课堂上学到的农业生产经营等技术技能，应用到自家农场或当地社区、企业，教师不定期进行家访并进行辅导、指导。

5.1.1.4　新农民和农场主发展计划

新农民和农场主发展计划旨在为新农民和农场主提供教育、培训、推广及指导服务，确保新生代农民的成功。根据该计划通过的 2008 年农业法案，美国农业部国家食品和农业研究所将对认定的农民或农场主教育培训组织机构予以奖励。除此之外，美国支持新农民实施"新农民和农场主个人发展账户试点计划"，给予新农民和农场主资金保障。给予他们一定的农业生产资助，解决在农业生产以及农民培育过程中遇到的资金问题。美国实施新农民和农场主发展计划，目的在于培育更多的农业人才，为应对人口老龄化、解决农业后继无人等危机做好准备。

5.1.1.5　美国职业农民培育的相关政策

美国农民是没有资格限制的，个人意愿决定是否从事农业生产。到目前为止，美国农民的平均年龄达到了 60 岁，这就意味着农村人才年龄相对来说偏大，无法满足现代农业对于人才的需求，老农民的思想相对陈旧封建，严重缺乏创新性。为此联邦政府提出了各种措施，来解决农民培育遇到的问题，如信贷支持、贸易支持、税收支持、农业保险、水土保护支持、法律保障等政策，为培育职业农民、支持农场主生产经营提供了良好的政策环境。

5.1.2　美国职业农民培育的特色

美国地多人少的现状决定了美国对于农业机械化需求的程度。美国急需运用优越的自然条件开发高素质、高技能的农村人才，从而形成了美国职业农民培育的特色。

5.1.2.1 依法助农

美国政府于1933年颁布并实施了《农业调整法》，这是美国第一部农业立法，也是政府干预农业的开端。美国国会对农业法案实施"五年一修"的战略安排，对其未来几年的农业发展作出全面而细致的规划。从20世纪30年代至今，美国政府颁布的农业法案中关于新农民和农场主培育的做法大致是相同的。

5.1.2.2 体系完备

美国农民教育培训体系的核心是完善的农业科教体系。联邦及州、县政府拨款资助各州、县建立推广服务体系，推广工作由农业部和农学院共同领导，由农学院具体负责。美国政府非常重视培养农业科技人才，为此在政府的帮助之下建立了大量的农业科研机构，旨在培养大批专业的农业科技人才，实现以农民、教育机构、推广机构三位一体的格局。美国实行的这种完备的科教体系，提高了农民知识转化实践的能力，通过不断对其增加人力、物力以及资金的扶持，提升了美国农民整体素质以及农业的高质量发展。

5.1.3 美国职业农民培育的成效

5.1.3.1 农民受教育水平提高

100多年来，美国农民教育培训发生了极大变化。目前美国农民受教育平均年限达12年，教育重点为高等教育和职业教育，教育水平普遍提高，美国绝大多数农民具有高中以上文化程度，甚至有些农民具有本科和研究生学历水平。

5.1.3.2 农业生产率水平提高

良好的教育水平，有力地推动了农业生产力水平的提高。1940~2000年，农业劳动耗时从10665亿小时快速下降至2471亿小时，从数据来看，随着农民综合素质的提高，在一定产出范围内，农业耗时在不断地缩短，说明农业生产率在不断提高。农业中种植业、畜牧业下降速度最快，说明从事这两种职业的农民偏多，发展势头迅猛。

5.1.3.3 科技对农业增长的贡献率加大

科技进步是农业生产率提高的坚实基础，但不同的技术进步对农业生产率的作用是不同的。无论是劳动生产率，还是土地生产率，美国都居于世界前列。

5.1.3.4　农村地区的基本条件得到满足

随着农业技术的发展，农业、农村面貌发生了翻天覆地的变化，农民利用技术改善了自己的生活条件，从以前的体力劳动向脑力劳动转变，农民不仅增加了收入，而且也得到了精神的满足。同时，农村为了改善农村生活条件，制订了各种计划支持农民积极参与，调动了农民的积极性。

5.2　日本乡村治理人才培育

5.2.1　日本乡村治理人才培育的主要做法

日本是世界上老龄化极其严重的国家之一。随着国内外经济社会形式的巨大变化，日本乡村基层治理变成了一个十分繁杂的新话题。社区缺乏活力、高龄化加剧等问题日益突出，日本为破解基层自治体人才缺乏的难题推行的一些做法颇有成效。

5.2.1.1　开展日本造町运动

20 世纪 70 年代末以振兴国内产业、解决日益衰落的农村为目的，开展了一场轰轰烈烈的、自上而下的造町运动，也被称为造村运动。从基础设施建设、环境治理、历史修建以及福利事业为中心的乡村治理工作，缩小了城乡差距的同时促进了日本乡村的快速崛起。为解决日本农业产业人才流失、农村老龄化、"空心化"问题，日本开展了"造町运动"的探索和努力。为解决人才瓶颈制约，强化乡村振兴的人才支撑，打造了一批乡村治理人才，是乡村振兴的主要力量。为培养人才，大分县依托政府农业改良普及机构和各级农协开办了各个领域、各种类型的人才培训讲习班。这些讲习班于 1983 年开设，到 2005 年已经培养了2000 多名优秀人才[249]，特别是乡村治理人才为乡村振兴发展提供了人才支撑。

5.2.1.2　组建地方振兴协力队

2009 年市町村开始实行地方振兴协力队，通过网络招募将被选中的队员的户籍迁到地方并居住 1~3 年，以当地临时职员的身份参与当地振兴活动，合约到期后自愿选择是否定居。日本总务省提供财政支持，相关预算也在逐年增加。

总务省为每个队员提供每年 200 万日元工作补贴和 200 万日元的活动经费[250]。同时，还积极举办地方振兴队全国大会，加强了队员之间的横向联系，并对队员进行研究教育和跟踪扶持工作。

5.2.1.3　实施灾区复兴支援员计划

日本的地震海啸成了日常生活中的一部分，为了能够高效地采取拯救措施，日本政府对特定受灾区域（9 个县 227 个市町村）实施复兴支援员计划。灾区地方政府通过对内外聘请复兴支援员，灾区复兴支援员最初工作时间为 1 年以上，在 2016 年延长到了 5 年以上，他们除了看护灾民、在村落进行振兴活动之外，还进行谋划该地区的定居项目工作。其具体工作包括：第一，改善、提高灾区居民的生活、居住环境，向居民解读相关行政手续的工作；第二，巡查临时住宅，与灾民谈话谈心；第三，调整、重建受灾区域和临时住宅的联络工作；第四，帮助恢复本地传统祭祀、传统艺能等社区活动；第五，协助开展与城市的交流项目；第六，协助销售本地产品；第七，从事农林水产工作等。

5.2.1.4　建立外部专家（地域力创造顾问）制度

外部专家制度是日本总务省实施的一项鼓励自治体延揽外部专家的人才计划，主要目的是挖掘和提升本地有价值的人才。邀请外部专家到本地从事振兴工作，对于工作日达到 10 天以上或者是受邀达到 5 次以上的专家人才，市町村会给予特别交付税。外部专家的振兴工作包括地方经营改革、开发地方特色产品并使之商品化、少子化对策、引进企业、促进定居、振兴旅游业、城镇中心区再生、支持年轻人创业和就业等，这些工作项目几乎覆盖了日本基层治理面临的基本问题。

5.2.1.5　实施地方振兴企业人才计划

2015 年日本实施支援基层自治体地方振兴的人才计划，计划内容为地方基层政府在 6 个月以上 3 年以内，接受来自东京、名古屋、关西三大都市圈民间企业派出的员工，充分利用他们在企业中积累的人脉关系和工作经验，从事地方振兴工作。总务省对接收地方振兴企业人的自治体，除了给予财政支援外，还提供地方振兴企业人的先进事例调查信息，向地域振兴企业人提供研修机会等[251]。对地方基层自治体来说，这无疑是一个缓解人才荒的好方法。对于企业来说，能使自己的员工得到培养，加强企业与地方的交流，同时，企业也以新的形式履行了社会责任。

5.2.1.6　聘请村落支援员

自然村落的萧条、消失是日本基层治理面临的严重问题之一。为谋求有效村落对策，开展维持和抢救村落活动，一些熟悉本地情况、对推进村落有见解有经验的人士，被市町村政府聘请为村落支援员。这些村落支援员应日本市町村政府的要求对村落的相关情况进行调查，并与政府工作人员合作，组织村民与村民、村民与政府之间的协商会，就村落现状、课题、对策等进行研讨。国家对聘请村落支援员的地方政府，以特别交付税形式给予每名专职支援员报酬上限为一年350 万日元的财政支持，兼职支援员报酬上限为 40 万日元。

5.2.2　日本乡村治理人才培育的特色

5.2.2.1　"农协"的成立

农协的成立推动了日本乡村治理人才的培养。同时，农业协同组合还有各种全国性的联盟组织和专业性联盟组织。总之，农协为农民和农业提供了经济服务、信用服务以及共济服务等，这些服务为日本乡村治理人才提供了物质基础，为日本农村治理人才提供了制度保障。

5.2.2.2　因地制宜和就地取材

日本乡村振兴治理模式的基本内涵是以开发当地资源为重点，以发挥地方特色为要点，大力发展本土产业。而日本造村运动就是因地制宜的指导思想性实施的，也是日本乡村治理的典型代表案例。造村运动成功的关键在于：第一，建立具有独特品牌基地。日本政府根据当地的环境特点、地形条件，培育了大量的水产品、水果、家畜产业类基地，形成了"一村一品"的独特发展模式。第二，提升农产品的附加值。政府采取对农、林、牧、副、渔产品等进行加工的策略，解决了部分农产品因自身原因而无法储存的问题，如蔬菜、苹果等产品，对其进行加工处理才能在实现价值的同时消除浪费的现象。第三，充分利用日本农协组织。日本农协从事业务比较广泛，如信用业务、购买业务、生产业务、销售业务、保险业务等，有利于促进农产品的流通。第四，坚持农民的主体地位。对乡村治理人才进行专业素养的培训，通过改进教育方法、培训模式以及开设符合治理人才需求的补习班课程，提高农民的专业知识。日本造村运动是日本乡村治理的典型成功案例，为日本之后的农村经济奠定了基础，加快了日本农业现代化的进程。

5.2.2.3 有效利用和充分发挥女性的力量

日本地方振兴协力队开始于 2009 年，当时女性占比达 40%，女性在整个乡村治理过程中发挥不可或缺的作用。虽然说在农村和农业领域活跃的女性增加了，但整体还是以男为主。传统意义上男性干活的思想观念有所改变，充分利用了农村的人才资源，政府也启动了"女子农业开发项目""女性农业经营培养事业"等。

5.2.2.4 多层次的教育体系

日本农民培育体系由文部科学省、农林水产省、农协及其他民间组织机构构成。文部科学省包括初等教育（小学和初中）、中等教育（农业职业高中）、高等教育（大学），在整个学习生涯中，高等教育是农业学历教育的重点阶段，初等教育注重基础理论知识的学习，中等教育注重农业实践人才的培养，高等教育注重农业科研人才的培育，三个阶段的教育层层递进，相互独立。农林水产省包括农业改良普及中心、各省县设立农业大学，其中，农业改良普及中心在农业技术推广、农民素质提高方面具有重要的作用，而农业院校是系统教育外的补充。农协也叫日本农业协会，是政府、市场、农户、院校以及企业有效沟通的媒介，是成功农业合作社的典型代表。其中，农协是日本培育农民的主要特色，据统计，99% 的日本农户都参加了农协。而日本对于农民的培训更是适应新时代农业经济发展的需求，立足于实际，打造全方面的人才开放式设备教育模式。通过理论与实践结合的教学方式，形成了一套多层次、立体化、全面普及的农民职业教育体系。目前，日本的农民职业教育处于世界领先的地位。形成了"预备农导学教育""农学院教育""农业高等教育大学"等多种模式，分别培养农业技能型人才、农业实操性人才、农业智能化人才。日本的这些培育组织互相补充，促进了农民培育的高效、良性运行。

5.2.2.5 "自立"思想成为乡村治理的重点

自立，就是在地方上存在着某种产业、雇佣能力、居民收入的稳定，包括年轻人在内的人口稳定并且呈现上升的趋势的状态，基层自治体的财源稳定，对居民的服务就能够维持高水平。通过对居民的服务等各项指标的提升，年轻人就可以在村落定居下来，提高了农村人口的稳定。同时，人们在享受各种服务的同时对于地方的依恋也会有所提高，自治意识就会随之增强。本着这样的思想理念，日本开始实施关于农村治理人才的措施。所以说根据本土的特点，对农民进行思想渗透是吸引人才的首要关键。

5.2.2.6　完善的乡村治理机构设置

第一，设立农村政策部。包括农村计划课、地域振兴课、都市农村交流课以及农村环境课。第二，建立整备部。包括设计课、土地改良企划课、水资源课、土地资源课、地域整备课和防灾课。各个乡村治理机构下的课程培养乡村治理的各种人才。

5.2.3　日本乡村治理人才培育的成效

5.2.3.1　乡村治理人才增加

2009 年日本全国只有 89 名协力队员，到 2016 年增加到 4158 名队员。其中40% 为女性，二三十岁的年轻人占比为 70%，这些协力队员活跃在日本的 886 个府县和市町村，运用他们的见识、知识、技能发现当地村落隐形的资源优势，并将其转化为实际经济活动。他们的到来对于当地具有惯性、封闭僵硬的思维方式形成了冲击，激荡出一股发展的新风。

5.2.3.2　农民收入效果显著

1945 年受到第二次世界大战的影响，日本农民的人均收入为 1.4 万日元，到1950 年农业基本恢复，达到了人均 21.2 万日元。随着农业的扩大，对于乡村治理的要求不断提升，农户在 1960 年进入快速增长期，并逐渐超过了城市居民的收入，2017 年日本全国农民的人均年收入是 450 万日元（约 29 万元），比东京的平均年收入高出 12 万日元，城市居民与农村居民收入之比为 100∶103。

5.2.3.3　改善了生态环境

21 世纪以来日本政府对于生态问题的高度重视。同时，日本乡村治理人才在改善环境方面起到了模范带头作用，他们通过与政府联合制定化肥使用量以及农药的使用量等，改善了日本乡村的生态环境。乡村的可持续发展离不开乡村人才的支撑，同时，政府出台相关的法律政策是保障。乡村治理人才对乡村环境改善起到了积极作用。

5.2.3.4　农业产业化体系成熟

在"农协+农户"的模式下，从事农产品加工的农协数量占整体农协数量的35%，包括在乳业加工厂推行"农协+市场（政府）"的模式，使日本从整个农产品生产到上市的过程中实现了统一运输供货。农业产业化重要的环节就是如何实现对农产品的深加工，通过农协的参与让日本的各个行业的产业更加完美结合。

5.2.3.5　青年就业人数明显增加

2006~2009 年从事农业活动的人数呈现下降的趋势，但 39 岁以下的农业人员处于增加的趋势，2007 年 39 岁以下的农业从业人员是 2007 年的 2 倍多。通过数据明显可知，乡村的青年从业人员呈现不断上涨的趋势，虽然日本人少、老龄化严重，但是日本的青年大部分愿意从事农业，解决了农业后继无人的问题。

5.2.3.6　农产品精细化

日本实行的"一村一品""一县一品"就是在不断调动农民的积极性和创造性的基础上发展起来的农业特色布局。目前绝大部分县拥有了自己的品牌，如山梨县的"山梨"品牌、千叶县的"千叶"品牌、秋田县的"田园火腿"等，农产品不片面追求高产，更加注重品质。上述地区都是结合当地的自然资源和环境特点的优势，增强了农产品在国际市场上的竞争力。

5.3　欧盟"青年行动"计划

5.3.1　欧盟青年创业人才培育的主要做法

欧盟实行的"青年行动"计划旨在鼓励青年人能够借助政府给予的机会进行自主创业，让更多的年轻人能够服务社会，满足社会的人才需求。自 2007 年开始，欧盟为青年人创造教育培训机会，帮助他们通过培训获取相关职业技能证书，从而能够找到适合自己的岗位，这种做法不仅解决了青年人就业的问题，同时为社会人才的培养做出了巨大贡献[252]。欧盟还与各种企业进行合作，提高青年的创新创业能力。欧盟为培养大批创业青年人才采取了以下措施：

5.3.1.1　建立自主创业的社会保障

第一，欧盟通过合作项目提供资金支持，解决了青年人自主创业过程中遇到的资金问题，为缓解就业及开发人才奠定基础。欧盟实行的"青年行动"计划，通过财政拨款，青年人的自主选择，培养一批有专业知识技能的青年人。第二，努力争取社会各界的帮助与合作，推动青年创建企业的积极性。鼓励青年人从中小企业创业开始积累经验，掌握扎实的技能。只要具备创业的想法，政府就会无条件地给予资金扶持以及各种优惠政策。第三，积极推行小额贷款机构，调动青年人自主创业的积极性，通过为青年人提供融资渠道，降低风险，增加收入，让他们有信心为自己的创业之路开始奋斗。小额信贷机构的建立不仅提升了青年人的积极性，还促进了小额信贷行业的快速发展。

5.3.1.2　强化职能机构服务

由于青年新创立的企业普遍存在规模小、资金少、经验不足的问题，政府职能部门给予这些企业应有的合法权益。欧盟于 2003 年开始对其实施的政策保障进行检查、分析与修改，完善立法的权威性与完整性。2005 年为了方便农民与企业之间的沟通，建立了公共服务的门户网站，这种服务不仅促进了中小企业的自主创新思维，而且加强了公民对于工作的思考。2000～2006 年欧盟财政实施城市振兴项目工程，给予经济薄弱的中小企业资金支持。

5.3.1.3　提供创业贷款

2009 年 6 月，欧盟签署了一项"就业共同承诺"，出台助力中小企业发展和青年创业的小额贷款政策。欧盟加大了"社会发展基金"的额度，帮助企业、青年创业者应对在自主创业过程中受到的资金冲击。第一，增强青年人对其自主创业的信心和生产能力；第二，解决青年人失业问题；第三，培训专业技能、掌握专业知识、鼓励投资等。

5.3.2　欧盟青年创业人才培育的特色

5.3.2.1　建立"青年行动"计划网站

该网站将为青年人提供海外学习或工作的信息。主要目的是提高欧盟各个层次教育和培训的整体质量，兼顾卓越与公平，提高学生的流动性，改善青年人口的就业形势，提高青年的创新创业能力。

5.3.2.2　实施"第一份 EURES（欧洲就业服务）工作"计划

第一份 EURES 工作是指为青年求职者提供第一份工作机会，而工作会是在欧盟预算下的一项准备行动，并根据欧盟委员会的提案要求实施。为想在海外和中小型企业就业的青年人提供就业指导、资金援助。

5.3.2.3 建立流动性的评分系统

用来测度学习过程中，在克服法律和技术障碍方面所取得的进展。

5.3.2.4 充分配合欧洲投资银行

给予青年教育培训的资金保障，让更多的青年能够拥有接受教育的机会。欧盟充分考虑到了对于青年的各种优惠政策。

5.3.2.5 建立新的欧洲空缺职位检测网络

通过欧洲空缺职位的检测，可以详细地了解到职位的情况，青年人根据自己的教育和培训内容选择适合自己的工作岗位。这种方式不仅为青年创业人才提供市场信息，还可以有效地缓解时间冲突，提高效率。

5.3.3 欧盟青年创业人才培育的成效

5.3.3.1 促进了欧盟青年的就业

20 世纪五六十年代西方国家的失业率基本在 3% 左右，自进入 20 世纪 70 年代以来，欧盟国家整体失业率长期在 10% 左右。进入 21 世纪后，欧盟的青年失业率已接近 21%。而青年失业人数在总失业人口中所占的比率较高，整体高于成人。1993 年以来意大利、西班牙、芬兰等国家的青年失业率均在 24% 左右。2007~2013 年实施的"青年行动"计划解决了青年失业问题，从而实现了欧盟就业战略各阶段的就业指导方针中的青年就业目标。

5.3.3.2 培养了一批青年创业人才

青年行动计划的启动促进了欧盟教育与职业培训的合作，培养了一大批敢于创新创业的青年人，他们在技能、管理、经营等方面都能够适应发展的需要。并且欧委给予相关的优惠补贴，对青年创业人才提供了资金支持。

5.3.3.3 为欧盟国家的乡村发展提供了人才

欧盟国家的乡村发展需要人才的支撑，西方国家乡村发展如此之好的原因在于重视人才的培养，尤其对青年人才的培训与教育，为他们国家的创业人才提供了保障。

5.3.3.4 增强了高等教育和国际吸引力

青年人是教育的活力，欧盟积极利用相关计划政策将大量的年轻劳动力聚集在一起进行相关的教育和培训，帮助他们掌握先进的技术、管理和经营能力，培养青年人的创新能力，为国家培养相关的专业人才。

5.3.3.5　提高了青年人的技能水平

2020 年欧洲新增了 1600 万个高级技能岗位就业机会,同时减少 1200 个初级技能岗位。不断给劳动者补充新技能将会大大延长劳动寿命,提高教育水平可以带来长期的利益。

5.4　国外乡村人才培育优秀经验借鉴

国外乡村人才培育由于基本国情不同,类型多样、方式各异,甚至具体目标也有一定的差别。我国是一个农业大国,农村人口所占比重较大,乡村发展相对落后,城乡融合程度低。因此我国应该结合实际国情,有选择地借鉴国外的经验。

5.4.1　以立法形式保障农民参加教育培训

不管是资源禀赋优越的农业现代化国家美国、德国,还是资源匮乏以小农经济为主的国家日本,都通过立法形式建立农民教育培训体系,保障乡村人才培育顺利开展。例如,美国的《莫雷尔法案》《哈奇试验站法案》《乔治·里德法案》,德国的《职业教育法》《职业训练促进法》,日本的《农业改良助成法》《产业教育振兴法》《青年学级振兴法》,通过立法推进乡村人才培育。尽管我国的相关法律条文涉及农民教育培训,如教育法、农业法、农业技术推广法、乡村振兴促进法,但至今仍没有专门的关于农民培育的法律。结合中国实际,应鼓励各地制定具体的高素质农民培育的地方性法规、政策,使高素质农民培育工作有章可循,为我国将来制定《高素质农民培育法》奠定基础。

5.4.2　建立以政府为主体的多方投资机制

各国都采取以政府为主体的多方投资机制,而教育投资是发达国家人才培养通用的方式,通过政府的资金渠道进行教育的投资,保障了人才的可持续发展。人才是一个国家的领头军,也是确定国家发达指数的指标之一。资金的充足能够保障教育资源、设备、经费等的充足,加大对教育的投资,是走向人才强国的途径。日本虽然是一个很小的国家，但其在教育培训方面投入很大。发达国家不仅依靠政府的拨款来实现人才的培育，而且通过各种渠道建设人才教育培育体系。我国主要以政府投资为主，筹资渠道单一，效果与发达国家相比有点距离，还需要加强人才教育培训的多方联结机制，不断增加乡村人才培育力度。

5.4.3 构建满足需求的乡村人才培育体系

青年农民和潜在农民作为农业的后继者，被各国列为重点培育对象。国外农民培育形成了以政府为主导的专业化多元化培育主体，其中以农业部门主管的占大多数，另外一部分结合教育部门、农协等共同完成。通过总结各国的经验发现，政府在乡村人才职业教育体系中扮演重要的角色。美国的"农科教三位一体"农民教育培训体系有效保证了农民教育培训工作的有效开展。我国应对现有的农业科研、农业教育与农业推广机构的资源进行整合，形成合力，加快构建和完善以农业广播电视学校、农民科技教育培训中心等农民教育培训专门机构为主体，中高等农业职业院校、农技推广服务机构、科研院所、农业院校、农业企业和农民合作社广泛参与的农民教育培训体系，满足农民多层次、多形式、广覆盖、经常性、制度化的教育培训需求，构建目标多层次、功能多元化的乡村人才培育体系。借鉴国际农业合作组织在农民培育上的做法，还应加强对农业合作组织的管理，发挥农民合作组织在农民培育中的关键作用。发达国家的乡村人才培训内容和形式具有多样性，并非常注重实践环节教学。我国应从实际出发，了解乡村人才的需求制定不同的培训方式、专业、内容等，加强对乡村人才能力的培养。

5.4.4 完善乡村人才培育相关的支持政策

各国在不同发展时期，根据本国具体情况，对乡村人才予以政策支持，并加以及时调整。例如美国通过加大乡村地区基础设施建设和调整人才流动政策，改善"硬"条件和优化"软"条件来留住乡村人才。一方面通过"生态农村"建设行动，改善农村生活环境和条件；另一方面通过调整人口登记政策，只要在某地居住，进行登记即可享受工作、当地子女入学等社会福利待遇，不是抑制人口流动，而是通过人口自由流动和优化配置，方便高素质劳动力进入农村就业和生活，成为乡村人才。我国应进一步改革现行的户籍制度，促进农民工享受城市居民的住房、子女教育等社会福利，同时从购房、养老、产业支持等方面打通各类人才下乡返乡之路。农业劳动人口老龄化问题严重是世界上很多国家面临的问题，为此日本制定了"认定农业者制度"和"骨干农业经营者培育制度"，对认定的生产大户进行培训，给予资金支持和税收优惠。我国应整合现行的农业农村政策，促进农业生产要素向高素质农民流动。出台相关土地托管支持政策，提高适度规模生产经营水平，按照产业规模对乡村人才进行产业补贴；强化金融信贷支持，解决乡村人才在信贷方面面临的制度瓶颈，协调涉农金融机构对乡村人才信用等级评定，简化手续，提高额度，优先满足融资需要，加大对乡村农业生产经营人才的贴息贷款支持；加强农业保险制度建设，加大政策性农业保险的覆盖范围和补贴力度，提高乡村人才应对风险的能力。

5.4.5　全面建立完善的农村社会保障体系

各国社会保障制度的保障对象一般都覆盖全体国民，没有城乡二元体制的区别。农村的社会福利制度就是城市社会福利制度在农村的延伸，它们之间没有任何区别。日本早在 20 世纪 50 年代就对农民参加养老保险进行了强制性规定，20世纪 70 年代针对生产大户建立农业者年金制度，20 世纪 90 年代为满足农民高层次保险需求，建立国民年金基金制度，可获得附加养老金。德国、美国也建有健全的农村社会养老保险体系。各国对建立健全社会保障制度的资金投入都很充足。而我国虽然建立了农村居民养老保险制度，但作为基础养老保险，发放的养老保险费很低，如河北省城乡居民基本养老保险基础养老金标准为每人每月 90元，不足以满足基本的养老生活。居民养老保险和职工养老保险之间差距较大，而农民就业的不稳定性导致参加职工养老保险又面临很多障碍，一方面，用工单位需要支付更多的费用，因此不愿给职工办理养老保险；另一方面，一部分农民未能纳入国家的职业体系，根本就不能参加职工养老保险，且居民保险和职工保险在转换时不够顺畅。因此，根据本国国情建立健全完善的社会保障制度是非常重要的。我国需要扩大社会保障范围，提高社会保障水平，积极解决乡村人才在医疗、养老等方面的社会保障问题。

第6章 河北省乡村人才振兴实现路径

针对当前河北省乡村人才存在的总量不足、结构失衡、外流严重等问题，提出破解人才现实困境的关键是围绕人才吸引、培养、管理三个环节，构建以人才培养为基础的培育路径机制、以人才引进为关键的流动机制以及以人才管理为核心的激励机制，形成"培养+引进+管理"三位一体乡村人才振兴实现路径的总体框架，为河北省乡村人才振兴实践路径提供理论上的指导。

6.1 河北省乡村人才振兴实现路径设计原则

乡村人才振兴目标的实现路径需要兼顾人才振兴目标和乡村振兴目标、短期目标和长期目标、经济目标和社会目标、主体目标和个体目标，才能更好地实现人才队伍建设，并推动现代农业发展。在乡村人才振兴推动过程中，需要根据现实情况进行适时调整，并时刻跟踪人才成长以及实践发展需求，由于产业发展速度加快，满足个性化、多样化人才需求是最终目标达成的关键。同时，实现路径设计原则具有层次性和一致性，是由政府向主体和个体逐级传导的过程，并且三级目标定位利益诉求保持一致，在追求经济效益的同时提高管理效率，以此实现人才成长发展、主体建设壮大、政府稳定运行的目的。

6.1.1 兼顾人才振兴目标和乡村振兴目标

人才振兴是推动乡村全面振兴的首要前提，与乡村振兴五大要求存在密切关系。产业兴旺是推动乡村不断发展的源泉，是乡村振兴战略的根本，更是推动经济建设高质量发展的必要条件。乡村人才的振兴可以直接地为乡村输送人才，依托人才发展，壮大乡村产业发展链条，为其提供专业技术人才和经营管理人才。乡村人才作为懂技术、会技术、会管理的群体，敢于尝试现代化技术去带动现代农业发展，有一定的号召力带动村民积极建设乡村，构建农业现代经营体系，为乡村后续建设带去希望。乡村文明的保留、继承和传扬在乡村振兴进程中，也发挥着重要的作用。一方面，我国农耕文明的中华优秀传统文化，其传承离不开乡村文化工作者的努力，而推进文化事业的发展靠的是乡村文化工作者队伍的建设；另一方面，各类人才进驻乡村后，他们通过自身所学所知，能够帮助乡村地区摒弃陋习、积习和一些思想保守的落后思想，扶持乡村地区开展助农惠农富农等相关工作，为乡村文化的振兴推波助澜。乡村人才振兴为乡村振兴中的生态宜居目标发挥了巨大的作用，各类人才面对乡村振兴工作充满激情，不论是乡村生态产品供给者，还是乡村生态环境建设者，为实现目标都应尽自己最大努力施展自身才华和抱负，利用所学知识、技能和专业优势有效促进乡村污染治理环保工作的顺利进行。他们秉承绿色高质量发展理念，争做家乡生态环境的保护者、建设者。乡村人才振兴为乡村振兴奠定了坚实的组织基础，同时也为基层的建设提供了丰富杰出的管理人员和技术人员。作为带领人民群众组织和完成各种目标任务的组织基础，基层党组织是否具备服务、指导和领导乡村人民群众的能力，对于人民群众的精神、物质和文化的各个方面至关重要。因此，培育和引进乡村人才是落实乡村振兴重大任务的中流砥柱。

6.1.2　兼顾短期目标和长期目标

乡村人才振兴的长期目标是实现人才高质量发展，并通过人才的支撑保障作用推动实现乡村振兴，以此实现经济效益、生态效益和社会效益提升。但由于距离长期目标仍有许多需要改进发展的空间，所以现阶段政府的短期目标是不断推进人才队伍建设，鼓励人才融入产业发展，构建复合立体人才培养格局，引导多元主体参与人才队伍建设。长期目标指明了发展方向，而短期目标则代表了阶段任务，两者结合可以稳步实现人才成长和发展。为了加快长期目标实现步伐，应制定准确清晰且实践性强的短期目标，明确需细化不同阶段任务与步骤。为了顺应当前人才总量不足且发展质量不高的宏观现状，短期主要以政策引导为主，即政府作为人才治理主体，不断纳入多元主体共同参与，认可多元化人才培养效果，并大力推广形成成熟的体系格局，逐步向正式制度变迁。长期目标注重协调管理，多元主体权利职责明晰，人才踊跃参与，且产业发展与人才成长之间利益关系紧密，不再依托政府扶持和引导，直至新型人才培养体系稳定运行。长期目标通常只有一个，是稳定且持续的顶层设计，一般不会变化，而短期目标则呈簇状，是多个相适配的政策、规划及方案共同构成的，需要不断的动态调整、行为契合才能助力长期目标实现。此外，长期目标具有明显的全局性，是综合全省实践发展情况制定的，而短期目标则具有一定的区域特征，各地区可根据自身农业现状和发展水平进行调整，这样更容易形成具有鲜明特色、差异显著的开放立体格局。

6.1.3 兼顾经济目标和社会目标

卡尔·波兰尼（Karl Polanyi）在 *The Great Transformation* 中提到市场经济活动并不是独立进行，而是嵌入社会结构之中的。乡村人才的建设发展从市场经济视角，是人力资本投资行为，从农村治理视角，是农村社会资源整合问题。政府之所以推动乡村人才振兴，正是因为人才发展行为可以实现经济效益提升和管理效率提高双重目标，兼具经济属性和社会属性。人力资本投资行为是一种特殊的生产经营行为，不仅有利于现代农业发展，同时还与农村社会产生互动关联，产业与人才共生且高度依赖，实现各自社会资本不断积累。一方面，人力资本投资形成农业经济增长。经过实证验证，人力资本的经济效应高于物质资本，可以带来更大程度的经济增长，这一点已经得到学术界的广泛认可，产业的产生、成长和进化离不开人才的融入与助推，政府将人才融入产业的进程当中为的是更好地培养人才、拓展人才路径。产业和人才的积极协同互动可以实现产业人力资本快速提升，进而实现现代农业的快速发展。另一方面，人才管理服务实现农村社会治理。人才是农村社会的主体，建立农村社会的先进组织，促进人才融入产业发展，是一种推动农村社会文明和稳定的良好方式，人才或普通农民经过培养提高生产技能的同时，也能实现道德素质水平和精神文明程度的提高，并且在区域内形成显著的带动示范，有利于农村社会的和谐发展。

6.1.4 兼顾主体目标和个体目标

产业主体是现代农业发展的中观组织形态，具备效率高、抗风险能力强、稳定性好和经营水平高等特征，乡村人才是现代农业发展的微观个体形态，具备人力资本存量高、流动性强等优势，两者具有明显的优势互补特征，共同构成现代农业的支撑力量。由于逐利性一致，政府推动人才振兴目标实现应该兼顾主体发展需求和个体发展需求，使两者在振兴过程中实现互惠共赢。一方面，满足产业主体人力资本需求。乡村人才作为产业主体的核心成员和骨干力量，是最重要的生产要素，无论是何种形式的产业主体，都是由人才构成的。产业主体人力资本存量直接影响着其投入产出效率，单纯地依靠政府主导人才发展并不能满足产业主体实际需求，并且由于信息不对称和滞后性，有时政府主导培养的人才并不能快速融入产业，而产业主体作为直接与人才产生利益活动的用人主体，更能依据自身及产业需求培养人才，产业主体与人才形成良好的适配关系。另一方面，满足乡村人才寻求载体需求。人才并不能独立存在于产业环境中，需要产业主体作为载体为自身提供职业岗位或生产资料，这也是人才融入产业的基本前提。政府并不能满足每一个人才需求，这是政府职能局限性的直接体现，而产业主体具备人才所需的一切资源要素，这也提高了人才就业创业的稳定性和可能性。

6.2 河北省乡村人才振兴实现路径总体框架

在我国进入新发展阶段的历史前提下，要充分发挥好人才对推进乡村振兴的引领带头作用。与此同时，乡村人才引进困难且很难留住人才，乡村教育资源匮乏导致人才内生动力不足等问题较为突出。为此，需要从引进并留住外来人才、充分挖掘乡村地区现有人才、利用各类社会教育资源培育提升乡村人才质量等方面，为加快落实乡村人才振兴战略，解决乡村现有相对贫困问题提供更多的人力资源、技术支持和智力保障。由此发现，乡村人才振兴的关键是解决围绕人才引进、人才培养及人才管理的问题，构建实践性强、推广性强、持续性强的建设路径。从乡村人才振兴环节来看，人才引进、人才培养及人才管理作为重要环节并不是孤立的，存在有效协同、联动互促的密切关系。当前人才存在总量不足、结构失衡、外流严重等问题，破解人才困境的关键是构建以人才培养为基础的培育路径机制、以人才引进为关键的流动机制以及以人才管理为核心的激励机制，形成"培养+引进+管理"三位一体乡村人才振兴实现路径的总体框架，如图6-1所示。

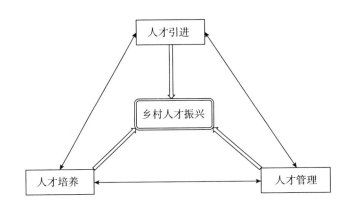

图 6-1 "培养+引进+管理"三位一体乡村人才振兴实现路径的总体框架

6.2.1 建立以人才培养为基础的培育机制

人才培养是人才工作的重要环节，事关人才的成长空间，更事关人才的作用发挥。粗放式、模板式的培养缺乏针对性和实效性，并没有遵循人才成长的规律和经济社会发展的需要，是对物质资源的浪费和对人才的不尊重，人才培养当紧扣需求精准实施。

本土人才始终是人才队伍建设的重要供给途径，占队伍总量的绝大部分比重。人才培养是在对应现代农业发展的外部环境基础上，对人才进行全面的创业指导、教育指训、管理服务，在提升能力水平的同时，需要兼顾产业环境的优化。所以，人才培养具有时代背景，是在劳动力向农业流动的条件下，按照制度供给和产业环境需求，实现知识、技能和经验等人力资本积累的过程，并在此过程中从微观个体层面推动现代农业发展，支撑实现乡村人才振兴。单纯的教育培训并不能满足人才成长和发展需求，人才的流动、激励和管理都是综合隐含在整体培养环节中的重要问题，因此，人才培养是以全面发展为视角，贯穿人才成长和发展的综合过程。人才培养方式的全面优化可以进一步吸引外界人才的流入，消除外界人才成长顾虑，在人才成长需求下，积极融入现代农业发展；此外人才培养与人才管理相互衔接，完善的培养行为有利于后续管理工作的开展，可以进一步提高人才管理效率。

6.2.2　构建以人才引进为关键的流动机制

引进人才是优化结构、高效配置的重要途径。面对逐渐白热化的人才竞争，各地区着力探索符合自身发展的精准化引才道路。在乡村振兴的进程中，我们应把人才放在关键位置，不能小觑人才的重要性。要扎实推进人才培养、引进和提高人才能力的工作，切实做好和落实当前人才相关政策，积极引导更多的外部专业人才资源投身乡村、建设乡村、发展乡村，使内部人才因心怀乡情而留在乡村，有效将人才、资金、土地、技术等各类要素与相关联产业聚集，以打开新时代下的乡村振兴新格局。在培养和引进人才的同时，还要稳定人才，建立有效机制，促进人才合理有序流动。对于外界优秀人才的引入，自身具备一定的文化素养与技能水平，满足现代农业发展的创新需求，有利于缓解培养压力，并进一步发挥自身辐射带动能力，人才引进对人才培养产生促进作用；此外，不同类型人才的融入丰富了人才结构队伍，进一步作用于人才管理体系，推动人才管理体系的完善与优化，不断满足各类人才需求。

6.2.3　完善以人才管理为核心的激励机制

人才管理工作对于调动人才生产积极性、保障人才持续发展发挥重要作用。人才管理工作涵盖完善工作机制、强化服务保障、搭建创新平台等诸多内容，涉及人才职称评定、考核激励等多种环节。推动人才汇聚乡村，用好乡村人才，需采取多种激励手段，完善乡村人才激励机制。加强对乡村人才管理，以期最大效能地激发乡村人才对工作的热情，使其认知到自己在乡村振兴中扮演着不可或缺的角色。完善人才供应链体系，在体系中要构建人才引进系统、人才培养系统、人才评价机制、人才激励机制以及人才保障机制，全方位整合人才各个层面，实现人才供应链的一体化。在人才评价与激励方面，不能局限于文件上的条条框框对农村实用人才评价，应灵活地按照农村实用人才的具体情况进行分类评价。对于乡村人才在的政治、经济以及专业技术职称评定，为提高其福利水平需要逐渐制定和确立多元化人才评估与激励的规章制度。从创业资金和政策方面为返乡大学生建立保障机制，让他们享受到基层政府提供的公平待遇，激发乡村人才投身建设家乡的蓬勃朝气。此外，为农村人才提供住房、医疗、家庭教育等全方位的社会保障，使吸纳的外来人才可以毫无顾虑地发展乡村，增加其安全感和责任感。

6.3 人才培养路径——多元协同培育机制

由德国物理学家赫尔曼·哈肯（Hermann Haken）提出的协同理论，强调在庞杂纷乱的系统中，为从无序演变为有序状态，利用协同理论将系统中的要素有机整合，以很有组织性的方式协同行动，从而导致系统宏观性质的突变，整体系统会形成协同作用。协同理论正好符合新时代下乡村人才振兴的要点和理论根源。多元协同治理指的是互相配合、协同办理，在乡村人才振兴发展的过程中，靠的不仅是政府的努力和坚持，人才振兴凭借的是全社会的接力与奋斗，才能将人才振兴贯彻到底。

在协同的践行过程中，各个环节上的组织、机构都不再是独立的个体，任何单一主体都无法将自己的能力、所掌握的技术和资源实现最大化，难以单独完成人才振兴的工作。那么此时便需要协同治理的手段，将各个组织和机构之间联合起来。政府、农村带头人、企业、高校等多元主体之间不再是依赖传统的由上而下的官僚关系，而是一种彼此之间的合作与互助、协同发展、构建起平等的合作伙伴关系。人才振兴工作是基于各主体的互动机制，通过交流、协商和共享来实现人才振兴的目标任务。

6.3.1 乡村振兴人才培养的目标协同机制

多元协同治理的关键就是不同主体的共同参与，相当于一种新型的混合组织关系，单一主体所拥有的资源和技术是远远不够的，对于人才振兴目标的实现还存在一定的距离，故要融入更多组织和机构的力量，协同发展，共同参与到人才振兴培育的体系中来。在协同培育过程中，为了让乡村人才发挥个人有利条件，政府或基层组织须鼓励多元主体进行协同培养，通过设置统一的目标协同机制培育所需人才。只有多元主体将设定目标统一化才会把乡村的各种资源要素整合起来，才能够产生乡村人才培育的合力。

从协同培育机制提出的出发点来看，机制构建的目的是乡村人才的振兴，帮助农民摆脱贫穷困苦，过上富裕幸福的生活，实现农业农村的现代化。乡村振兴学堂主要任务就是协调多元主体的资源，实时安排公开课程或定制课程两大部分，根据学员需求来制订差异化的课程学习计划，通过集训式上课方式培育学员以达最终目标；政府的使命则是保障每个隶属于协同机制的成员的基本权利和义务，以保证协同培育机制健康稳定的运行为关键，进而促进辅助最终目标的达成；高校的指导是理论学习的必然选择，必须以实现理论课程为培育的重点。

农业企业具有较强的实行和推广农业技术培训的优势，可以根据学员水平和阶段目标，为完成实务培训课程提供符合发展目标的农业技术实训，也是高校卓越的实践平台；农村带头人一般具备丰富的实操经验、掌握着较为先进的农业技术手段，可以向各学员提供农业生产经营经验，协同整合所有主体的目标任务，作为参与促成乡村人才振兴的支柱。

6.3.2　乡村振兴人才培养的制度协同机制

制度的协同机制同样是完成协同式人才培育的约束性保障。制度的目的是明确主体之间的相互关系，为其所在社会人与人之间的活动而制定的一些约束。通过制定规范的制度来约束多元主体的行为以促进协同集体行动。为实现多元协同人才振兴的制度协同，有必要制定相应的协同制度。

首先，要搭建一个协同机制的多元主体和人才沟通交流的平台，在人才培育的过程中，多元主体不再是由上而下的阶级主体去培育人才，而是以一个平等的关系与人才对话沟通、交流与协商。协同机制中的各个主体要和人才之间达成共识，促进深层次交流与合作，共同商议关于加强多元培育主体对人才培育的问题，加速共识决策方案顺利达成；在实施乡村人才培育期间，各主体要严格履行自己的职责，重组分散的人才培育行动，在共同目标的引领下，形成统一的行动协同机制，构建一个完整的运行体系。

其次，从利益角度来看，需要在多元主体中寻找平衡点，并建立人才协同培育的利益平衡机制。从理性经济人理论角度分析，多元协同主体参与乡村人才培育也有趋利性一面。要构建多主体协同扶贫的长效机制，必须保证多元扶贫主体实现目标利益并且各方利益分配达到平衡。因此，需遵循政府主导，农村带头人、企业、高校协同参与的宗旨，有效运用政府的调控和保障功能，基于各主体目标利益和专业人员意见，施展农村带头人的领路作用，均衡政府、企业、高校等各方关系和利益分配，促成多主体共赢新局面。

最后，必须建立完善的协同培育考核评价制度。以督促为目的，保证协同机制的多元主体可以切实履行自己职责，认真落实乡村人才培育工作，应建立考核评价制度，通过对政治、法律、道德等多层面罗列出详尽的条例、明确的标准，对于违反约束条款的行为主体予以一定的惩罚，对于获得较高评价的行为主体予以一定的奖励。严格按照考核评价标准进行客观评价，从而约束多元主体认真完成相关工作，防范多元主体在培育过程中出现违法乱纪或道德层面等问题，确保乡村人才培育工作按部就班地进行。

6.3.3 乡村振兴人才培养的运行协同机制

6.3.3.1 信息协同

协同治理理论从本质上是治理理论的革新。是社会各领域为应对信息化、智能化社会对社会治理能力现代化的挑战而采取的新的理论创新，其目标是借助互联网、大数据等信息技术手段，来应对社会信息管理与服务的复杂化、时效性，以达到提高社会治理的现代化、专业化和智能化水平的目的。在乡村社会治理过程中，当代的信息协同机制对于人才培育和规范化的课程学习起到了显著效果。同时，在信息不对称的时代，各类人才培养信息需要多主体之间共享。

科学建立乡村人才培养大型数据库，数据库平台应实现信息资源共享，数据库应由学员信息和协同主体信息两大部分构成：学员信息应包含学员的来源地、培训需求、培训进度、培训考核等情况；协同主体信息应包含主体的来历，所掌握的技术和资源，与之所匹配的学员信息。对于信息的收集务必科学、准确、有效，要把信息处理的更加精细化、具体化，为后期人才培养的过程提供参考，促进学堂更有效地转化和运转，为学员配置最有效的培育课程。

6.3.3.2 过程协同

政府在协同机制中的主要作用是引领多元主体，政府应多加鼓励各方主体积极响应政策的号召，踊跃地参与到乡村人才培育的建设中来。第一，政府应大力号召高素质农民加入到人才培育的大家庭中来，与他们签订相应的合同，本着高素质农民自身灵活的时间来传授知识和教学，为学员们传道授业解惑。第二，用政策红利吸引企业协同参与乡村振兴人才建设目标。根据市场中各企业主体对人才的需求以及传授的技术，在政策方面，政府为企业招聘人才提供一定的便利条件和优惠政策，以达到企业的招聘目标，通过政企合作共同参与乡村人才振兴任务。同时，为了强化和提高乡村人才的就业实践能力，需要政府出面协调整合农业类院校的教学资源和当地的培训实践基地，将知识转化为实践工作，深化校地合作。联系高校进行专家派遣，为学员提供技术支援，为学员解决疑惑，进行学术探讨，不拘泥于固有的培训模式，按照各类人才的需求，精准设置匹配课程，助推乡村振兴的专业化人才队伍建设。

在协同过程中，协同机制的多元主体应与政府和乡村振兴学堂签订正式合同，建立起利益联结机制，确保乡村人才培育的各个环节中的多元主体和政府，在与利益挂钩的前提下，施展自身的专长、技术，保障协同治理人才培育机制可按部就班地实施与完成。乡村人才培育的最终目的是培养出一批懂理论、会实践的群体，多元主体在培养人才期间既要重视理论教学，又要注重实操活动。理论实践两手抓，实践为主，理论为辅，根据学员的反馈和需求开设相关课程，做到因材施教，进而完成人才培育目标。高校主要承担理论知识传授的工作，为符合当前教育水平、改善教学质量，应用多媒体网络技术将农业科技的实践经验与传统教学结合起来，提高学员的接受程度和学习能力。农业企业作为学员的实训基地，秉承智慧农业、生态农业的生产经营理念，满足学员对于新技术、新品种的需求，帮助学员依靠所学理论知识提高技术的运用水平，为培养一批高技能型农业人才奠定实践基础。

6.3.4　乡村振兴人才培养的利益协同机制

人才培养的利益协同机制就是在不断发展人才的过程中还要注重各主体的目标利益，由于培养主体对人才的需求和所希望获取的价值目标不一致，有限理性人以追求效用最大化为目标，所以要平衡各方正当利益以实现共赢。协同治理机制实现真正的运行，必须是各个主体之间结成利益联合体。在运行过程中各个主体是否能机会平等、信息共享、责任共担是利益联结体的重点问题，处在利益联结体中的每个主体只有真正地做到各取所需，多元主体才能全身心投入到人才培育的建设中去，这也直接关系到人才培育的生命力，也就意味着合理的利益联结机制在人才培育过程中起着至关重要的作用。

政企或校企合作能够有效实现人才培育利益联结机制，在公益项目的合作中，政府和高校为人才培育提供充足的资金和教育支持，同时，企业也需要承担一定的社会责任，向公众传递其优秀的企业形象，多主体在确保人才培育工作的顺利实施中也会加强彼此之间的同盟友好合作关系。

6.4　人才引进路径——城乡双向流动机制

随着中国经济从低劳动力成本的粗放式增长向高素质人力资本的高质量发展不断迈进，人力资源的流动体系已经转变为农村和城市、落后和发达地区、传统和现代产业部门等的双向多层次迁移模式。近年来，人才越发成为我国发达城市、地区以及各地方党政机关的"抢手货"，这直接反映了人才资源在当今社会的地位，也侧面反映出当今社会快速发展离不开人力资本的数量与质量的新要求。而农村地区相较于城市，在人才、资金、技术等各方面的资源配置尤为匮乏，城乡差距在不断地扩大，城乡基本公共服务非均等化问题依旧突出。因此，我国城乡发展总体态势处于失衡的状态，引进和培养人才工作仍是乡村人才振兴的难题，这对城乡基本公共服务均等化建设提出了更高的要求。因此，乡村振兴必须有效改变农村生产要素向城市单向流动的趋势，推动城市生产要素向农村流动。其中，人才要素的流动是其核心。完善与加强城乡间人力资本双向流动的体制机制，在建设人才培育体系中保障高水平人才实现灵活就业及人力资源的优化配置，最大限度发挥高素质人力资本红利的作用，以教育为突破口获取社会最大效益，从而促进经济更快发展。实现城乡人才双向流动对优化城乡人口结构、促进农村人才输入和降低城市就业压力都具有显著积极影响，也是我国社会快速进步发展的坚实基础。实现人才的双向流动，需要以均等的城乡公共服务为保障。只有营造良好的公共服务环境，平衡城乡资源，才能吸引更多的人力资源扎根乡村，推动农村经济发展。

6.4.1　疏通城乡融合新渠道

基于城乡经济社会发展一体化的背景下，城市力量走向农村、深入农村、留在农村才是乡村振兴的枢纽和重点环节。除了考虑城市力量走向农村外，还要进一步思考如何让这些城市力量真正地为农民服务，让农民真正地享受到人才带来的力量。加快城乡融合建设目的是让农村农民尽快享受到更多的福利、便捷和利益，让农民生活得到改善，让农民的合法权益受到完备与保护，从真正意义上缩小城乡之间的收入差距。近年来，乡村人才还是源源不断的外流，这在一定程度上影响了农业农村现代化进程的脚步，自党的十八大以来，"新型城镇化"战略的提出和实施为城乡融合发展奠定了基础。在城乡融合发展的过程中，人的本质在其现实性上是一切社会关系的总和，这种理念、心境、意义等各层面的融合都是必要的，也是最复杂化且具有挑战性的。

城乡融合的最终目的是解决不同地区存在的公共服务差异化、信息资源和发展资源不对称、机会不对等和政治社会层面不平等等问题，而城乡融合的顺利完成，在一定条件下，主要是看人的主观努力如何，靠的是事在人为，而不是地区影响。以"土地经营"为中心的城镇化向"以人为本"的城镇化过渡，有必要对政府、资本、农民三者间的利益关系进行把握和权衡。为扎实推进城乡融合，需在农民共享发展红利的前提下，更注重保证保障其决策主导权、过程参与权、意见表达权、批评监督权等。基于党领导下的新时代的村民自治制度更多依靠的是农民的主体性作用，是实行村民自我管理和约束的制度保证；同时，明确乡村外来人才的决策主导权、过程参与权、意见表达权、批评监督权、成果受益权等权利，确保乡村人才权利的制度创新才能使他们施展自己的才能、发挥主体作用来建设乡村。实施乡村人才振兴战略提供给乡村外来人才与内部人才同等的权利、待遇等，保障他们拥有土地、住房、医疗等资源要素的各项权益，以便他们能够在城乡一体化进程中实现自己的价值。促进城乡融合，必须深度改良乡村的基础条件，唤醒乡村发展三大基本要素，致力于挖掘乡村优势人力资源，为乡村人才回流、吸引城市人才下乡创造优越条件。

6.4.2　推动进城农民市民化

持续推动农民转化为市民的过程中，有利于实现进城农民和城郊农民市民化发展同步进行，逐渐缩短城乡之间各方面的差异，让众多农民在现代化发展的进程中享受到应得的机会，品尝到所带来的成果和福利。在探索居村农民转化为市民的进程中，户籍、土地问题是阻碍此项工作进展的关键，需加大力度破除阻碍发展的要素，将居村村民统一安排集中居住，确保非农就业问题和公共服务政策等扎实稳进落实，让广大农民都能跟上改革的步伐。

第一，加快户籍制度改革，以户籍为突破口破解城乡二元结构带来的弊端，实现户籍制度背后的社会基本公共服务均等化发展。为保证农民向市民的合理化转变顺利进行，人口红利已经不能够满足城乡融合发展的需要，应基于高效规范的户口迁移政策，建立统一有序的新型户口登记制度，保障农民基本权利。

第二，加快推进土地制度改革，促使居村农民的非农化转移。新时期的土地制度改革不能仅局限于对家庭承包制的变革，而要从城乡融合的目标任务出发，为推动农民市民化发展和适应现代农业发展要求，需要不断改革创新农地产权制度和农地流转制度，使城乡的土地、人力、资金等全要素实现均衡化配置。

第三，有效落实农民集中居住问题。在农民转化为市民的过程中，一方面，要对农民的市民身份重新构建，而这依赖于政府的政策支持和政府的公平公正，同时对于居村农民非农化的就业问题也要做出相应的保障措施，从根本上维护农民自身的利益。另一方面，政府要切实保障居村农民新社区环境的维护和居民之间的沟通与交流，要大力宣传市民意识，让居村居民养成适应社会发展的良好习惯，从内心接受和认可自己的市民身份，才能真正地做到从农民到市民的有效转化。

第四，推进农村非农产业的发展对农民市民化起着促进作用。农民市民化不仅需要政府政策的推动和激励，还要依靠农民自身对于市民化转变的发展需求和欲望。因此，在农村的产业模式由第一产业主导逐渐向非农产业发展过程中，农民的生活富裕程度会促使其向市民化道路转型，提高他们向市民化转变的自觉意识和能力。

第五，加大公共服务均等化投入，免除居村农民市民化的后顾之忧。保障农民市民化需求需要政府部门提供一定的资金支持，设置多级财政补助机制，提高农村的社保、医疗、基础设施等的完善程度，实现社会公共服务的均等化，多主体协同为农村发展建设服务，为农民解决好家里的忧患。要发挥好市场和社会组织的作用，摒弃过去单独依靠政府推动的模式。

6.4.3 推动下乡市民村民化

城市人才下乡现象的产生，既体现了近年来国家助农惠农政策效果，也标志着城乡发展进入一个新的历史阶段。城市人才下乡为乡村振兴提供了重要人才来源，但想要让下乡市民真正留在乡村，成为乡村振兴的人才精英，发挥其主观能动性，积极参与乡村振兴的各项目标任务，乡村人才回流机制是人才振兴的根本工作。

第一，应该加强乡村整体规划，对乡村新增建筑地点选择、建筑风格、公共设施配套、产业发展等进行整体规划与布局，同时严格规划执行，保护村庄生态环境与原始特色风貌。一是完善乡村基础设施及配套，加强乡村道路、水电、互联网等基础设施建设。随着乡村生活富裕程度提高，越来越多的农民购车，应合理规划停车位、完善停车制度，积极宣传健康教育理念，维持村庄整洁的公共卫生，增强群众的环保意识，不乱丢垃圾和废弃物；增加群众公共活动的场所和空间，让群众有更多的场合满足自身的精神文化需求。二是教育和医疗问题要两手抓，任何一个都不容轻视。要与城镇教育与医疗体制有效衔接，完善医疗体系建设，推进医保异地结算向下方延展工作；与此同时基层师资力量的建设也要提上日程，必须加大村、乡镇与县级从幼儿园到高中阶段的教育衔接，文化水平的提高才能促进乡村人才辈出。对于下乡人才的福利政策，要确保及简化下乡人才子女的转学手续问题，使得下乡人才子女顺利入学，安心上学。

第二，创新人才内部制度建设。塑造乡村共治共享理念可以在一定程度上缓解传统户籍制度壁垒造成的人才外流的程度，也为下乡市民实现了与原住民同等待遇的各种权利和义务。关于提高下乡人才的主观创造性和加强其权利义务意识，可通过参加村基层党组织开展的多种文体活动或者高素质人才参与村委会的换届推选工作等环节，加强乡村外来人才的主人翁意识，提升村党组织的生力军的工作热情和活力，更好地实现乡村自治。从诚信角度来说，乡村诚信制度的建设对人才的吸引至关重要，建立双重诚信体系，要营造乡村良好的诚信环境，培养政府和村民有责任心，遵循事物法则，按照集体要求规范自己，有集体荣誉感、自豪感。人才培育机制的构建不是一蹴而就的，要有长期培养人才的决心。引导下乡居民在村庄内部、村庄之间、村庄与城市之间，建立多维对话机制；强化金融工具创新，多模式扶持下乡居民灵活创业。

6.5 人才管理路径——统筹资源激励机制

乡村人才需求应同乡村发展方向多元化相匹配，乡村振兴需要让乡村承载多元功能。乡村人才对待工作要认真负责、取得成绩的同时还要构建社会软环境和硬环境。软环境相当于完善基础设施装配、良好的学习环境、高效的治理方针以及有效的政策等，而社会硬环境包括生产经营的基础设施建设、农村生活设施等。针对服务乡村的人才，需要精准选拔优秀人才，统筹多项资源系统明确的管理组织来管理乡村人才的具体事宜，乡村人才振兴得以顺利实施的要点就在于保障人才在乡村的基本权益，打破乡村留不住人才的困境。

6.5.1 "量体裁衣"选拔乡村振兴人才

规范选拔机制，建好农村人才"蓄水池"。要推动乡村振兴，就要不断规范农村人才选拔机制，破解人才瓶颈制约。要鼓励优秀人才参与乡村振兴，提升农业管理和服务水平。在选派乡村骨干管理服务人才上发力，地区选派机关干部到乡村任第一书记，在人选方面应当选优配强，综合考虑选派人员的专业优势、资源优势和信息优势，匹配基层岗位需求，更好地服务农村发展。根据乡村专业人才需求分配大学生村官、"三支一扶"人员，做到人岗匹配。优化乡村振兴人才服务环境，依托基层就业和社会保障服务工作站设立基层农业人才服务工作站，开发涉农公益性岗位、基层公共管理和社会服务岗位，提供政策咨询、项目申报、劳动权益维护等"一站式"服务通道。拓展人才选拔渠道，侧重从大学生村官、农村退伍复员年轻军人、返乡创业人员、回乡创业大学生、在家务农青年中挑选品德好、做事好、守法好的"三好"青年，再优中选优，锁定有志向、有口碑、有能力的"三有"青年。采取村级推荐、个人自荐、镇级考察的方式，严格审核把关。满足人才需求，分层次解决人才需求问题，先从工作外部条件、环境等因素来满足人才的基本需求，解决人才后顾之忧。

完善培训机制，创新农村人才"准入证"。提前发放调查问卷，找准学员学习的兴趣点，灵活选择培训时间，采用参观考察、实践锻炼、农民夜校、田间地头等丰富的课堂形式,围绕党的基本知识、农业生产、政策法规等方面邀请教师、土专家、知客、老书记、致富能手等各方能人进行授课,全面提高农村基层储备人才的准入水平。

创新选任机制,打造农村人才"速成班"。早发现、早培养、早使用一批崭露头角的农村青年人才,纳入党员发展计划,并择时选派任用,条件成熟的可向上级党组织建议参与村务管理,让后备人才在工作实践中丰富阅历、提高能力,助其快速成长,早日成为德才兼备、大有可为的可塑性人才。

6.5.2 念好"用"字诀盘活乡村振兴人才

念好"用"字诀,激活乡村振兴"新引擎"。坚持"精雕细琢",用好乡村人才。乡村人才是具有一定优势和专业特长的人,是各行各业中的行家里手,要让他们在乡村振兴中发挥出更大的作用,就要坚持"精雕细琢",写好"用人文章"。乡村人才要适应乡村振兴实际需求,需要进行更系统的培训,坚持需要什么就培训什么的原则,弥补他们的知识空白,着力提升专业能力,在具体的岗位上实现思路上的新突破,找到更适合乡村振兴的新办法,让乡村人才的作用不断扩大,为乡村振兴注入源源不断的力量。

加强管理,壮大优化乡村人才队伍。将乡村人才队伍建设悉数纳入整个人才规划发展当中,着重体现乡村人才在乡村建设、乡村发展、乡村治理中的作用。健全市、镇、村三级乡土人才管理网络,形成以市人才办为主,农牧业、林业、教育科技等相关部门为重点,镇、村两级抓落实的管理模式。定期开展乡土人才资源调查,做到各部门有档案、镇村有台账,并及时进行动态更新管理。善用乡土人才能实现乡土人才的价值。要鼓励各类乡村人才牵头组建农民专业合作社、领办新型农业经营主体和各类经济实体,带动形成"影响一片、带动一群、造福一乡"的产业集群发展效应。要通过优秀人才评选、创新创业比赛、职业技能大赛等途径,每年选出一批乡村人才先进典型,引导乡土人才充分发挥"带领技艺传承、带强产业发展、带动群众致富"的示范引导作用。要制定切实可行的乡村人才表彰奖励办法,将表现优秀的乡土人才推荐作为"两代表一委员"或村"两委"班子,让乡村人才成为助力乡村振兴的"中坚力量"。

信息共享平台的构建可以为乡村人才提供信息互换,使其及时获取有效实时信息,通过在这个平台上沟通交流,可以使新思想、新理念、新政策的获取更加有时效性和准确性。平台的建立对各方都颇有益处，乡村人才可以在这个平台上查询创业就业机会，方便自身在下乡过程中更有着重点，可以点对点、靶对靶地带去技术和经验帮扶乡村、助力乡村。特别要注意的是，对于返乡人才在返乡下乡过程中遇到的问题，基层政府和党委应给予帮助和疏导，帮其解决在创业或其他工作中遇到的问题，满足返乡下乡人才的需求，强化服务效能，提升管理水平，助力返乡就业创业工作顺利进行。

6.5.3　多元评价激励乡村振兴人才

要保证乡村振兴战略的人才供给，引进优秀人才的同时，仍要保障人才后续能切实做到为乡村服务。故需建立人才评价机制，对人才有一定的约束性和激励性。按照人才评价机制的评价体系目标对人才进行评定，对于高度完成任务的人才，应在专业技术职称评定上给予优待，积极畅通乡村人才职称评审通道，合理设置乡村人才职称评价指标，将职称评价与其工作业绩和实际贡献相联系，或提供一定的资金和政策上的奖励。而对于未能完成任务的人才，也要有惩罚措施。在建立人才评价时，也要因人而异，要根据农村实用人才的具体情况分类评价，不能以偏概全，才能更好地激励人才创业发展。

若想使更多的人才下乡到农村、汇聚到农村，则需要有更吸引人的激励措施和福利，政策方面、资金方面、各项福利等都是吸纳人才汇聚乡村的激励手段，要及时接受和听取人才的真正需求。在政治方面，要让政治觉悟高的乡村青年加入党组织或选拔优秀人才进入基层的地方党政机关，给予其后续的上升空间；在声望方面，要因人制宜对不同类别的人才进行评比，不能以偏概全、一以贯之，要对有优秀表现的人才进行表彰，赋予精神和物质层面的双重奖励；在资金方面，当今社会，资金的需求可能是一部分下乡人才看重的方面，应建立工作绩效和资金相挂钩的奖励措施，高效的工作对应着高额的工资；在住房、交通、医疗等方面，给予乡村人才一定的补贴或专项资金，进而促使乡村人才有进取的动力推动乡村发展。在制定各项政策奖励的同时，应全面掌握人才的真实需求，精准合理配置乡村人才资源，积极开展调研工作，为乡村人才提供精准、高效、便捷服务。

第7章　河北省乡村人才振兴实践路径

在提出河北省乡村人才振兴路径的基础上，通过河北省乡村人才振兴的实践探索，形成了政府主导推动型、经营主体促进型、返乡创业带动性和乡村治理服务型四种类型，通过平泉市、藁城区等十大案例来展现河北省乡村人才振兴的实践路径。

7.1　政府主导推动型

7.1.1　模式内涵

政府主导的推动型发展模式，是指在政府的领导下，通过下发专项项目、使用专项经费、举办专项活动等措施，以普及农业政策和教授实用农业技术为重点，来提高乡村人才的职业与就业技能、文化素质、创业精神。该模式推行的目的在于加速培育科技型、技能型、创业型农民与农村实用人才，通过促进新型职业农民素质的提升来提高农民的整体素质，着重增强农民实干兴业、增收致富的能力。

7.1.2　运行机制

7.1.2.1　目标导引机制

通过问卷调查、座谈交流等形式，了解人才的需求；通过面对面沟通，了解职能部门工作需要或政府规划行业发展需要，掌握管理对象应该具备的知识结构、能力要求及其薄弱问题；瞄准国家、河北省人才培养管理方案，对接上级工作要求、培训规范，明确培训目标。

7.1.2.2　人才管理机制

加强选人用人制度建设，制定用人制度管理模式。结合现有乡村人才队伍的实际情况，柔性制定各类乡村人才引进的政策；建立健全乡村人才的培训机制；推动乡村人才考核监督机制更加科学完善，为乡村人才队伍建设提供全方位的支持。政府主导的人才管理机制具有使资源调配越发合理、宏观规划性增强和执行力加强的优势，还可以促进形成巨大的示范作用和强劲的带动作用。

7.1.3　实施亮点

第一，因地制宜实施人才培育工程。以河北省政府主导的人才培训工程在各市区实施过程中，形成了诸多富有地方特色的培育模式，因地制宜开展培训，强化思想认识、教育培训、基地建设、项目整合与政策扶持，全方位保障治理人才培育工作的开展。第二，公益性培训实现产业与人才融合。政府主导推动型是以开展公益性培训为主，从政策、财政、金融多环节保障培训效果的模式，按照培训对象不同类别、培训内容不同，分层分类实施。

7.1.4　实践路径

坚持政府主导推动型模式，针对农业和农民发展的各个阶段需要，灵活制订培训计划，合理确定培训内容，从先进农业知识与职业技能教授、文化素质提高等多个角度出发，提升他们对农业知识的应用能力和农业技能的实践能力。政府从上到下，制定政策，提供配套资金，确定培训机构，组织人力物力，提供各类支持。各有关部门通过发放《职业技能证书》、《高素质农民证书》、非学历《培训证书》等方式，积极响应政策，发挥带头作用，促进农村人才的发展。

案例一：平泉市"产教融合，校社联动"农民教育培训模式

一、背景

平泉市是一个典型的山区农业县，耕地面积为 48565.66 公顷，农业人口 34.2 万，占总人口的 72%，是国家扶贫开发重点县、国家可持续发展实验区、河北省统筹城乡发展试点，也是中国食用菌之乡。为推动现代农业发展，实施"科教兴农、人才强农、农民固农"战略，为全县产业发展提供强有力的人才支撑。建立以县农广校为主体，林、菌技术推广站为补充，重点实训基地为依托的农民教育培训体系。围绕"菌、菜、畜、果"等地方主导产业，以特色产业村、示范园区、示范合作社为载体，实施以"一村一校""一园一校""一社一校"为基础的"校村园社"农民培育系统。农民通过创业兴业发挥在产业链上的示范带动作用，推动生产经营提档升级、发展壮大，使平泉的农业产业逐步形成产业化、标准化和规模化的现代农业格局。

二、主要做法

第一，政府推动服务产业发展、明确培育目标。平泉市根据产业发展需求，围绕"食用菌、设施蔬菜、畜牧养殖、现代林果"四大特色富民产业培育职业农民，建设农业人才"智库"，为全县农业产业化发展提供人才支持。以 18~55 周岁在乡农民、返乡农民工、退伍军人、大（中专）学生农村创业者等为主要对象，重点培育生产经营型职业农民、专业技能型和社会服务型职业农民。

第二，构建培育网络，明确实施主体。围绕服务主导产业提档升级、壮大生产经营主体的现代农业发展目标，搭建教育培训平台，形成以县农民科技教育培训中心统筹协调，县农广校为教育培训主体，林、菌技术推广所站为补充，重点实训基地为依托的农民教育培训体系。

第三，规范培训环节，提高培养质量。按照合理遴选培育对象、规范培训环节、完善课程体系、创新教学方式、架起空中课堂、强化职业导向与搞好跟踪服务七个环节，进而加强培训效果。

第四，创新培训形式，提升培训效果。通过打造"一村一校""一社一校""一园一校"等多种培训形式，培育高素质农民，实现农业生产经营合作化、职

业化，推动特色产业发展。

三、成效分析

第一，提高人才知识运用、创新和管理的能力，壮大新型生产经营主体。通过培育农民，使部门力量、项目资金得以整合，培育职业农民的力量得以加强，将培育新型生产经营主体作为重点融入农民培育工程，推动县域经济和农村一二三产业融合发展。

第二，农民典型带动，促进特色产业发展。通过农民的典型带动，使党员和青年骨干农民的先锋模范作用得到充分发挥，形成了共同致富的农民创业群体。青年职业农民引领群众发展产业，参与社会管理与服务，既增强了基层党组织的凝聚力和号召力，又助推青年农民在家创业和返乡创业，促使职业农民队伍结构得以改善，从而推动了地方特色产业发展。

第三，推动农民增收。通过"产教融合，校社联动"方式培养农民，可以促进农民观念的转变、思想的拓展、技能的提高和自我发展能力的提高。为促进当地农业发展提供强大的智力支持。要充分利用政策的引导，为农民搭建创业平台，通过扶持政策与园区发展结合、合作社与农民紧密联结形成利益共同体，变"输血"式帮扶为"造血"式帮扶，使农民增收变得可持续。

案例二：藁城区"规范体系，多方参与"产业人才培育模式

一、背景

石家庄市藁城区，总耕地 79.6 万亩，总人口 80.6 万，其中农业人口 54.7 万，农业是藁城的传统优势，形成了"优质粮食、绿色蔬菜、畜牧养殖、优质果品"四大主导产业。藁城是国家首批现代农业示范区、全国粮食生产标兵县、全国绿色能源示范县、河北省蔬菜产业发展示范县。藁城区当前农业发展的主要依靠力量是农民合作社、家庭农场、种养大户，这些群体的素质高低直接关系到藁城区农业现代化建设水平。针对他们知识程度普遍较低、组织管理意识不强、经营模式比较粗放等问题，结合他们的心理特点和职业素质要求，藁城区开展了各项培训教育规划和实施，逐步探索形成了具有自身特色的培育体系，对农民教育培训质量起到了良好的促进作用，同时推动了当地产业发展。

二、主要做法

第一，确立了明确的培训目标。以"科教兴农、人才强农、新型职业农民固农"作为培训总目标，坚持立足产业、需求导向，政府主导、多方参与，稳步推进、注重实效的原则，以服务现代农业产业发展、服务新型农业经营主体成长、服务重大工程项目需求为导向，以标准化的培养制度，为发展现代农业提供强有力的人才支撑。

第二，成立了上下贯通的组织机构。农民教育培训工程具有复杂性、系统性特征，涉及内容多，范围广，需要由政府牵头，统筹协调，多个部门共同参与形成合力。为此，成立了主管区长任组长，农业、林业、畜牧、财政、人社、土地等农业相关部门成员带领乡镇负责人组成了培训工作领导小组，明确职责分工，领导小组下设办公室，办公室设在农业局科教科，并明确专人负责。

第三，建立了运行规范的培育体系。藁城区挂牌建立了农民科技教育培训中心，承担农民教育培训工作的统筹规划、综合协调和指导服务的基本职能。初步建成了"以农民科技教育培训中心为主体，以农广校农科所科技园区、农技中心职业教育等教育培训机构为联合，以农业专业合作社、现代农业园区、家庭农场种养大户规模化生产基地等为培训基地"的培育平台，形成多方参与、资源联合、功能互补的培育格局。

第四，创新了一套特色鲜明的培育形式。藁城区坚持创新理念，按照"分段式、重实训、参与式"的原则，在抓好遴选师资和学员、科学设置课程、强化班级管理等环节的同时，引入创业培训法，根据成人教育的特点组织教学，采用高度参与的互动方法，调动学员积极主动地参与整个学习过程，重点抓好"训前一堂课、训中重实效、训后归农队"三个关键点，形成了独具特点的培育形式。

第五，开展了一系列职业技能鉴定。区农厂校职业技能鉴定工作站不断加强队伍建设、基地建设和制度建设，落实质量管理体系的标准和要求，形成了队伍健全、设施完备、制度严谨、管理规范的良好局面。现已列有符合鉴定要求的操作设备设施和场地。

三、成效分析

第一，提高了培育对象的综合素质。在农民教育培训过程中，创业培训极大丰富了学员们的创业技能和创业理论知识，通过成本核算、财务计划和销售收入预测等内容的培训，参训学员的风险意识增强，盈利能力大大提高。

第二，提升了培训基地的师资水平。在培训师资安排上，结合往期培训效果和学员对讲课老师的综合评价，优中选优，强中选强，逐步实现专业课老师基础课老师全部由专家、教授局长校长组成，建立一支强大的师资队伍，将教学水平提升到一个新层次。

第三，增进了职业农民的互助合作。农民通过参加培训建立 QQ 交流群，学员在生产中遇到各种问题都可以在交流群中得到解决。同时，他们增强了互信，成立了新型职业农民商会，目前会员近 100 人，受到了学员的一致好评。

7.2　经营主体促进型

7.2.1　模式内涵

经营主体促进型模式，即经营主体在自身发展的过程中，充分发挥人才培养的主体作用，以适应各种产业人才的需要。农业企业要从自身的长期发展和农业产业链的不断整合和提高角度，投入大量的人力、物力，统筹做好农产品育种、研发、生产加工、销售流通各个环节所需人才的培育开发工作。农业企业与人才之间，存在多种利益联结形式，使两者相互依存，共同实现长远发展。

7.2.2　运行条件

经营主体促进型模式的运行条件是当地农业产业或现代农业园区发展成熟，并有意愿开展不同产业人才培养，农业企业与产业园区以科技开发、示范、辐射和推广为主要内容，以产品、技术、服务为纽带，在发展过程中与人才深度融合。以市场需求为导向，在产业链延伸的基础上，建立了良性循环的利益联结机制后，分享产业增值收益，与人才之间形成紧密型一体化合作关系。

7.2.3　实施亮点

第一，公益性与营利性行为相耦合。解决了由政府主导公益性培训辐射范围小的问题，政府在进行人才培养时只能选取典型代表，而作为农业龙头企业，对于当地农民具有较好的生产带动作用，辐射范围更广。并且企业与人才之间建立紧密的利益联结机制，双方才得以长久发展。第二，产学研深度合作。企业、科研院所与高等学校之间，根据市场为导向，促进技术创新。在此过程中，加深产业与人才的融合发展。

7.2.4　实践路径

在人才培养的多元化机制下，根据差异性需要，开展各类人才的培训。重视龙头企业和科研机构的合作实训基地，供参与培训人员的参观和实训。通过对农民进行公益和营利性的培训，辐射带动周围农户进行科学的、绿色的生产，推广先进的技术和观念。

案例三：根力多"产品营销，科普教育"人才培训模式

一、背景

邢台威县溯农职业技能培训学校是 2019 年 8 月依托根力多生物科技股份有限公司（以下简称根力多）成立的农民田间学校。根力多是集生物肥料研发、生产、销售和服务于一体的高新科技公司，主要从事生物蛋白肥料、微生物菌剂、植物营养特种肥、矿物土壤调理剂等产品的研发、生产、推广和服务工作。2020 年 5 月学校更名为威县溯农职业技能培训学校（以下简称溯农学校），学校坐拥根力多总部培训基地、晟熙农业科技有限公司和根力多现代农业科技服务中心三大基地，负责对公司客户、种植大户、新型农业经营主体负责人和高素质农民等生产经营人才进行培养。2020 年先后被中央农业广播电视学校推荐为全国百强优秀农民田间学校，被河北省农业农村厅认定为农民教育培训实习实训基地。学校借助根力多作为微生物肥料领军企业的发展平台，将推广企业产品的经济行为与人才建立利益关系，积极参与到农业生产经营人才培养活动中来，以满足人才实际需求为出发点，不断提升人才综合素质为目标，提高科技型生产经营人才的生态意识和对生物肥料的科学认知，逐步构建起激励式、递进式的培训体系。

二、主要做法

经营主体促进型模式的突出做法是溯农学校以营销企业产品为导向实施科普

教育，主要培养对象是企业营销服务人员、生产经营型人才和潜在农业人才。在人才培养形成一定范式后，溯农学校广为承担政府主导农民教育培训任务，形成良性互动，确立为省部级定点培训基地，人才培养规模和数量稳步提高。

第一，针对企业营销服务人员进行管理培训，提高以产品传播和服务农户为核心的工作效率。企业营销服务人员管理培训是企业人力资源管理的重要内容，为了推广生物肥料、提高销售绩效，溯农学校依托产品科研团队定期集中对企业营销服务人员开展理论授课和实践操作等形式的岗位管理。理论授课通常采取常态化线下培训基本形式，主要围绕讲授科学土壤知识、生物肥料成分、讲解使用方法、示范产品效果等内容，扩充企业营销服务人员自身对于产品和技术的知识储备。实践操作通常采取定期线下指导基本形式，使企业营销服务人员深入了解实践操作方式，并针对可能出现的各种土壤、农产品实际问题适用的多种产品配比和用量进行详细介绍，以实现企业营销服务人员全面掌握农产品生产过程中的科学知识、熟练产品操作使用方法、具备扎实技能应用为目标，提升企业营销服务人员产品认知程度和后续服务能力。

第二，针对生产经营型人才实施培训，提升人才科学生产和风险抵御能力。学校始终坚持"讲给农民听、做给农民看、带着农民干"的服务理念，组建由公司研发团队为核心的15人师资库，通过开设线上直播、课堂教学和田间指导等多种形式同步开展培养行为，实现线上和线下融合培养。学校为公司客户、周边种植大户和新型农业经营主体负责人等提供科学知识、产品讲解、技术指导、答疑解惑等培养内容，形成了递进式培养内容框架，构建了土壤知识讲授、测土配方施肥、产品知识展示、食品安全政策、农民基本素养和农村电商发展等多重板块的现代农业发展课程体系，适应了新时代农业绿色高质量发展对人才提出的新要求，同时提高产品的认可度实现营销范围不断扩大。同时，参与培养的农业生产经营人才在购买企业产品时享受一定优惠政策，平均价格可下降10%左右，形成了激励式培养对象吸引体系。

第三，针对潜在农业生产经营人才开展教育，提升实践认知和创新能力。企业通过与河北农业大学、中国农业大学、天津科技大学、华南农业大学、中国科学院、日本松本微生物研究所等建立校企合作关系，借助高校研发团队带来先进研发产品和技术的同时，培养相关专业潜在农业生产经营人才，实现产教融合。未来高校大学生将成为乡村产业发展、经济建设的重要人才输入群体，指引现代农业发展方向。农业相关专业大学生、研究生通过到试验基地开展现场教学加强科普教育，深入了解一线科技发展的同时，强化理论与实践结合程度，开阔思路和视野，将科研工作落地基层快速转化。同时，对企业自身吸引高层次农业人才产生巨大帮助，高校大学生在亲身感受企业先进发展后容易产生浓厚工作兴趣，拓展就业渠道，也对更多高校大学生投身现代农业创业创新产生推动力。

第四，针对各类农业人才开展培训，拓展政府人才培养途径。企业在成立农民田间学校后，广泛承担政府农民教育培训工作，培养各类生产型、经营型、技能型、服务型农业人才，取得了良好成效。企业具有相配套的基础设施建设条件，拥有一个生产实践车间，建筑面积2000平方米的展厅，可容纳260人、50人的两个多媒体教室，可容纳80人、50人的两个会议室，酒店规格可供150人住宿房间以及同时容纳300人就餐的餐厅。学校共有授课教师40名，其中高职讲师5人，其他多为企业科研团队专家，师资力量雄厚。根据培养目标和对象需求，学校可以差异化、个性化制定培养方案，并做好学习、食宿、实践、安全等各方面的管理和服务工作。政府主导农民教育培训若只单纯依靠政府资源会受到诸多限制，必须借助外力才能实现效果，政府和产业主体各具优势，在将产业主体纳入人才培养体系的过程中，丰富和拓展了农业人才培养途径。

三、培养效果

第一，人才培养规模不断扩大。2020年，溯农学校针对不同作物、不同时期的土壤研究和管理技术进行对位指导，线上和线下融合培养人数共达3000余人次，辐射范围涵盖河北邯郸、沧州、衡水及山东、山西等多个省市。学校通过推广高科技新型微生物肥料系列产品，对农业人才科普与各类农产品相匹配的农资施用知识，显著提升了人才生态环境认知与科学种植能力。

第二，企业经济效益不断提升。企业在对人力资本投资的同时，赢得了与人才之间建立的稳固社会资本积累，建立了良好的利益关系往来。直接客户不断带动辐射周边有需求的农业生产经营人才参与其中，产品销售量稳步提高，2019~2021年销售业绩分别为4.19亿元、5.18亿元、6.65亿元，连续三年逆境增长，且增速超过20%，同时企业和人才自身也因绿色生产农产品价格提高，而共同获得更高经济收益。

案例四：金沙河"职业化、学徒式"人才培养模式

一、背景

金沙河农作物种植专业合作社，依托金沙河集团成立，集团是以面粉和挂面加工为主的国家级农业产业化重点龙头企业，实现了一二三产业融合发展。合作社于2012年成立，形成了"企业以资金入股、职业农民以技术入股、土地承包农户以土地经营权入股"的股权模式，合作社种植规模达3万亩，粮食年产量7.2万吨，为了从源头把控质量深入第一产业，实现高水平种植小麦、精细化管理流程，合作社对技能管理型农业人才的需求越发强烈。为此，金沙河合作社开办了职业农民培训学校，为职业农民提供专业的培训服务，2016年被认定为"河北省新型职业农民培育实训教学基地"，2018年被认定为"农民田间学校"。合作社依托金沙河集团招聘员工职业化从事小麦种植管理，通过培养使其掌握小麦种植技术，承包合作社土地，使其成为小麦生产管理人才，人才培养形式独特且成效显著，不仅为企业培养了农业生产经营人才，提供了人才就业实践机会，并且为当地培训了大批高素质农民，提高了区域小麦产业种植技术水平，为企业大范围提供了更多的高品质小麦作为加工原料，形成企业与人才双赢格局。

二、主要做法

职业学徒式充分体现了金沙河农作物种植专业合作社对农业生产经营人才培养的方式，特征鲜明且成效显著，为农业企业人才发展提供范例。集团培养职业农民的过程中突出职业化、学徒式特征，追求双向互惠互利目标，实现"在合作社中培训、在企业中成长、在产业中发展"的培养思路，培养做法较为成熟和完善。

第一，分类契约匹配型职业化培养。职业化主要体现在农业生产经营人才属性方面，集团公开招聘26~40岁青壮年农民成为企业员工到下属合作社进行小麦种植管理，通过签订劳务契约、要素契约、利益契约、风险规避契约等正式契约关系雇佣其成为集团员工，此时的职业农民不是往常认知的农民身份，而是真正成为一种职业。在劳务契约方面，职业农民经过6~8个月实习期后签订劳务契约成为企业正式员工，提供劳动力，单独进行生产种植管理，获取劳动薪酬的同时享受企业福利待遇。在要素契约方面，合作社严格筛选先进试验品种，按照

统一要求向职业农民提供生产所需农机设备和生产资料，包括种子、农资、播种设备、无人机喷洒设备、灌溉设备、仓储库，由职业农民经营管理土地规模为配比标准，人均种植管理面积约为 26.67 公顷，但一些额外保养费和维修费以及外部设备使用需职业农民自行承担。合作社开发手机应用软件"农事云 App"，物资采购、销售收入、成本核算等信息均可在线查询、时时共享、事事监督，职业农民可以利用互联网进行科学种植。利益契约方面，实习期学员按照基础工资 8000 元/月获取薪资，转正后职业农民按照"负盈不负亏"的利益分配奖励制度与公司签订合同，即收益部分与企业平均分成、亏损部分企业单独承担，这种方式让职业农民的积极性与责任感得到了很大的提升，为职业农民队伍的建设与发展提供了稳定的平台。风险规避契约方面，合作社为小麦统一购买农业保险，职业农民在生产种植环节不用承担任何风险压力，与一般农户相比降低了不可控风险，合作社会对职业农民生产绩效进行排序，长期排名末尾会面临开除风险，所以职业农民生产热情和负责程度较为高涨。多种契约类型共存及适宜类型匹配为合作社培养职业农民奠定了持续发展基础，降低了投资风险和管控成本，赋予职业农民有更大的剩余收益索取权，为二者获取更多经济利益提供保障。

第二，现代创新型学徒式培养。合作社开展农业生产经营人才培养打破常规教育培训模式，在现代学徒式基础上进行探索创新，凸显现代创新型学徒式培养特征，培养"一专多能"的综合性人才。按照"招工即招生、入企即入校、企校双师联合培养"形式，企业与人才之间建立长期、稳固的雇佣关系，打造企业新型学徒制。借鉴工厂师傅带徒弟的培养方式，直观深入小麦生产种植全产业链实践操作，新员工全程跟随老员工学习各种技术，后承包合作社土地进行独立生产经营。在实习期内由合作社制订详细的指导培训计划，有经验的职业农民采取"学徒式"手把手指导方式对新员工进行小麦玉米种植、管理与经营经验传授，使职业农民亲身体验工作流程，形成良好的互动交流关系，有效弥补职业农民高质量背景下小麦生产管理技能缺失。这种培养兼具持续性和长期性，真正做到根据农时农事规律贯穿全程培养人才。实行交替式培训和学习，将理论和实践相结合，合作社定期聘请有资历、懂技术的教师对学员进行理论教学和技术指导，通过课堂理论学习和田间实践操作相结合的方式，让学员切实学习先进的经营管理技术，实现能力提升与收益增加双目标。学徒式培养解决了企业用工难和不稳定问题，也为农民提供了体面的工作岗位，是农业企业青年技能人才培养的有效手段和途径。

三、培养效果

第一，人才职业发展稳定。截至 2021 年，合作社的职业农民学校共培养 120 位职业农民，实习期后继续留在合作社工作的有 66 人。通过培养，这些职业农民具备了独立生产经营的能力，可以保证全产业链各个环节生产标准达到企业要求，同时享受能力提升带来的薪酬回报，大多数年收入可达 20 万~40 万元不等，远高于当地普通农民收入。

第二，缓解企业用工难题。现代农业以及产业主体和所需青年技能人才实现有效对接，缓解了企业人才招聘、人才流失等迫切问题。当前农业发展，一般劳动力供给过剩，企业等产业主体更加注重人才综合素养和技能水平，用人标准相对较为严格，企业自主培养可以有效解决人才缺失问题，并且可以创造更多的人才就业岗位，搭建了企业和人才的联结桥梁。

案例五：大司马"科技引导，品牌带动"人才培训模式

一、背景

大司马现代农业培训中心是以青县司马庄绿豪农业专业合作社为基础的，该培训中心发展项目繁多，除了现代农业培训，有有机特色蔬菜从生产到加工再到销往全国各地的"一条龙"产业，还有休闲农业项目如农业旅游、特色餐饮、会议接待等，是个综合性的大型人才培训中心。大司马园区在发展特色蔬菜和休闲农业的同时，使农民综合素质也得以提高，形成了"以产业带动经营和管理能力"的发展模式。也就是利用特色蔬菜和休闲农业的发展带动作用，使周围农户经营和管理水平得到明显提高。

二、主要做法

第一，建立"青县大司马现代农业培训中心"。该培训中心与中国农大新农村发展研究院共同建立了"专家工作站"，为农业技术指导、人才培养等方面提供理论与技术支撑，使农民培训的科技水平得到了明显的提升。2015 年培训中心又联合河北省农林科学院，并在河北省现代农业技术系统的专业技术人员的指导下，成立了"司马庄运河湖蔬菜花卉研究所"。整合青县和河北省内外诸多专家学者，建立了一个农业专家数据库；通过与中国农业科学院、河北农业大学等

高校、科研机构的协作，运用多媒体技术，通过多种形式，对农业问题进行及时的诊断和指导。确保农民与不同农业领域的专家之间的沟通交流，进而促进农业产业的规范化经营，推动农民的科学经营。依托农业技术专家队伍指导，为当地种植大户及辐射区域的农户提供一对一的技术服务。通过"农民田间学校"建设，将传统农业培训转移到田间地头。通过完善产销信息平台，对农民推广设施农业物联网技术。作为河北省乡村人才培训基地，全省各地高素质农民培训都选择在这里进行农业技术的培训。

第二，通过农民入股实现产业融合。合作社成员出资入股，合作社在经营期结束后以分红的方式参加，使农户的个人利益和合作社的利益联系在一起，形成了长久而稳定的合作关系。职业农民以流转土地的方式来扩大种植面积，而大司马则通过吸收农户加入合作社，借助自身获取农业生产信息的优势帮助社员扩大经营范围，并且实现规模化种植，提高农产品的质量并进行品质等级分类，形成市场竞争优势，既可以增加社员收入，也为合作社增加收益。农民参与合作社不仅决定着合作社的发展动力，而且直接影响着现代农业经营者的发展水平。

第三，通过特色品牌的建设效应，培育农民的经营管理能力。大司马现代农业培训中心以其特色基地为依托，努力创建"第一农产品"。通过土地流转、招商引资、建设设施标准园区等方式，把生产技术的标准化与"两品一标"的认证作为企业品牌的重要内容，并与全国著名的电商公司、京东商城等进行了深入的合作。一方面，农民可以通过网络交易平台来销售当地特产；另一方面，加强农户与客户的交流，以提高其经营管理水平和文化素养。

三、取得成效

大司马园区辐射周边共计 1200 多户农户，扩大种植面积 1 万余亩，解决了3000 多名农民的就业问题，为农民增收 1800 多万元。以高技术示范园区为龙头，辐射带动周边乡村发展，使农户的发展设施蔬菜的积极性得到了极大的提高，经济效益显著。

第一，通过人才培养助推了农业产业发展。在大司马特菜基地的发展过程中，农民教育培训工作取得了极大进展。进入市场经济后，高素质职业农民将会促进农业生产的发展，提高生产水平，促进小农户和合作社的进一步融合和共同发展，提升农户加入市场经济的实力和抵御风险能力，提高资源节约化和环境友好程度。

第二，实现公益性培训与收益性培训相结合。集团非常注重人才培养，大力扶持人才培养项目发展。以现代农业培训中心为依托，承接河北省内外各地的企业培训，还支持免费参观学习，连续多年多次组织关于现代农业的知识培训，同时还聘请了各行各业的专家学者来培训中心进行培训指导，农民的专业化水平得到了极大的提高。

7.3 返乡创业带动型

7.3.1 模式内涵

人才创业带动型模式，是指农村能人、返乡农民工、大学生、退伍军人或其他非农行业人才等通过自身创业领办家庭农场、合作社、农业企业等，发挥辐射引领作用推动当地农业产业发展，以此形成产业与人才的融合发展模式。

7.3.2 运行条件

人才创业带动型模式的前提条件主要体现在人才的年龄、工作经验、文化程度、经济状况、实际能力、思想觉悟等诸多方面。需具备企业家才能与农业情怀，有志向在农业产业进行长久发展，有毅力敢坚持，并且有对抗风险的决心。农业产业不同于其他二三产业，风险性高，收益并不确定，需要创业者良好的心理素质和为生存发展的创新意识。

7.3.3 实施亮点

7.3.3.1 "以点带面"联农带农

在产业发展壮大的同时，创业人才自身在生产经营管理过程中得到成长与锻炼。其中不乏一些典型优秀代表，获得众多荣誉称号，如"全国农业劳动模范""全国十佳农民""全国青年创业致富带头人""全国农民创业创新带头人""风鹏·行动带头人""全国新型职业农民创业资助项目优秀代表""全国百名杰出新型职业农民"等，他们发挥着积极的带动作用。

7.3.3.2 以农民田间学校为依托培训农民

作为农民田间学校实践实训基地，培训了大批有需求的农民。培训类别不仅包括农广校主导新型职业农民培训、青年农场主培训等，还包括全程机械化智能装备技术培训会等针对性较强的技能培训。培训内容涵盖技术指导、农机操作、电商经营等多个模块。培训了大批农民投身致力于农业生产经营与服务，带动了产业发展。

7.3.4 实践路径

深入实施高校毕业生、就业创业的农民工、大学生、退役军人等人员返乡入乡创业，实施大学生创业支持计划、留学人员回国创业启动支持计划，引进专家及高学历人才进行科技创新。通过与科研院校专家进行合作，建立人才引进机制，并从多途径引进人才，推动企业长远发展，向现代农业发展目标靠齐。长期从事农业的农民及返乡创业人员如退伍军人、大学毕业生等，在进入农业进行创业兴业时，通常需要多方保障机制和配套的资金、技术、设备等支持。

案例六：河北"大学生群体返乡创业"人才发展模式

一、背景

从外出打工到回乡创业，青年"逆流返乡"的抉择既是在新农村建设的大背景下的时代变迁，也是基于地方政府出台的好政策，提供的好环境和为吸引人才返乡服务的真付出。贾路遥、段星颢、李刚三人大学毕业以后就来到了邯郸南旺村进行鸡枞菌的种植；在国外学习的李萌把握机会，传承红色历史，通过特色民宿发展乡村旅游，做好"红+绿"结合，实现了"绿水青山"转变为"金山银山"；"90后"女孩刘娇，她从天津返回阜平县的顾家台村，开了村子里的首家精品民宿，为当地的"乡村旅游"做了样板。在返乡创业的好政策和好环境的影响下，更多有情怀、有抱负、有才华的年轻人回到家乡，助力乡村振兴，为农村的发展做出贡献。

二、主要做法

第一，带来"新点子"。贾路遥、段星颢、李刚是高中同学，2013年他们回到邯郸市发展事业。2015年在大社镇的南旺村开办了养鸡场，养鸡场经营了1年左右，恰逢当地政府加大环境治理，养鸡场的位置在水源保护区附近，为了响应国家政策，三人及时关停了养鸡场。虽然苦心经营的养殖场关门了，但是他们并没有灰心，而是积极学习经验，寻找企业转型的办法。经过一段时间的调查发现，当地的菌菇市场值得尝试，于是三人选择将从养鸡转型为种植鸡枞菌。2019年他们正式成立了友谊亭生物技术有限公司，并于同年建成了占地25亩的鸡枞菌种植基地，当地村委会用集体土地入股，解决了厂地问题，继而需要解决的就是技术问题了。他们相继到河北农业大学、邯郸市农学院寻找鸡枞菌种植的专家进行咨询，还在引进专业技术人才进行品种改良的同时，到北京、石家庄等地的农产品批发市场开拓销售渠道。2020年，黑皮鸡枞菌迎来了一场大丰收，再加上多条新的销售渠道的构建，鸡枞菌的销售节节高升。现如今，他们的鸡枞菌已经畅销全国，一度供不应求。

第二，挖掘"新机遇"。李萌生于1988年，出生于黄岔，毕业于马来西亚史丹福学院，在国外学习的一段时间，丰富了她的人生阅历，也使她见识到了国外先进的技术，即使如此毕业后的她还是把发展的眼光放回到了自己的家乡黄岔村。黄岔村坐落在凌霄山北麓，是一座宁静而又古朴的小山村。抗日战争期间，八路军冀西游击队总队长杨秀峰带领内丘县独立团、独立营和保家民团经常驻守在黄岔村，黄岔村也因此留下了很多当年的"红色印记"，时至今日，走在黄岔村的村间小路上，总让人渴望了解当年的故事，感受当年的红色革命精神。2020年4月，李萌回到黄岔创业，她选了一座进村的斜坡，沿着山势，修建了一座精致的客栈，石房木屋依山而走，颇有意境。客栈外形自然保持着当地的传统，但是内部十分先进、别有洞天，在这家客栈里，有茶楼，有咖啡厅，甚至还有小型电影院等设施，可以一次招待200多人。另外，李萌还通过"企业+基地+农户"的方式，带动周边农户发展特色种植。还开发了金花葵花茶、金花葵油、金花葵挂面等特色商品，为村民增加收入。

第三，引入"新理念"。顺应"返乡创业"的热潮，刘娇辞去了在天津的工作，回村把多年未住的老宅改建为10个房间，客房面积达400余平方米的民宿，随后又在2019年建成了全乡首个精品民宿。在她的影响下，许多村民也发现了民宿这个热点，顾家台有高山果园、牡丹花海、啤酒花园等景点正适合旅游业的发展。到了2021年，当地已经拥有34家民宿、10家农家乐，每年参观人数也达到了30万人次。正当村里的旅游业一帆风顺之时，刘娇又遇到了一个新问题，某天有旅行社人员联系了刘娇的民宿，询问能不能容纳 30 人以上的团队的住宿，但是当时的民宿只有十个房间，招待不了 30 多个人，即使喜欢当地风景，他们也只好选择了别处居住。一份送上门的"大单"就这样丢了。于是，刘娇找到村党支部书记顾锦成，提出来成立旅游协会，把全村的旅游资源进行整合管理的想法，两人一拍即合，决定 2022 年大力发展顾家台旅游业，打造一个强大的旅游品牌，推动当地乡村振兴。

三、成效分析

第一，为周边居民创造就业机会，为当地农民增加收入。目前贾路遥等人的友谊亭生物技术有限公司一共有 12 个鸡枞菌种植园，每年可生产 144000 公斤的鸡枞菌，为附近居民创造了百余个工作机会，让他们每月都有 2000 元左右的额外收入，在 2020 年直接带动村庄集体增收 20 万元；李萌带动当地群众发展金花葵花的特色种植，开发金花葵花茶、金花葵油、金花葵挂面等特色商品，带领村民增收；刘娇带领村民吃起了"旅游饭"，带动周边村民发展采摘园、赏花园、农家乐等。

第二，促进当地产业发展。贾路遥、段星颗、李刚发展"公司+村集体+农户"的新型农业产业合作模式，通过新知识、新理念带领着村民们通过农业产业发展增收，不仅为村民实现了脱贫致富，也带动了当地经济的发展；李萌和刘娇通过创业发展了当地旅游产业，让村民吃上了"旅游饭"。

案例七：尚义"农民工返乡办企业"人才发展模式

一、背景

在张家口市尚义县大青山，有一个叫作"二道背村"的小村庄。2018 年前，这个被连绵大山围困的村子几乎已经成为了"空心村"，因为和外界基本处于断联的状态，这里十分贫困落后，村子里大部分的青壮年也都在外面工作。现在，提起二道北村不再是"山窝窝"和"难进出"，而是"生态旅游"和"龙头企业"，这番巨大的转变要从"80 后"年轻党员李占飞说起。李占飞是尚义县红土梁镇的一位农民，几年前就走出大山到北京打拼，靠着自己的努力，在房地产开发领域发展的十分不错，名下也拥有了多家公司。在县委、县政府出台了一系列扶持返乡人才创业的优惠政策后，他带着对家乡的满腔热忱，毅然选择回乡创业。自 2017 年以来，在乡镇政府的帮助和扶持下，投入 2.5 亿元建设了大青山国际旅游度假区，并在当地建立了草原天路，唯一一座长达 639 米的玻璃吊桥，旅游事业发展得如火如荼。该工程带动了 110 个村民就地就近就业，11 个村民办起了农家游。

二、主要做法

第一，作为龙头企业创建旅游项目，弥合小山村产业空心。二道背村附近就是大青山森林公园。一直以来，小山村村容破败，交通条件差，自然条件差，这里的土地都是斜坡，没有一块田地可以灌溉，祖祖辈辈靠天吃饭，收入根本没有保障。过去，因为大青山还没有形成旅游业，即使风光无限好，陷于贫困的当地人也无心欣赏，明明守着"金饭碗"，却也只能背井离乡打工谋生。全村 94 户人家，只有 35 户长期住在这里，而且大多是 65 岁以上的老年人，"空心村"问题严重。京城广厦集团的老板李占飞，在北京事业有成，作为红土梁镇的本地人，他多次对大青山森林公园进行实地考察和调查，李占飞认为，依托当地自然环境优势，大力发展生态旅游业，将会是推动二道背村经济发展切实可行的路径。2016 年，李占飞为了回报家乡，投资建设大青山国际旅游度假区，借此项目吸引青年们回到家乡发展，解决了二道背村产业空心的问题，从而带动乡亲们脱贫致富。负责该项目的运营公司京广旅游发展有限公司先到村里修路、修房、修污水管网并进行河道治理，于 2017 年 5 月正式启动景区建设，2018 年 6 月，度假区一期项目全部完工。大青山国际旅游度假区项目共三期，第二期的工程是以冰雪为主题的极限运动、儿童游乐、主题酒店等，使大青山的观光活动不仅局限于从夏季和秋季，而是延伸到了一年四季。第三期的项目重点是发展温泉和康养项目，使休闲旅游的内涵更加丰富。

第二，严格落实土地管理制度，确保发展旅游项目的用地。一期工程以大青山森林公园为主，建设悬索桥、盘山栈道、庭院酒店等。在项目建设初期，最大的困难就是土地。该项目所占用的土地多为林地，必须转为建设用地。二道背村的居民，由于长期处于封闭的居住环境和以天为食的状态，对发展旅游业产生了疑虑，对土地征收较为排斥。好在尚义县自然资源和规划局对李占飞的项目提供了大力支持。局长张治龙表示，这个项目是一个旅游富民、解决"空心村"产业发展的好项目，因此自然资源和规划部门对于积极支持项目发展表示义不容辞。经过县镇村三级干部的努力，村民的思想得以转变，1040 亩耕地顺利流转到大青山旅游度假区，同时，给流转土地的村民每年每亩 200 元的租金，让每个村民的年收入都能提高 2000 元左右，这 1000 多亩土地将用来种植花卉和药材，为发展全域的乡村旅游业助力。

第三，村庄和企业的"捆绑"发展，使村民的生活水平不断提高。二道背村的很多村民都在旅游景点工作，年均收入超过 3 万元。在二道背村常住的居民，平均每家都有一人在景点工作，并且常年务工，每个月收入 3000 元左右，真正做到了"一人就业，全家脱贫"。第二期、第三期工程完工后，这将为二道背村和红土梁镇附近的农民提供 800 个工作岗位，既带动附近居民就业，又促进村民增收。因为度假村距离二道背村很近，所以公司在村里租了 30 多间屋子，用作员工宿舍，这也为当地居民增加了一部分收入。尚义县以"吃在农家、住在农家、乐在农家、购在农家"为目标，采取自主创业、政府奖补的方式，引导村民发展农家特色食宿。下一步，公司将与二道背村的村民进行深度合作发展特色民宿。二道背村和张家口的京广旅游公司进行"捆绑"发展，让村民觉得这个度假村的项目很有吸引力，近两年来，一些外出务工的人都回到了村子里，他们希望搭上"龙头公司"的大船，开办农家乐，脱贫致富。

三、成效分析

大青山旅游业的发展，给二道背村带来了一股新的生机，旅游公司把闲置的 1040 亩土地进行流转，建成了一片"梯田花海"，向土地流转的农户每年每亩平均缴纳 200 元的土地流转费用，全村 1 年就能增加 20 万元的收入。

7.4　乡村治理服务型

7.4.1　模式内涵

"乡村治理服务"是农村社会治理中的一种政治活动，以党的领导为基础，在多种主体参与的前提下，以政府为主导，以达到当地人民的利益为目的。乡村治理是我国农村社会治理的一个重要内容，其内容涉及范围广、工作量大、事务繁多，是与农民群众关系最密切的一项政治活动。政府应通过制定相应的政策、措施,对内外资源进行有效的整合,以实现农村治理人才的合理配置与利用,以培育一批有志为农村建设做出贡献的优秀农村管理人才。

7.4.2 运行机制

始终贯彻"党管人才"的原则,坚持人才引进、人才培养、人才管理机制。现代乡村治理工作的开展要坚持基层党组织指导和村民自治的实施主体地位,需要吸收乡村社会中的各类精英等多元治理主体,通过民主协商合作的方式共同参与乡村治理,整合不同资源,促进乡村政策、乡村经济、乡村文化与社会、生态等各方面的均衡发展。

7.4.3 实施亮点

以精准的政策推动人才队伍的发展。国家各级政府高度重视人才工作的开展,中央在全国范围内大力推进各部门的联动,制定了一系列有关人才工作的政策和措施。由于我国不同区域的经济、社会发展程度不同,各地区在人才培养方面的政策和措施虽然存在一定的差异,但也存在着一定的共性,同时各地政府也相继出台了关于不同地区的人才引进、管理与培育的政策,通过激活现有人才,吸引外来优秀人才等手段来提升乡村治理人才队伍的整体素质,因地制宜采取合适的措施。

7.4.4 实践路径

以"政府领导,相关部门合作"作为培训原则,为农村基层治理人才的培育提供科学的指导。加强农村管理人才队伍建设,必须要从思想上加强对农村基层管理人才的重视。要针对不同区域的实际需要,在引进渠道、管理环节、培养方式等方面,制定有针对性的人才政策,为农村治理人才队伍的建设提供十分精细的服务,使政策精准落实到每一类、每一位乡村治理人才身上。农村治理人才培养与管理机制必须紧紧围绕乡村振兴战略,创新农村治理综合型人才培养体制,促进农村经济发展,促进农村社会和谐稳定。

案例八："河间"兵支书五位一体"人才培养模式

一、背景

河北省河间市是革命老区，在抗日战争和解放战争期间，共和国 3 位元帅、55 位将军曾经在河间工作、战斗过。在红色基因的传承下，河间成为兵员大县，全市共有退役军人 23404 名。2021 年，在河间的村"两委"换届选举中，有 510 名退役军人成为村"两委"，其中村党支部书记兼任村委会主任或第一书记的共计 205 人，"兵委员"占总数的 17.3%，"兵支记"占总数的比例则达 33.3%。近几年，河间市十分重视"兵支书"的工作，充分发挥党员干部在党的长期教育和军队的大熔炉中的严格训练之下形成的高政治觉悟、作风优良、业务精实、纪律严明的优势，建立了发现、选拔、培育、使用和管理"五位一体"的制度，通过精准的政策，持续的努力，造就了一支高素质的"兵支书"队伍，涌现出"全国模范退伍军人""全国最美退役军人"和"全国优秀党务工作者"石炳启等一批先进典型退役军人，在社会上引起了巨大的反响。

二、主要做法

第一，提前发现，解决"哪里来"的问题。建立军人信息数据库，根据年龄、党政纪、纪律处分等因素，对不符合条件的人员进行清理，并将符合条件的人员列入信息库。每个季度与各乡镇进行一次人才信息交流，推选村"两委"的备选人才。

第二，优先选拔，解决"怎么来"的问题。鼓励自我推荐，通过邮寄、张贴人才倡议书，组织座谈会等形式，引导优秀退伍军人按照法定的程序竞选。由党组织推荐，由市、村两级党组织通过发函、推荐信等方式向乡、镇党委推荐干部备选人才。引导广大党员群众，积极发掘优秀的退伍军人，并将他们举荐给党组织。

第三，注重培育，解决"如何成长"的问题。以"乡村振兴精英培养计划"为重点依托，在招收学员时，针对退伍军人，招录年龄限制可以放宽两岁，对学历不设要求，同时会给予一定的加分。依托省"全国新农村党员干部教育基地"，组织 205 位"兵支书"参加省级"万人示范培训班"。

第四，突出使用，解决"怎样干好"的问题。交重担、压任务，"兵支书"

要明确职责，发扬艰苦奋斗的优良作风，顽强拼搏的军人传统，积极投入乡村振兴、改善人居环境等工作之中，奋战在一线，实干在一线，用实践锤炼过硬本领，着力提升行政执行、为民服务、议事协商、组织动员、应急管理、平安建设"六种能力"，争做掌握政策"领航人"、致富技能"传授人"、现代市场"开拓人"、善办实事"精明人"、民主公道"正派人"、清正廉洁"明白人"。

第五，强化管理，解决"不出问题"的问题。制发《河间市加强农村党组织书记管理十项制度》等文件，建立村干部违法违纪处理协调机制，坚决杜绝有问题退役军人进入村干部队伍。推行星级管理制度，落实不胜任"兵支书"动态调整机制，激励先进，鞭策后进。实施"三个倾斜"政策，对优秀退役军人村干部，在创业资金、项目、技术等方面重点倾斜、在评先评优方面重点倾斜、在发展党员方面重点倾斜，注重激励表彰。

三、成效分析

"兵支书"能发挥自身优势，带领全体党员村民迎难而上、敢于拼搏，在发展村级经济、改善村庄环境、促进乡风文明等方面取得明显成效。具体而言，让任职村实现四个转变：

第一，干事劲头由弱变强。抓班子、带队伍，抓发展、搞服务，用实实在在的工作赢得党员群众认可和肯定，激发了正能量，提振了精气神，凝聚起干事创业的强大力量。

第二，致富路由窄变宽。敢于探索、大胆创新，在村级经济发展上探索新方法、新途径，如统一流转土地，成立合作社，发展特色种养殖；成立保温材料、工艺玻璃等行业协会，适度规模生产，升级传统技术，带领村庄致富、村民增收。

第三，村庄美由小变大。利用城乡卫生一体化的契机，多方筹措资金，采取各种措施，对村容村貌进行全面的整修，对村庄进行美化、绿化和亮化，使村民的生产生活环境得到了很大的改善。

第四，个别村由乱变治。针对村内历史遗留问题、宗族派性矛盾等，敢于触及核心敏感问题，直面现实难题，以自己的实际行动打动人心，解决热点、难点问题，赢得群众的信赖。

案例九：双滦区"青年力量"赋能乡村治理模式

一、背景

承德市双滦区等 48 个单位在 2018 年被确定为全国第一批乡村社区管理试点地区，河北省仅有双滦区获得这一殊荣。团双滦区委以"以基层党建为统领，推进农村社会治理多元主体"为主题，有效助力全国农村社区治理实验区创建工作，以共青团组织优势为基础，把各种团属工作的资源整合起来，把工作的重心放在农村社区，构建"2+3+4"工作体系，进一步引导和动员广大青年积极参与到农村社区建设中来，为实现乡村振兴做出贡献。

二、主要做法及成效分析

第一，注重典型带动，突出青春建功。双滦区第一届"乡村好青年"的选拔培训工作，经过了推荐、评审、公示等一系列正规严格的环节之后，共评选出 11 位优秀农村青年，成为农村社区治理青年力量的"领头雁"；双滦区全国农村社区治理实验区创建工作农村青年专题座谈会，为农村社区治理注入青春力量。在农村社区设立青年先锋岗。在 19 个重点村设立了"青年先锋岗"，对广大青年团员进行教育、指导，创新工作方法、提高服务水平，引导他们主动参与各种志愿服务。

第二，引导青年团员积极投身农村社区治理。假期通过"七彩假期，情暖童心"活动为农村儿童进行公益免费授课，加强对农村儿童的关爱服务，丰富孩子们的暑期生活，手绘乡村课堂。共走进 6 个乡镇、10 个村，直接服务儿童 230 余人，得到社会各界的一致好评。在大学生"返家乡"社会实践活动中，指导返乡大学生志愿者开展乡村社区管理实践，引导他们积极参与乡村志愿服务，充实假期实践生活。组织青年团员与青年社会组织积极参与志愿活动，组织青年志愿者开展寸草心爱老敬老、文明创城、农村人居环境整治、关爱留守儿童等志愿服务活动。新时代文明实践志愿服务结对帮建活动中，持续到西地村开展"寸草心"爱老敬老、人居环境整治、文明交通、垃圾分类、志愿除草等结对帮建活动。

第三，立足基层实际，找准有效切入点。二兴营村积极举办了"凝聚向党青春力量，助力农村社区治理"主题党日活动，以《凝聚向党磅礴力量，筑牢制度恒久自信》为题讲党课。在关爱农村留守儿童的主题活动中，不仅要积极引导青年团员关心留守儿童，还要呼吁社会各界提高对农村留守儿童的关注，要实现精准一对一帮扶，争取为每一个农村留守儿童实现一个小愿望。"团检护卫成长"主题讲座深入乡村，为预防未成年犯罪进行大规模宣讲，打造未检工作社会支持体系。由团区委领导带领，各专职团干部、挂兼职团干部要与农村青年建立直接的联系，增进感情，使农村青年团员可以切实感受到共青团在身边发光发热。

第8章 河北省乡村人才振兴的对策建议

中共中央办公厅、国务院办公厅根据习近平新时代中国特色社会主义思想，印发了《关于加快推进乡村人才振兴的意见》。明确提出要建设一支规模大、结构合理、素质高、发展均衡、优势突出的农村人才队伍，为乡村振兴提供强有力的人才支撑与智力支持，这既是中央部署的工作要求，也是基层实践的迫切需要。通过分类施策，针对不同来源、不同类型人才，实施差别化政策措施，对加快推进乡村人才振兴战略具有深远意义。

8.1 河北省重点人才振兴的对策建议

8.1.1 高素质农民

8.1.1.1 完善扶持政策，构建高素质农民培育法制体系

扶持政策的完善应紧密结合产业支持政策，制定合理的用人政策，吸收高素质的农民，并按照其数量和质量，实行分级分类，为高素质的农民提供广阔的就业通道。支持返乡创业的大学生，加大对进城务工农村劳动力的扶持力度。针对河北省培养高素质农民的现实要求，鼓励各地制定有针对性的地方性法规和政策。各级农民教育和培训主管部门要逐步规范农民的培训工作，并建立一整套完善的质量保证制度和监督保障机制。打造培训机构、培训对象、培训内容、培训

经费等信息公开平台。

8.1.1.2 加强学员遴选，完善高素质农民培育管理体系

农民作为培训对象，学员的质量是关键。应根据上级文件要求，广泛收集资料，由各乡镇入户考察，实地考察其产业情况和个人素质，对 18～60 岁的专业大户，家庭农场、农民合作社、小微农企、农业社会化服务组织的带头人，具有一定规模的种植经营主体，从事或有意愿从事农业生产、经营、服务的返乡创业大学生、中高职毕业生、返乡农民工和退伍军人等农业后继者开展创新创业培训，补齐农业农村知识短板，增强其创业兴业能力。提出以国家为主导，以教育为主导，农业、财政、人力资源、科技等相关部门为主体的综合性协调机制，对河北省优质农民进行全面的规划、培育和经营。应对现行的农民培育项目进行综合评定和分类，统一实施培训任务和计划，注重农民培育精品项目建设，淘汰低水平重复建设项目。并坚持项目化管理，市场化运作，推动各部门分工协作形成优势互补，形成高素质农民培育的整体合力，为培育高素质农户工作发挥更大的作用。

8.1.1.3 加大资金投入，创新高素质农民培育模式体系

加大高素质农民培育的投入，每年从政府财政收入中提取一定的比例投入到农民培育工作中，通过每年的投入，确保优质农民的培育工作得到稳定的资金支持，集中管理、专款专用，促进高素质农民培育工作健康持续发展。同时，要构建由政府带动投入的多元化投资体制，解决农民培育经费不足的问题。要建立"回馈"机制，以激励农民在经过培训、提高其职业技能、获得较好的收入后，给予培育投资机构适当的报酬，以保证农民培育资金的滚动发展和良性发展。培育高素质农民是一项高度综合的系统工程，其培养方式应综合考虑农民的教育水平、当地农民的主流观念等群体素质，同时还要兼顾农民的发展需要。为此，必须不断地优化和选择适合于培育高素质的农民的培养方式。此外，培育高素质农民也不能一成不变，应当考虑农业产业化的程度和农村的经济基础进行创新。

8.1.1.4 加强职业和征信管理，提高高素质农民培育保障体系

高素质农民在生产和生活中的环保意识日益增强，在自身素质提升、破除旧陋习接受新观念、带动农村文化发展方面发挥的作用日趋明显，但在职业道德建设、诚信教育、征信管理方面是短板。应全面建立高素质农民制度，为体现制度的约束性，征信制度是其重要环节。通过建立高素质农民基础信息数据库，对合

格的高素质农民定期进行考评，并实施动态管理，建立能进能出的高素质农民退休和退出机制，规范其职业准则。此外，高素质农民的行为应逐步纳入征信体系。政府要依法组建行业自律机构，建立健全完善的农户信用信息管理体系，加强对农户的自律管理，对职业农民的违法、不诚实的行为，要及时取消其从业资格。同时提高农民的养老、医疗等社会保障，使高素质农民成为"体面"的、有保障的工作，使其在社会上的作用更为突出。

8.1.1.5　加大典型宣传，激励高素质农民作用发挥体系

要加强对优秀农民的宣传，培养高素质的农民。可以通过评选出高素质农民、举办高素质农民成果展、开展高素质农民技能竞赛等方式，提高高素质农民的职业荣誉感。通过网络直播等电子宣传媒介及报纸宣传栏等多种形式，有效地提升整个社会对高素质农民的认识程度，带动高素质农民自身作用的发挥，产生激励作用让其拥有自信感与自豪感，提高他们的种田积极性和发展意愿，并发挥辐射带动作用，促使他们自觉地向高素质农民靠拢。

8.1.2　返乡下乡创业人才

8.1.2.1　落实创业政策，吸引人才回流

"大众创业、万众创新"是国家十分重视的，各地都出台了扶持创业促进就业的政策，推动各种行业协调发展。广大农民在创业和发展的过程中，普遍存在法律知识匮乏、创业资金有限、专业技术薄弱等问题，针对这些问题，第一，要搭建一个政策宣讲平台，让广大农民对政策有更深刻的理解，使他们能够更好地理解国家的优惠政策，从而引导他们走上创业之路。第二，要做好"筑巢引凤"工作，积极吸纳"精英人才"，促进年轻人回乡创业，同时注重人才保障的落实，要"引得来"更要"留得住"。第三，利用"一村一大"、大学生自主创业等政策，鼓励有知识、有文化的青年接受科学的乡村教育，培养他们有远见、有朝气的精神，成为新一代的农民企业家。

8.1.2.2　加强政策宣传，健全信息交流机制

政策方案并不会自发地被接受，人才政策需扩大宣传，要使返乡下乡创业人才对政策方案足够理解，加强对政策的宣传力度是重中之重。通过调查发现，河北省乡村振兴对有关返乡下乡创业人才的需求以及人才政策存在宣传不到位的情况。只有将乡村振兴战略美好前景和与之相关的人才福利政策宣传到位，才能吸

引人才的注意力，从而提升其参与乡村振兴工作的积极性。加强人才政策的宣传力度，可以采用互联网手段拓宽信息获取渠道。建立和完善专门的人才服务网站，也可以在人力资源与社会保障厅官网开设"返乡下乡创业人才参与乡村振兴"专栏。通过不断更新完善人才网站有关乡村振兴所需岗位、人才的招聘信息等内容，及时发布相关信息，创新信息传播途径，确保返乡下乡创业人才与乡村振兴战略信息的有效对接。及时、定时地向社会公布乡村振兴工作的进展状况、相关新闻以及乡村振兴人才需求信息。要加强对乡村人才振兴、鼓励返乡下乡创业人才参加农村振兴政策等方面的宣传，让人才政策更加深入人心。

8.1.2.3 创设发展平台，营造良好的发展环境

组织"乡村企业家"评选，对优秀企业家进行表彰和奖励。通过组织各类媒体、报告会、现场会等形式，大力支持广大创业人员积极学习创业人员的先进事迹，进一步激发广大创业人员建设社会主义新农村的积极性和创造性。建设农村创业服务平台。依托农业科研机构、农村专业合作社、农业龙头企业等，建设一批"农村青年创业实习基地"；建立"农民企业家联盟"，搭建"农民企业家"交流平台。加强对乡村企业的引导，动员成功创业青年和专家学者开展"一对一"教师带徒活动，为青年创业人员积累实践经验；加快发展产业功能区，发展壮大具有特色的块状经济和各类专业市场，提高其集聚度，扩大返乡创业人员的就业领域。加强科技及资讯服务。通过"参加一次创业讲坛，结对一名创业青年，辅导一个创业项目，解答一些创业咨询，提供一批就业岗位"服务，鼓励和扶持农民开办技术培训班，通过技术研发、技术中介等活动，促进农民科学和技术的普及和应用，协助乡村企业家开展技术引进、开发、推广、成果转化等工作。

8.1.2.4 强化财政补贴，建立人才利益保障机制

给予参与乡村振兴的返乡下乡创业人才财政补贴，物质刺激是对参与乡村振兴工作的专业人才最直接的奖励，对参与乡村振兴的返乡下乡创业人才进行财政补贴使其得到物质上的满足，将其积极性、主动性、创造性充分地发挥出来。这就要求政府在制定政策的时候，从经济角度出发，满足专业人才的物质需求。在人才政策制定过程中，除了建立必要的物质利益保障机制外，精神层面的奖励也很重要。要依据人才在乡村振兴中的工作业绩对其进行精神嘉奖，如职称的提高、职位的晋升以及记功等非物质奖励，从长远来看，更有利于返乡下乡创业人

才职业、事业的发展，是保障人才利益的良好机制。同时将参与乡村振兴的工作纳入绩效考核，要完善参与乡村振兴返乡下乡创业人才的评价体系，优化参与乡村振兴返乡下乡创业人才的考核机制。加强返乡下乡创业人才各方面综合福利待遇，积极推进"参与乡村振兴返乡下乡创业人才"优先就医结算的平台建设，同时加大农村基础设施建设，改善农村人居环境，加强道路修缮改善乡村交通不便的状况，提高公共服务的供给能力，为返乡下乡创业人才提供良好的生活和就业环境。注重乡村精神文化建设，发扬农村独特的文化价值和魅力，充实人才的精神世界。

8.1.2.5　明确需求主体，保障乡村振兴实施主体的相关权益

返乡下乡创业人才作为乡村振兴实施主体的需求侧，他们才是人才的需求主体。发挥用人单位的主体地位能使人才的引进更具有针对性，使各专业领域人才与乡村振兴不同领域工作紧密结合，以实用主义代替吸引人才的形式主义。只有从乡村各领域对人才的需求出发，才能真正为返乡下乡创业人才创造合理的事业平台，实现人才需求与人才供给的有效匹配，人才的专业价值得到充分发挥。所以，在制定相关人才政策时应合理给予乡村振兴用人单位自由调控的权力。上级政府应适当的简政放权，将更多权力权益下放到基层，赋予乡村振兴用人单位资金保障、人力资源等相关资源，真正实现返乡下乡创业人才与乡村振兴实施主体的紧密对接。依据不同乡村在实际发展中对返乡下乡创业人才的创业项目、工作方式等各方面的不同需求，有针对性、有计划性地引导返乡下乡创业人才。

8.1.3　乡村治理人才

8.1.3.1　坚持党的领导，以政府为主体

基层党组织的凝聚力、领导力和感召力是影响乡村治理现代化的重要因素。着力加强干部队伍的培养和输送，充分发挥基层党组织的领导功能，推动农村治理现代化、持续推进乡村振兴战略，为推动乡村治理人才队伍建设提供强大的政治保障和政策支持。乡村治理的多样化是推进农村治理现代化的一个重要举措。在乡村治理中，政府应当发挥领导作用，其职能包括：第一，为不同的乡村治理主体和管理人员提供政策的顶层设计与建设。建设服务型政府，是农村基层治理的重要组成部分。第二，为农村基层治理提供一个协商平台。通过建立协商平台，使基层政府和基层治理人员能够更好地参与到乡村工作中来，从而使农村基

层治理的主体地位得到充分的发挥。同时，必须重视和培养农村发展需要的管理主体和管理人员。第三，要对参与乡村治理的主体和人才是否存在违法不合规范的行为进行严格监管，要充分认识到参与乡村治理的广度和深度，同时关注参与的主体、人员的违规行为和违规行为，才能确保农村社会的良性发展。

8.1.3.2　强化基层组织活动场所建设，促进乡村人才的培养

农村基层组织的活动场地和相关设施，是参与乡村治理、参与乡村事务的重要基地，也是联系、服务群众的重要基地和窗口。要推进乡村治理的现代化，就需要进一步完善基层"硬件"，让基层治理主体和管理人员有"施展拳脚"的空间。第一，科学规划乡村社会团体活动场所。各级各部门要切实强化基层组织的标准化建设，因地制宜，结合实际情况，对需要进行改造和改造的村庄进行实地考察，稳步推进。第二，强化基层组织管理，实行专人管理，分级管理，资产登记，入册管理，建立工作台账，定时维护，避免固定资产损失等。第三，要充分发挥基层党组织的活动空间，充分利用好村社的活动场所，定期开展民主评议、"三会一课"等党务工作，定期召开村民代表大会、村民大会等。同时充分发挥村图书馆、文化室等场所的作用，通过开设形式多样的读书活动和文艺活动，增强村民的思想品德，丰富群众的精神生活。总之，要把基层党组织和基层党组织的需求充分发挥出来，使其成为一个"一室多用"的综合管理中心，激发基层管理人员的积极性。

8.1.3.3　创新人才培养观念，建立以选育为主体的人才培养

在农村基层治理的过程中，应着重解决农村基层管理人才的主要问题。在农村管理中，选拔和参与农村管理的人员必须有一个统一的标准和不同的待遇。要从工作岗位的特征出发，通过多种途径选择优秀的人才，并注意培养符合各类人才的能力需求。同时，要加强对干部队伍的宣传，拓宽干部队伍，丰富干部选拔工作的方式和方式，强化干部的科学性和广泛性，为选拔优秀的管理人员奠定坚实的基础。要把《河北省推进乡村组织振兴工作方案》的实施有机衔接起来，努力建设一批素质更高、能力更强、素质更高的农村基层党组织，为农村建设提供人力、物力。要从有管理能力的大学生、乡贤、退役军人、致富能手等群体中发掘出一些有能力的人才，纳入村"两委"，使其能更好地参与到农村的治理之中。培养目标在于培养一批"管理人才"，不应采取"一把抓"的办法，而要重视提高专业技术人员的针对性。要充分发挥资源优势，以创新观念为指导，提升

农村治理人才素质与能力；以选调促培养、强化成果导向、增强竞争意识、不断赋能，保证农村治理人才的可持续输出。

8.1.3.4 与时俱进，利用现代技术提高人才培养质量

科技是人类社会发展的一项重要生产力，是培养高层次人才的重要保证。在培养乡村经营管理人才方面，一方面，要与时俱进，将知识和技术相结合，使知识和技术能够与农村管理人才的发展相适应；另一方面，要广泛运用人工智能，实现互联互通。加强农村管理人才使用新兴技术技能的培训，同时丰富农村管理的内容，开发关于农产品交易的惠农电商平台及关于农业技术技能培训的电子应用软件，其中注意以实用有趣的方式提高乡村治理人才对涉农专业的兴趣，丰富培训方式，构建方便、丰富、迭代的知识学习系统，有效解决因资源短缺、地域偏远等因素导致的人才培养困难问题。

8.1.3.5 加强宣传力度，树立乡村治理人才典型

通过加大对农村管理人才的宣传力度，积极营造社会对政府管理人才的尊重。引起社会关注，可以将更多有志之士吸引回来投身乡村建设，还可以让更多专家学者关注乡村治理，提出更加合理、切实可行的乡村治理人才队伍建设的政策建议。要加强对乡村基层治理工作的宣传，多渠道多途径充分运用各种媒介宣传乡村治理的意义和成效，不断扩大其社会影响力，从而吸引更多的优秀人才认识到乡村基层治理的重要性和紧迫性。利用社交媒体及短视频平台开展人才政策和乡村工作实例宣传，让更多的青年人才了解家乡政策，推动人才回流。同时，要在基层建立优秀管理人才的宣传平台，开展农村工作经验交流会，宣传先进典型做法，充分发挥模范带头作用，激发社会各界人士参与农村管理的积极性，树立正确的价值观和就业观，努力创造激励人心的社会风气。

8.1.3.6 贯彻农村管理人才培养政策的多元化

第一，实行管理人才的任人唯贤。首先，在选拔工作中，特别是在选拔人才方面，要坚持"宽进"的原则。其次，要坚持"以才为用"的原则，鼓励优秀人才主动请缨，倡导公推公选，依法任用基层治理干部，不断丰富创新乡村治理人才队伍建设的选才引才的方法。最后，通过民主测评、竞聘演讲等方式，进行科学的考察和考核，提高基层治理人才队伍的整体素质。第二，实施"以才为本"的农村管理人才激励政策。通过分析农村基层治理人才的实际需要，构建健全的激励机制，为基层治理人才提供相应的激励条件，使其具有更好的职业价

值，从而调动农村管理人才的积极性，激发农村基层治理的创新活力。深入推进农村治理人才的激励机制改革，并针对农村治理人才的类型和来源，实施分类、分级。第三，加强农村基层管理的人才保障。首先，完善社会保障体系与政策，尽快建立符合农村管理人才素质、工作表现的工资分配制度，适当地增加农村行政管理人员的公共资源，是农村干部成长和农村建设稳定的保障。其次，要加强对农村基层干部的支持，加强对基层干部的管理。第四，对农村管理人员的考核和淘汰制度进行创新。积极探索农村治理人才的评估和评价机制，规范其薪酬、绩效和福利，有助于提升农村治理人才的积极性和规范性。

8.2 河北省全面人才振兴的政策建议

农村人力资源的开发是一项系统工程。要坚持"引、借、育、用、留"多措并举、系统推进乡村振兴，健全乡村一体化人才管理体制和机制，要持续优化农村的创新创业环境，努力打造具有较强竞争力、适应乡村振兴需要的人才集群。

8.2.1 定向开展人才引进，促进乡村人才回流

乡村振兴需要有其自身特点和针对性的人才。为了让农村能够真正焕发生机，需要改变从农村到城市单向流动的现象，将大学生、返乡创业人员和社会贤达等"人才回流"。

8.2.1.1 积极引导农村青年毕业生回乡

聚焦"新农人""农创客"，并从农业院校学生中遴选有志扎根基层促进农村就业的学生。疏通人才回归的途径并完善相应法规。对随高校搬迁的回乡创业青年，可以将户籍身份转换乡镇，实现"非"转"农"，将党员组织关系转加入基层农村党组织。

8.2.1.2 扶持各类人才回流

目前"农创客"返乡创业的积极性越来越高，为此，政府应充分发挥资源调控和政策引导的功能，并积极制定与完善各项扶持政策以给农民创业提供良好

环境，其关键是破解返乡创业人员的融资困境。通过设立农村创业风险基金等方式为返乡创业人才提供信贷支持，扩宽融资渠道。

8.2.1.3　鼓励社会贤达回归故里

传统乡绅多为社会中有头有脸的大人物，其对乡邻的化育和对农村治安的维护使其成为促进农村社会稳定发展的一支不可忽视的力量。作为社会精英群体，一般经济基础都比较好，综合素质比较高，具有新知，有较好的社会声誉和空闲时间投入乡村建设。应引导社会贤达返乡、扎根故乡、引进项目资金到乡村进行投资。

8.2.2　多方实施人才借力，集聚乡村人才智慧

随着科学技术、经济的发展，城市聚集了精通农业的各类人才。在城乡一体化、区域协调发展的大背景下，城市"反哺"农村、工业反哺农业，是农村发展的一条重要路径。

8.2.2.1　鼓励城镇的专业技术人员到农村去创业

要在完善配套人才政策的基础上，吸引各类城镇专业技术人员通过下乡投资兴业、行医办学等方式服务乡村。围绕新兴行业策划乡村振兴项目，吸引专业人士到此投资。加强城市、乡村、高校三地协作和交流，促进城市专业的技术人员进入乡村，使有资格的公务员返乡就业。

8.2.2.2　鼓励技术人才到农村协作

各级政府要不断深化科技特派员制度，充分利用高校的知识、技术和人才资源优势，到乡村开展技术咨询、业务指导、人才培养，并建立科技成果示范基地等载体。要把有才能的干部送到基层去，要把科技成果和技术成果送到农村去，要深化开放合作，改革农村的资源配置和集体经济的分配。

8.2.3　分类推进人才培育，提高乡村人才素质

乡村人才类型多样，基础能力、素质水平参差不齐，应以培养"新三农"为重点，按照不同的发展方向，因地制宜，建立"政府+大学+社会力量"协同发展的模式。

8.2.3.1　培养一批具有实际农业生产经验的"老农"

"老农"对农村有很深的感情，对农村的基本状况最了解，要利用"农民夜

校"提升其科学文化素质和生产劳动技能，并到田间进行技术指导，培养其具有较强实际应用能力的技能。要积极发掘各种技艺精湛的工匠和传统技艺的传承者进行系统的训练，使其能够充分发挥自己的特长。

8.2.3.2　培养和发展一批回乡创业的"新农"

"新农"是指具有较强专业技术和有志从事农业生产的新型农民，包括家庭农场、专业合作社的负责人及养殖大户等。要发展新型职业农民，就需要加强现代化农业生产技术、规范化营销管理理念及农产品品牌化处理等方面专门技能的宣传及培训，提高他们的信息技术知识水平，打造一支"互联网+"现代农业建设队伍。

8.2.3.3　要培养和储备一批有文化、有技能的"知农"

"知农"是指经过系统训练的农业专业技术人员。在农科校进行"公费农科学生"试点，为农业院校学生提供更多的就业机会。涉农院校积极建立非学历教育和学历教育的平台，面向广大农村地区的农村大学生推行"农民大学生培训计划"。

8.2.4　支持乡村人才创业，充分调动农村资源

如何对农村人力资源进行有效开发与利用，对于乡村人才的振兴至关重要。要发挥农村"能人"的带动作用，应着重加强对农村产业、技术、金融等方面的支持。

8.2.4.1　发展特色乡村产业

打造"一县一品""一县一产"区域农业品牌，吸引相关人才发展特色农业，促进初级农产品与精加工农产品及第三产业的协调发展。要大力发展农村特色产业，从种植、加工、销售等方面着手，拓宽农产品产业链，打造农产品区域公用品牌，让各类农村人才能够在擅长的区域特色产业上站稳脚跟，共同促进农业高质量发展。

8.2.4.2　建立产学研合作平台

鼓励地方政府、企业、高校互通互融，充分利用涉农高校及科研院所的资源，支持返乡农民工创业。引导各类要素集聚到农业科技企业，搭建产学研合作平台。鼓励企业作为主导，以大学为主体，发展农业高新产业园区等载体。加强地区人才合作交流，强化实践锻炼，促进人才综合素质提高，为乡村人才培养创

造新环境。

8.2.4.3 加大农村财政扶持力度

资金短缺是农业企业起步阶段的重要瓶颈。在"拨改投""拨改贷"和"拨改保"改革中，国家大力扶持农村金融，要加强资金整合，积极拓宽融资渠道，以政府奖补带动社会资本，建立农村产业发展基金，建立多元化、多层次、多渠道的金融支持体系，并通过财政部门的组织协调作用，引导民间资本参与到农业企业项目中来。

8.2.5 加强人才队伍保障，打造人才发展环境

乡村振兴需要人才支持，农村"留得住"人才比培养和使用农村人才更为关键，只有让更多人才在农村扎根才能确保农村可持续发展。在这一过程中，关键是要创造良好的发展环境。地方政府要为农村人才提供广阔的发展空间；在此基础上，要把农村科技人员的工资和福利作为重点，充分调动农村科技人员的积极性。

8.2.5.1 营造良好的农村创业氛围

要把事业单位、技术职称、经济待遇等多种资源集中到农村去，把青年干部纳入基层锻炼，把年轻干部队伍建设和加强基层基础工作规划结合起来。要为农村营造良好的创业环境，制定人才及财税等优惠政策，通过合理规范和严格监督，逐步推进农村集体产权制度改革，使符合条件的返乡农民工加入集体，实现人力资源城乡双向流动。

8.2.5.2 加强社会保障制度建设

加大对农村公共基础建设的投入，包括交通、通信、网络、住房、医疗、教育、文化等。要加快农村社会保障和农村养老保险试点工作。要健全农村返乡创业补助和奖励机制，推动"美丽乡村"建设，增强农民对农村公共服务的认同，推动各类乡村人才返乡创业。

参考文献

［1］中华人民共和国中央人民政府．乡村振兴战略规划（2018—2022 年）
［EB/OL］．http：//www. gov. cn/zhengce/2018-09-26/content_5325534. htm，2018-
09-26.

［2］乡村振兴促进法［EB/OL］．http：//www. npc. gov. cn/npc/c30834/2021
04/8777a961929c4757935ed2826ba967fd. shtml，2021-04-29.

［3］中华人民共和国农业农村部．农村实用人才和农业科技人才队伍建设中
长期规划（2010-2020 年）［EB/OL］．http：//www. rss. moa. gov. cn/zcjd/2019
04/t201904186180275. htm，2011-10-21.

［4］中华人民共和国农业农村部．关于印发《现代农业人才支撑计划实施
方案》的通知［EB/OL］．http：//www. rss. moa. gov. cn/zcjd/201111/t20111101_
2391062. htm，2011-11-01.

［5］中华人民共和国中央人民政府．关于进一步推动返乡入乡创业工作的意见
［EB/OL］．http：//www. gov. cn/zhengce/zhengceku/2020-01-14/content_5468814.
htm，2020-01-14.

［6］中华人民共和国中央人民政府．关于深入实施农村创新创业带头人培育
行动的意见［EB/OL］．http：//www. gov. cn/zhengce/zhengceku/2020-06-17/
content_5519976. htm，2020-06-13.

［7］史新培，统计第七次全国人口普查．徐军锋 主编，郏县年鉴，黄海数
字出版社，2021，200-201，年鉴．DOI：10. 42567/y. cnki. yxxxx. 2022. 000588.

［8］2020 中国农村电商人才现状与发展报告［EB/OL］．http：//www. cnc-
ms. com. cn/news/20200610/061012001. html，2020-06-10.

［9］中华人民共和国中央人民政府．第三次全国农业普查主要数据公报［EB/OL］. http：//www. gov. cn/xinwen/2017-12/15/content_5247333. htm，2017-12-15.

［10］2021 年中央一号文件发布　中共中央国务院关于全面推进乡村振兴加快农业农村现代化的意见［J］. 中国水产，2021（03）：2-9.

［11］河北第三产业就业人员占比近半［EB/OL］. https：//m. hebnews. cn/hebei/2019-10/14/content_7494255. htm，2019-10-14.

［12］河北首次发布紧缺专门人才需求目录，八千岗位急需人才近三万［EB/OL］. http：//renshi. people. com. cn/n/2013/0119/c139617-20257881. html，2013-01-19.

［13］张蕊. 乡村振兴战略下河北省构建人才支撑体系的重点、难点及对策研究［J］. 现代营销（经营版），2020（08）：64-66.

［14］董峻. 2015 年我国部分区域率先基本实现农业现代化——农业部总经济师陈萌山解读《全国现代农业发展规划》［J］. 农村. 农业. 农民（B 版），2012（02）：6-7.

［15］张蕊. 乡村振兴战略下河北省构建人才支撑体系的重点、难点及对策研究［J］. 现代营销（经营版），2020（08）：64-66.

［16］许钢柱，李明德. 河北省基层医疗卫生服务体系建设探索［J］. 中国卫生人才，2021（10）：42-45.

［17］河北省培养创新型科技人才面临四方面机遇——《河北蓝皮书：河北人才发展报告（2022）》［EB/OL］. https：//www. pishu. cn/psgd/581946. shtml，2022-06-01.

［18］1486.5 万吨，河北夏粮产量再创新高［EB/OL］. http：//zrzy. hebei. gov. cn/heb/xinwen/bsyw/szfxw/10762781643711082496. html，2022-09-10.

［19］到 2025 年河北省网络零售额预期达到 4400 亿元［EB/OL］. https：//dzswgf. mofcom. gov. cn/news/43/2021/12/1639373232503. html，2021-12-13.

［20］刘志秀. 乡村人才振兴：内生型与嵌入型主体的治理效能［J］. 云南行政学院学报，2021，23（02）：68-76.

［21］杜熙，孟楠. 乡贤文化助力农村治理现代化［J］. 人民论坛，2018（24）：66-67.

［22］乡村振兴工作委员会．河北省乡村振兴战略规划（2018—2022 年）
［EB/OL］．http：//www. zgxczx. org. cn/dfzc/140. html，2019-10-08.

［23］张坤，李浩悦．河北农村居民收入不平衡增收不充分的具体体现及建
议［J］．统计与管理，2018（08）：20-23.

［24］Romer，P. Increasing Returns and Long-Run Growth［J］．Journal of Po-
litical Economy，1986（94）：1002-1037.

［25］Mankiw，N. G.，Romer，D. Weil，N. A Contribution to the Empirics of
Economic Growth［J］．Quarterly Journal of Economics，1992（106）：407-437.

［26］Schultz，T. W. Investment in Human Capital［J］．American Economic Re-
view，1961，51（3）：313-325.

［27］R. E. Lucas. On the Mechanics of Economic Development［J］．Journal of
Monetary Economics，1988（22）：183-195.

［28］Anca-Otilia D，Elena-Aurelia B，Alexandru C，et al. An Exploratory
Analysis of the Territorial Capital and Economic Growth：Evidence from Romania
［J］．Economic Computation and Economic Cybernetics Studies and Research，2018，
52（4）：95-112.

［29］楼俊超，刘钊．人力资本对农业经济影响的实证分析［J］．统计与决
策，2020，36（06）：67-70.

［30］白菊红．农村人力资本积累与农民收入研究［M］．北京：中国农业
出版社，2004.

［31］李谷成，冯中朝．教育、健康与农民收入增长［J］．中国农村经济，
2006（01）：66-74.

［32］David，Weil N. 2007，Accounting for the Effect of Health on Economic
Growth［J］．Quarterly Journal of Economics，122（03）：1265-1306.

［33］程名望，盖庆恩，Jin Yanhong，史清华．人力资本积累与农户收入增
长［J］．经济研究，2016，51（01）：168-181+192.

［34］Mokhtar Maazouz. Return to Investment in Human Capital and Policy of La-
bour Market：Empirical Analysis Of Developing Countries［J］．Procedia Economics
and Finance，2013（05）：524-531.

［35］Heckman J J，Rubinstein Y. The Importance of Noncognitive Skills：Lessons from the GED Testing Program [J] . American Economic Review, 2001, 9 (04): 145-149.

[36] Duveskog D, Esbern F H, Taylor E W. Farmer Field Schools in Rural Kenya: A Transf Ormative Learning Experience [J] . Journal of Development Studies, 2011, 47 (10): 1529-1544.

[37] Masashi Tanaka. Human Capital Investment, Credentialing, and Wage Differentials [J] . Journal of Public Economic Theory, 2020, 22 (04): 992-1016.

[38] Paul Conal Winters, Vera Chiodi. Human Capital Investment and Long-term Poverty Reduction in Rural Mexico [J] . Journal of International Development, 2011, 23 (04): 515-538.

[39] Yunyun Wu, Xiaochun Li. Is Human-capital Investment Necessary to Modernization? The Effect of Rural Polytechnic Training in Dual Agriculture [J] . International Journal of Finance & Economics, 2020, 26 (02): 3028-3039.

[40] Stefania Innocenti, Marta Golin. Human Capital Investment and Perceived Automation Risks: Evidence from 16 Countries [J] . Journal of Economic Behavior & Organization, Volume, 2022 (195): 27-41.

[41] Snorre Lindset, Egil Matsen. Human Capital Investment and Optimal Portfolio Choice [J] . The European Journal of Finance, 2011, 17 (07): 539-552.

[42] Moris, Jon. Irrigation as a Privileged Solution in African Development [J] . Development Policy Review [J] . 1997, 5 (02): 99-123.

[43] Julia M. L. Laforge, Charles Z. Levkoe. Seeding Agroecology through New Farmer Training in Canada: Knowledge, Practice, and Relational identities [J] . The International Journal of Justice and Sustainability, 2018, 23 (10): 991-1007.

[44] Trauger A, Sachs C, Barbercheck M, et al.. The Object of Extension: Agricultural Education and Authentic Farmers in Pennsylvania [J] . Sociologia Ruralis, 2010, 50 (02): 85-103.

[45] Kumar A, Kumar VA. Pedagogy in Higher Education of Agriculture [J] . Procedia-Social and Behavioral Sciences, 2014 (152): 89-93.

[46] Schultz, T. W. Transforming Traditional Agriculture [M] . New Haven CT: Yale University Press, 1964.

［47］William Arthur Lewis. Economic Development withUnlimited Supplies of Labor ［J］. Manchester School of Economics and Social Studies, 1954 (22): 139–191.

［48］Eichler, Martin, Lechner, Michael. An Evaluation of Public Employment Programmes in The East German State of Sachsen–Anhalt ［J］. Labor Economics, 2002 (02): 143–186.

［49］David S. Lee. Training, Wages, and Sample Selection: Estimating Sharp Bounds on Treatment Effects ［J］. The Review of Economic Studies, 2009 (03) 1071–1102.

［50］Orazio Attanasio, Adriana Kugler, Costas Meghir. Subsidizing Vocational Training for Disadvantaged Youth in Colombia: Evidence from a Randomizedtrial ［J］. American Economic Journal: Applied Economics, 2011 (03): 188–220.

［51］黄津孚. 人才是高素质的人——关于人才的概念 ［J］. 中国人才, 2001 (11): 31.

［52］罗洪铁. 再论人才定义的实质问题 ［J］. 中国人才, 2002 (03): 23–24.

［53］耿相魁. 新农村建设视阈的农村人才资源开发 ［J］. 湖北社会科学, 2008 (11): 44–49.

［54］刘玉娟, 丁威. 乡村振兴战略中乡村人才作用发挥探析 ［J］. 大连干部学刊, 2018, 34 (08): 11–17.

［55］刘晓峰. 乡村人才: 从概念建构到建设路径 ［J］. 人口与社会, 2019, 3 (03): 76–85.

［56］郜亮亮, 杜志雄. 中国农业农村人才: 概念界定、政策变迁和实践探索 ［J］. 中国井冈山干部学院学报, 2017 (01): 115–125.

［57］王巨光. 实施乡村振兴战略的五大着力点 ［N］. 学习时报, 2017–11–06 (04).

［58］马彦涛. 谁来担负乡村振兴的重任 ［J］. 人民论坛, 2018 (12): 86–87.

［59］赵秀玲. 乡村振兴下的人才发展战略构想 ［J］. 江汉论坛, 2018, 478 (04): 10–14.

［60］刘合光. 激活参与主体积极性，大力实施乡村振兴战略［J］. 农业经济问题，2018，457（01）：14-20.

［61］张丙宣，华逸婕. 激励结构、内生能力与乡村振兴［J］. 浙江社会科学，2018，261（05）：56-63+157-158.

［62］郭晓鸣等. 实施乡村振兴战略的系统认识与道路选择［J］. 农村经济，2018，423（01）：11-20.

［63］Stark. Rural Employment Trends and the Legacy of Surplus Labour，1978 - 1986［J］. China Quarterly，1988（139）：185-197.

［64］Wooldridge，Wallace E.. Path Dependence and Societies Strategies in Eastem Europe［J］. East European Politics and Societies，1991（06）：130-145.

［65］Adam. Towards a Labor Market in Rural China［J］. Oxford Review of Economic Policy，1995，11（04）：325-335.

［66］Mohapatra. Labor Productivity and Migration in Chinese Agriculture A Stochastic Frontier Approach［J］. China Economic Review，1999（02）：111-120.

［67］Knight J S L. Chinese Peasant Choices：migration，Rural Industry or Farming［G］. Instítute of Economicsand Statistics，1996.

［68］Van Crowde，L. A Participatory Approach to Curiculum Development［EB/OL］，1988.

［69］Rogers，E. M. Diffusion of Innovations［M］. New York：Free Press，1995.

［70］Noor K. B. B. M. Investigating Training Impact on Farmers Perception and Performance［J］. Intemnational Journal of Humanities and Social Science，2011，1（06）：145-152.

［71］庄西真. 从农民到新型职业农民［J］. 职教论坛，2015（10）：23-28.

［72］彭超. 高素质农民培育政策的演变、效果与完善思路［J］. 理论探索，2021（01）：22-30.

［73］徐辉. 新型职业农民：概念辨析与内涵新解［J］. 当代职业教育，2018（05）：4-8.

［74］郭智奇. 走向现代农民——评《城市化改造传统农民》［J］. 农业经济问题，2016，37（10）：105-106.

［75］樊英．小农户有机衔接现代农业发展研究［J］．理论探索，2019（02）：86-91.

［76］李谷成．高素质农民新概念与农村双层经营体制新内涵［J］．理论探索，2021（01）：5-11.

［77］李荣梅．新型职业农民培育机制研究——基于农业现代化视阈［J］．现代经济探讨，2021（01）：65-69.

［78］陶少刚．应加快我国农村人力资源开发［J］．农业经济问题，2002（03）：62-63.

［79］刘纯阳，莫鸣，张红云．贫困地区农户教育投资行为的经济学分析［J］．当代教育科学，2005（21）：27-30.

［80］李恺，项朝阳，李崇光．我国农村人力资源开发现状及对策取向［J］．农村经济，2003（06）：69-70.

［81］陈俊峰，朱启臻．论农民教育观的变革［J］．高等农业教育，2002（09）：10-12.

［82］邹积慧．论培育新型农民对建设社会主义新农村的重要意义［J］．学习与探索，2006（05）：36-38.

［83］余永康．培育造就社会主义新农民的思考［J］．科学咨询（决策管理），2006（05）：24-25.

［84］王庆成．发挥高职教育在新农村建设中的作用［J］．经济研究导刊，2008（15）：6-8.

［85］陈华宁．我国农民科技培训分析［J］．农业经济问题，2007（01）：28-30.

［86］刘华．关于农村剩余劳动力转移教育培训机制的建立［J］．边疆经济与文化，2008（09）：9-11.

［87］蒋寿建．新农村建设应注重培育新型农民［J］．唯实，2007（12）：63-64.

［88］曾增河．漳州市新型农民培训模式研究［D］．北京：中国农业科学院，2008.

［89］范鹏．农民职业化：新农村建设的立业之本［J］．农村．农业．农民（B版），2013（07）：44.

［90］罗映秋．江川县新型职业农民培育的思考［J］．云南农业，2014（01）：60-61.

［91］李慧静．现代农业发展中的职业农民培育研究［D］．哈尔滨：东北林业大学，2015.

［92］沈红梅，霍有光，张国献．新型职业农民培育机制研究——基于农业现代化视阈［J］．现代经济探讨，2014（01）：65-69.

［93］祝士苓，王素斋．我国新型职业农民培育问题的思考［J］．职教论坛，2016（27）：56-60.

［94］郑晓明，彭定．职业教育视野下新型农民培养平台的构建［J］．安徽农业科学，2012，40（08）：5067-5069.

［95］赵邦宏．对培育新型职业农民问题的思考［J］．农民科技培训，2012（05）：16.

［96］王守聪．构建中国特色的农民职业教育制度［J］．农民科技培训，2013（01）：6-8.

［97］刘艳琴．发达国家农民职业培训对中国的启示［J］．世界农业，2013（08）：165-167.

［98］倪慧，万宝方，龚春明．新型职业农民培育国际经验及中国实践研究［J］．世界农业，2013（03）：134-137.

［99］王春伟，赵静．发达国家农民培养的经验及对中国的启示［J］．世界农业，2014（02）：158-160.

［100］张亮，周瑾，赵帮宏．国外职业农民培育比较分析与启示［J］．世界农业，2015（09）：214-221.

［101］王立宾，肖少华，韩秀莲．美国农民职业培训体系的特点及启示［J］．中国成人教育，2016（04）：118-121.

［102］柳宾．培育新型职业农民　助推乡村振兴战略实施——以青岛市为例［J］．学理论，2020（06）：18-20.

［103］高彩云．新时期农民教育培训的现状及有效策略［J］．农家参谋，2021（16）：7-8.

［104］欧伟杰．乡村振兴战略下新型职业农民培育研究［D］．成都：西华大学，2021.

［105］赵家兴．河北省新型职业农民培育问题研究［D］．秦皇岛：河北科技师范学院，2021.

［106］赵子健．乡村振兴战略下河北省农民素质提升研究［D］．保定：河北农业大学，2021.

［107］刘志坚，蒋玉红．"互联网+"高素质农民培育的现实基础、困境及对策［J］．安徽农学通报，2021，27（16）：206-208.

［108］田姝红，周健强，张春梅，纪欣欣．农业现代化视域下培育新型职业农民的路径探索［J］．河北农业，2021（08）：49-50.

［109］张晓玥．云南省高素质农民培育工作优化研究［D］．昆明：云南师范大学，2021.

［110］孙秀红．乡村振兴背景下高素质农民培育模式优化研究［J］．农家参谋，2021（15）：5-6.

［111］Hildenbrand B，Hennon C B．Beyond the Concept of 'Getting Big or Getting Out'：Entrepreneurship Strategies to Survive as a Farm Family［J］．International Journal of Entrepreneur-ship and Small Business，2008，6（03）：479-495.

［112］Pieter de Wolf，Gerard Mcelwee，Herman Schoorlemmer．The European Farm Entrepreneur：Acomparative Perspective［J］．Int. J. Entrepreneurship and Small Business，2007，4（06）：350-369.

［113］Arjan de Haan，Ben Rogaly．Labour Mobility and Rural Society［M］．London：Frank Cass Publishers，2002.

［114］石智雷，谭宇，吴海涛．返乡农民工创业行为与创业意愿分析［J］．中国农村观察，2010（05）：25-37+47.

［115］张秀娥，孙中博．农民工返乡创业与社会主义新农村建设关系解析［J］．东北师范大学学报（哲学社会科学版），2013（01）：10-13.

［116］郭露泽．江苏省返乡创业政策需求及满意度评价［D］．南京：南京农业大学，2020.

［117］操文娟．安徽省大学生返乡下乡创业意愿与影响因素研究［D］．合肥：安徽农业大学，2020.

［118］孙文中．生命历程视角下农民工的创业型社会融入［J］．深圳大学学报（人文社会科学版），2018，35（06）：111-120.

［119］曹宗平．多重风险维度下农民工返乡创业问题研究［J］．贵州社会科学，2018（11）：162-168.

［120］李宏英．农民工返乡创业与新农村文化建设耦合机制研究［J］．农业经济，2019（01）：82-83.

［121］梁栋，吴存玉．乡村振兴与青年农民返乡创业的现实基础、内在逻辑及其省思［J］．现代经济探讨，2019（05）：125-132.

［122］曾之明，余长龙，张琦，汪晨菊．数字普惠金融支持农民工创业机制的实证研究［J］．云南财经大学学报，2018，34（12）：58-65.

［123］黄永春，陈成梦，徐军海，黄晓芸．创业政策与创业模式匹配对创业绩效影响机制［J］．科学学研究，2019，37（09）：1632-1641.

［124］周广肃，谭华清，李力行．外出务工经历有益于返乡农民工创业吗？［J］．经济学（季刊），2017，16（02）：793-814.

［125］林龙飞，陈传波．外出创业经历有助于提升返乡创业绩效吗［J］．现代经济探讨，2019（09）：101-107.

［126］康立厚，任中华．阜阳市农民工回乡创业问题探究——以颍上县为例［J］．人才资源开发，2017（12）：129-131.

［127］熊智伟，黄声兰．社会支持视角下返乡农民工创业失败修复研究——基于中部五省 401 份微观数据［J］．农林经济管理学报，2018，17（06）：746-753.

［128］王亚欣，宋世通，彭银萍，周艾平，杨燕．基于交互决定论的返乡农民工创业意愿影响因素研究［J］．中央民族大学学报（哲学社会科学版），2020，47（03）：120-129.

［129］吕惠明．返乡农民工创业模式选择研究——基于浙江省的实地调查［J］．农业技术经济，2016（10）：12-19.

［130］刘志阳，李斌．乡村振兴视野下的农民工返乡创业模式研究［J］．福建论坛（人文社会科学版），2017（12）：17-23.

［131］毛哲山．新生代农民工返乡创业模式、困境与对策分析——以河南省新乡市为例［J］．经济研究导刊，2018（32）：30-32.

［132］Heri H, Caesar M R, Zakaria M, Suhendar D, Sulaeman A, Alamsyah T, Yusuf M D, Nuryani E, Undang G, Sumardi I. Innovation of Village Governance

Based on Technology 4.0：Case Study in the New Otonom District ［J］. Journal of Physics：Conference Series，2021，1869（01）：125-145.

［133］Selanno Hendry. The Role of Leader in Fostering Village Government Administration in the Hila Village Leihitu Subdistrict Central Maluku Regency Maluku Province ［J］. ARISTO，2020，8（02）：186-201.

［134］杜赞奇. 文化、权利与国家［M］. 南京：江苏人民出版社，2010.

［135］［美］林顿·C·弗里曼. 社会网络分析发展史［M］. 张文宏，王卫东译，北京：中国人民大学出版社，2008.

［136］BillEdwards，Mark Goodwin，Simon Pemberton，Michael Woods. Partnerships，Power，and Scale in Rural Governance ［J］. Environment and Planning C：Government and Policy，2001，19（02）：157-163.

［137］蒋淑玲，刘会平，颜青，王宏波，喻琨. 乡村振兴背景下农村实用人才队伍建设的现状、问题及对策研究——以湖南省衡阳市为例［J］. 经济师，2021（03）：16-17.

［138］孙月，周旭，刘志斌. 新常态下农业科技人才队伍建设的思考［J］. 农业科技管理，2021，40（03）：89-92.

［139］张博超，赵玉洲，马选，宋扬. 乡村振兴视角下河北省农产品电商直播人才队伍建设问题及对策研究［J］. 质量与市场，2021（22）：16-18.

［140］李娇娇，孔凡磊，聂婉颖，单莹，李士雪. 我国基层卫生人才队伍建设现状与思考［J］. 中国农村卫生事业管理，2020，40（12）：864-868.

［141］胡梦姚，朱宏，李小芳. 全域旅游背景下乡村旅游人才队伍建设路径探究——以宿州市为例［J］. 湖南人文科技学院学报，2019，36（05）：68-72.

［142］彭小曼. 农村基层本土干部人才队伍建设现状分析及路径选择［J］. 重庆行政（公共论坛），2018，19（02）：53-55.

［143］丁希，张劲松. 乡村振兴背景下领导型人才队伍建设［J］. 领导科学，2019（14）：44-46.

［144］张树俊. 社区（村）"两委"干部队伍建设研究——基于55个社区（村）400名"两委"干部的调查［J］. 大理学院学报，2015，14（11）：93-96.

［145］张鸿，袁涓文. 村治中乡村精英的作用及面临的困境研究［J］. 农业经济，2021（10）：67-69.

［146］闫广芬，田蕊．"情"与"理"的交融：大学生返乡发展的源动力——基于X省J市基层调研的质性研究［J］．国家教育行政学院学报，2019（12）：81-89．

［147］杨少波，田北海．青年在新型农业经营主体培育中的领头雁作用研究——基于对湖北省农村致富带头人的调查［J］．中国青年研究，2016（01）：57-63．

［148］王斌通．新时代"枫桥经验"与基层善治体系创新——以新乡贤参与治理为视角［J］．国家行政学院学报，2018（04）：133-139+152．

［149］吴蓉，施国庆．后税费时代乡村治理问题与治理措施——基于文献的讨论［J］．农业经济问题，2018（06）：117-128．

［150］徐姗姗．乡村振兴战略视角下的乡村人才振兴研究［J］．农业经济，2021（06）：109-110．

［151］郑会霞．如何突破乡村治理面临的四重困境［J］．人民论坛，2020（18）：78-79．

［152］刘伟，王柏秀．村组党建引领乡村治理的进路与逻辑［J］．广西大学学报（哲学社会科学版），2021，43（02）：38-45．

［153］刘启英．乡村振兴背景下原子化村庄公共事务的治理困境与应对策略［J］．云南社会科学，2019（03）：141-147．

［154］吕蕾莉，刘书明．西北民族地区村庄权力结构下的乡村精英与乡村治理能力研究——对甘青宁三省民族村的考察［J］．政治学研究，2017（03）：104-113+128．

［155］魏三珊．乡村振兴背景下农村治理困境与转型［J］．人民论坛，2018（02）：64-65．

［156］周学馨，李龙亮．以"三治"结合推动乡村治理体系整体性变革［J］．探索，2019（04）：156-163．

［157］付翠莲．乡村振兴视域下新乡贤推进乡村软治理的路径研究［J］．求实，2019（04）：76-83+111-112．

［158］胡渊．以制度建设推动乡村治理的探索［J］．理论与当代，2020（02）：15-17．

［159］王翔雯．论乡村治理中面临的问题与应对措施［J］．农业经济，

2019（12）：18-20.

[160] 仝志辉. 实施乡村振兴战略，需要得力的乡村治理工作体系 [J].中国报道，2020（Z1）：92-93.

[161] 贺雪峰，郑晓园. 监督下乡与基层治理的难题 [J]. 华中师范大学学报（人文社会科学版），2021，60（02）：10-18.

[162] 张胆琼. 乡村振兴视域下基层治理中的人才吸纳与培育研究——以安吉县三村为例 [J]. 上海商业，2021（04）：180-182.

[163] 俞秀玲. 当代乡村治理的新路径选择——新乡贤文化的重塑 [J].江淮论坛，2019（06）：22-27.

[164] 骆清宇. 抓紧培育新型农业经营主体 [J]. 农村经营管理，2009（05）：6-7.

[165] 平阿敏. 新型农业经营主体形成与扶持政策创新 [J]. 中州学刊，2019（12）：42-47.

[166] 毛尚华. 农村实用人才培训现状及培训体系构建——以广东省为例 [J]. 科技管理研究，2011，32（03）：104-109.

[167] 夏厚山. 基于精准扶贫背景的农村实用人才结构分布调查实证分析 [J]. 南方农业，2013，10（28）：67-70.

[168] 邱祥运. 民族地区农村实用人才激励机制的构建及路径选择 [J].中南民族大学学报（人文社会科学版），2017，38（06）：119-122.

[169] 周敏. 乡村振兴背景下农村实用人才队伍建设的现状、问题及对策研究——以湖南省衡阳市为例 [J]. 经济师，2021（03）：16-17.

[170] 王震. 农村实用人才和普通农民技术培训现状与意愿分析——基于重庆山区1259位农户的问卷调查 [J]. 调研世界，2012（04）：35-40.

[171] 孙要朋. 农村实用人才开发进程中农民参与行为的制约因素分析——基于河北省的实证研究 [J]. 农村经济，2015（04）：107-110.

[172] 杨佩文. 基于三产融合的农村现代农产品加工业发展问题研究 [J].农家参谋，2020（18）：20-21.

[173] 刘越山. 乡村振兴最关键的是产业和人才振兴 访全国人大代表、中国社会科学院农村发展研究所所长魏后凯 [J]. 经济，2021（05）：54-56.

[174] 蒋圣华. 培育百万农村创新创业带头人《关于深入实施农村创新创

业带头人培育行动的意见》的政策解读［J］.中国农村科技,2020(07):44-47.

[175]李杰.乡村振兴战略下的创新创业人才培养愿景［J］.中国果树,2021(10):130.

[176]王勇.农民合作社可成为培育农村创新创业带头人的组织载体［J］.中国合作经济,2020(06):20-22.

[177]黄芳,姜宇.乡村振兴战略背景下农村电商人才培养模式研究［J］.农场经济管理,2019(05):38-40.

[178]杨宇环.城市化进程下的农宅特征与建造体系演变初探［D］.重庆:重庆大学,2012.

[179]王义民,陈登胜.河南省劳务品牌培育的创新途径研究［J］.特区经济,2008(01):176-178.

[180]柯炳生,陈华宁.对培养新型农民的思考［J］.中国党政干部论坛,2006(04):28-30.

[181]韦云凤,盘明英.构建新型农民培训体系全面提高农民素质［J］.经济与社会发展,2006(10):40-41.

[182]彭移风.我国农民教育培训体系的完善和优化［J］.北京农业职业学院学报,2007(02):17-19.

[183]李金文.基于现代农业发展的职业农民培训体系构建研究［J］.农业经济,2007(11):21-22.

[184]潘鸿,王臣.新型农民培训的需求与供给［J］.农业经济,2009(07):68-70.

[185]季东亮,魏宇光,李东生.新时期农民培训的特点及其模式研究(下)［J］.成人教育,2010,30(08):11-14.

[186]胡平,李彦.四川新型农民培训问题探析［J］.继续教育研究,2011(02):59-61.

[187]沈红梅,霍有光,张国献.新型职业农民培育机制研究——基于农业现代化视阈［J］.现代经济探讨,2014(01):65-69.

[188]张全国.培训新型职业农民应法治化［N］.人民日报,2016-06-15(020).

［189］任玉霜．基于新型农业经营主体的职业农民培育研究［D］．长春：东北师范大学，2016.

［190］常素芳．新时代新型职业农民教育"四化"探析［J］．理论导刊，2018（02）：108-112.

［191］孔韬．乡村振兴战略背景下新型职业农民培育的困境与出路［J］．中国职业技术教育，2019（06）：80-85.

［192］张亮，李逸波，周瑾等．新型农业经营主体与新型职业农民"两新融合"机制研究［M］．北京：中国财政经济出版社，2020.

［193］张钟，张建康，杨世先，张翠萍，林姣姣，钱荣青，蔡述江，饶敏．在"互联网＋"背景下的农业人才培养［J］．农业科技通讯，2018（03）：14-15.

［194］黄建颉，罗兴录．乡村振兴背景下新型农业人才培养探讨［J］．农学学报，2020，10（05）：97-100.

［195］张路．科技创新背景下现代农业人才培养体系研究［J］．农业经济，2021（11）：125-127.

［196］郭丽君，陈春平．乡村振兴战略下高校农业人才培养改革探析［J］．湖南农业大学学报（社会科学版），2020，21（02）：80-85.

［197］张祺午．加快现代农业人才培养　做好乡村振兴大文章［J］．职业技术教育，2020，41（15）：1.

［198］王洋．基于信息技术的卓越农业人才培养教学实践［J］．安徽农学通报，2018，24（18）：136-138.

［199］潘宇．高校在农业人才培养中的作用［J］．新农村，2008（02）：37.

［200］张天保，李俊龙，吴彦宁，王恬，胡锋．经济发达地区涉农企业对农科人才需求结构调查及高校教育策略分析［J］．高等农业教育，2012（03）：21-24.

［201］周艳丽，王薇，柴晶．农业高校产学研模式运行存在问题及对策［J］．黑龙江史志，2013（09）：226.

［202］甄国红，方健．地方高校整体转型背景下重构应用型人才培养体系的研究与实践——以吉林工程技术师范学院为例［J］．职业技术教育，2021，42（02）：19-23.

［203］申元龙，申蕾．基层党校要重视对党员干部综合素质的培养［J］．河北建筑科技学院学报（社科版），2005，（01）：40-41.

［204］马洪涛．基层党校建设工作的实践与思考［J］．产业与科技论坛，2018，17（03）：250-251.

［205］范巍．农广校农村实用人才培养模式的探索与思考［J］．农民科技培训，2010（06）：6-8+10.

［206］胡越．乡村振兴背景下高素质农民培养模式探索——以农广校与农业企业合作培养模式为例［J］．继续教育研究，2020（05）：13-16.

［207］郝连君，赵菲，刘芳，王娜．建立线上线下全程分段追踪培训模式——大港农广校农民培训典型案例［J］．农民科技培训，2021（06）：46-47.

［208］潘寄青，苏明．新型职业农民培训需求与遴选机制——以山东省为例［J］．调研世界，2017（06）：21-27.

［209］陈莉，马龙波，李中华，房桂芝．构建需求导向的新型职业农民培训机制——基于山东省东营市垦利区的调查［J］．中国农业教育，2017（01）：29-34.

［210］栗延斌，姜桂娟，马中宝，袁向军，徐文东．乡村振兴战略背景下职业农民培训长效机制研究［J］．牡丹江教育学院学报，2020（08）：110-112.

［211］吴兆明．新型职业农民职业教育与培训意愿提升机制研究［J］．成人教育，2020，40（09）：58-63.

［212］车红莉．我国农民合作社人才引进及培训机制探析［J］．农民科技培训，2019（02）：30-31.

［213］李海艳，唐礼智．乡村振兴视域下农村创新创业型人才培养路径与驱动策略分析［J］．农业经济，2022（08）：128-130.

［214］张冠男．农民职业培训的发展动态与优化路径——基于过去四十年农民职业培训项目的经验［J］．成人教育，2021，41（07）：49-56.

［215］石丹淅．新时代农村职业教育服务乡村振兴的内在逻辑、实践困境与优化路径［J］．教育与职业，2019（20）：5-11.

［216］李秀慧，何超群．新时代高级职业农民培养路径探索［J］．成人教育，2019，39（09）：38-44.

［217］刘芙，高珍妮．乡村人才振兴的现实困境及对策——以高素质农民培

育为视角 [J]. 农业经济, 2022 (07): 110-111.

[218] 朱启臻. 新型职业农民与家庭农场 [J]. 中国农业大学学报 (社会科学版), 2013, 30 (20): 157-159.

[219] 张晓山. 实施乡村振兴战略的几个抓手 [J]. 人民论坛, 2017 (33): 72-74.

[220] 张燕, 卢东宁. 乡村振兴视域下新型职业农民培育方向与路径研究 [J]. 农业现代化研究, 2018, 39 (04): 84-590.

[221] 胡永万. 为推进乡村振兴提供有力的人才支撑 [J]. 农村工作通讯, 2017 (24): 27-30.

[222] 郭晓勇, 张静, 杨鹏. 党建引领乡村治理: 生成逻辑、价值旨归与优化向度 [J]. 西北农林科技大学学报 (社会科学版), 2022, 22 (05): 1-9.

[223] 戴翔, 刘梦. 人才何以成为红利——源于价值链攀升的证据 [J]. 中国工业经济, 2018 (04): 98-116.

[224] 张克克. 当前城市人才引进政策的政治经济学分析 [J]. 现代管理科学, 2019 (02): 112-114.

[225] 刘鹏飞. 中央一号文件是"三农"问题的风向标 [J]. 发展, 2013 (11): 12-15.

[226] 中共中央 国务院关于切实加强农业基础建设 进一步促进农业发展农民增收的若干意见 [N]. 人民日报, 2008-01-31 (001).

[227] 农村实用人才和农业科技人才队伍建设中长期规划 (2010—2020年) [N]. 农民日报, 2011-10-17 (002).

[228] 中共中央 国务院关于加快推进农业科技创新持续增强农产品供给保障能力的若干意见 [J]. 农村工作通讯, 2012 (03): 12-17.

[229] 中共中央 国务院关于加快发展现代农业进一步增强农村发展活力的若干意见 [J]. 中国合作经济, 2013 (02): 4-9.

[230] 中共中央 国务院关于深入推进农业供给侧结构性改革加快培育农业农村发展新动能的若干意见 [N]. 人民日报, 2017-02-06 (001).

[231] 中共中央 国务院关于实施乡村振兴战略的意见 [N]. 人民日报, 2018-02-05 (001).

[232] 中共中央 国务院印发《乡村振兴战略规划 (2018—2022年)》 [N].

人民日报，2018-09-27（001）.

［233］国家中长期人才发展规划纲要（2010—2020 年）［N］. 人民日报，2010-06-07（014）.

［234］国务院印发《全国农业现代化规划（2016—2020 年）》［J］. 农村工作通讯，2016（21）：4-5.

［235］农业部印发《"十三五"全国新型职业农民培育发展规划》［J］. 农业工程技术，2017，37（03）：19-24.

［236］山东省推动乡村人才振兴工作方案［Z］.2018.

［237］黑龙江：为精准脱贫和乡村振兴提供人才技术支撑［EB/OL］. http：//www. gov. cn/xinwen/2018-07/02/content_5302746. htm，2018-07-02.

［238］湖南出台乡村人才振兴行动计划［EB/OL］. http：//www. hunan. gov. cn/hnszf/hnyw/zwdt/201903/t20190321_5298702. html，2019-03-21.

［239］陈闻冠. 创业人才的素质和识别方法研究［D］. 上海：同济大学，2007.

［240］谢德体，申丽娟. 培育农村创业人才，服务城乡统筹发展——以重庆城乡统筹试验区为例［J］. 团结，2012（01）：33-36.

［241］温蕊旭. 鼓励城市专业人才参与河北乡村振兴公共政策研究［D］. 石家庄：河北师范大学，2019.

［242］刘光明，宋洪远. 外出劳动力回乡创业：特征、动因及其影响——对安徽、四川两省四县 71 位回乡创业者的案例分析［J］. 中国农村经济，2002（03）：65-71.

［243］李小建，时慧娜. 基于分子跃迁反应的回乡创业者"能量"扩散行为的实证分析——以河南省固始县回乡创业者为例［J］. 人文地理，2009，24（03）：5-10.

［244］林雄锋. 统筹城乡视角下农民工返乡创业问题研究［D］. 福州：福建农林大学，2014.

［245］李逸波，周瑾，张亮等. 职业农民：源起、成长与发展［M］. 北京：经济管理出版社，2019.

［246］懂技术善经营 河北省新型职业农民达 10.36 万人［EB/OL］. https：//hebei. hebnews. cn/2018-02/08/content_6774563. htm，2018-02-08.

［247］鲁超，韦正林．农业从娃娃抓起——从美国未来农民组织看美国经验［J］．世界农业，2019，（01）：24-26.

［248］杜妍妍，姜长云．农民培训的国际（地区）经验及启示［J］．经济研究参考，2005（35）：39-48.

［249］秦富，卢向虎，李瑾，王茜．"一村一品"与现代农业组织［J］．山东农业大学学报（社会科学版），2007（02）：1-6+127.

［250］刘云刚，陈林，宋弘扬．基于人才支援的乡村振兴战略——日本的经验与借鉴［J］．国际城市规划，2020，35（03）：94-102.

［251］郑成功．日本国家创新体系（NIS）经验与绩效研究［D］．沈阳：辽宁大学，2013.

［252］易容．欧盟就业战略研究［D］．昆明：云南大学，2010.

后 记

　　实施乡村振兴战略是党的十九大报告作出的重大决策部署，标志着我国"三农"工作重心转向全面推进乡村振兴。党的二十大报告又进一步提出"全面推进乡村振兴"，并强调指出"建设农业强国要扎实推动产业、人才、文化、生态、组织振兴"。人是社会生产中最活跃的因素，人才振兴是实现乡村振兴发展目标的关键所在和重要意蕴。2023 年中央一号文件指出，抓紧推进人才政策完善和体制机制创新，着力加强乡村人才队伍建设，让更多懂农业、爱农村、爱农民的人才扎根乡村。围绕乡村振兴对人才的需求，河北省委、省政府提出实施人才支持计划，积极培养本土急需人才，组织引导各领域人才助力乡村建设，深入推进产教融合和校企合作，形成多元主体参与、多种形式结合的高素质农民等人才教育培训模式，能够提高乡村人才的职业素养和综合实力，完善专业技术人员激励机制，落实基层技术人员职称评定制度，以最大限度发挥他们的能力优势，可为促进农业农村现代化建设提供技术支撑，鼓励引导返乡下乡人员在落户地就业创业，能够释放乡村发展内生动力，促进产业结构优化升级，通过组织实施巾帼行动、青年人才开发等行动规划，可优化乡村人才队伍结构，强化乡村振兴人才支撑。这是今后河北省各地区推进乡村全面振兴工作的重点，也和本课题组研究成果的方向具有内在一致性。

　　长期以来，由于国家战略层面对于城乡功能定位及资源配置的差异化，我国经济社会一直处于工业对农业过度汲取、农村对城市过度补给的畸形发展形态，二元区隔政策直接表现为城乡市场体系、教育制度等存在较大差距，使得乡村人才持续单向流入城市，严重制约着农业农村现代化的实现。要实现乡村全面振兴，必须加强人才队伍建设，夯实乡村发展人才基础。未来一段时间内，通过构建"培养+引进+管理"三位一体乡村人才振兴实现路径总体框架，逐渐形成乡村人才培养长效机制，实现人才、技术等资源要素在城乡之间的双向循环。将高素质农民、返乡下乡人才、乡村治理人才等重点人才作为现阶段河北省乡村建设的"主力军"，从政策、资金、培训等多方面入手，实施差别化政策措施，全方位引进、培育、用好人才，将逐步破解乡村发展人才短板问题，同时，乡村振兴是系统性、整体性的综合工程，需要汇聚各领域人才力量，打造人才集聚"强磁场"，凝聚乡村振兴人才合力。

本书是在河北省社会科学基金项目重大项目（项目编号：HB19ZD05）资助下完成的！本书研究成果历时4年，付出了很大的精力，期望通过此项研究对河北省乡村人才振兴的实施产生一定的积极影响。基于本人前期的研究基础和研究方向，本书主要围绕河以高素质农民、返乡下乡创业人才、治理人才为代表的河北省乡村人才展开分析，针对全方位更深层次的乡村人才还缺乏系统性的深入研究。乡村人才的范畴相对广泛，人才发展问题在一定时期内长期存在，如何精准识别乡村人才需求，在了解乡村人才的区域性差异及其基本规律的基础上如何复制推广多元化的"培养+引进+管理"三位一体乡村人才振兴实现路径，尚需进一步深入研究。恳请各位专家、学者、领导及"三农"工作者批评指正。

本书完成过程中得到中央农业广播电视学校、河北省农业农村厅、河北省农业广播电视学校、各地农业主管部门及各类乡村人才的鼎力协助。本书研究成果是一项集体调研、集体研究的成果，是课题组成员共同的成果。河北农业大学赵邦宏教授非常关心课题进展，提供了许多好的研究思路和建议，研究生赵宇凤、陈冀鲁、蔡需雯、魏兰芳、曹港、刘智硕、邢玉莹、胡志超、刘海滨、石琦璠等同学参与了问卷设计、调研、数据整理、内容的部分修改和校对工作，在此一并表示感谢。

张 亮

2024 年 1 月